U0054883

認識大陸作家系列

文博玩家
——王世襄傳

張建智・著

作者與王世襄合影。

目錄

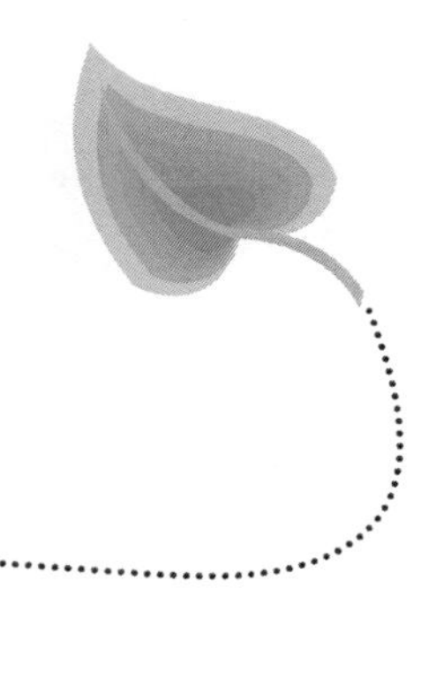

序言　斯人已去，絕響誰繼

奇人王世襄走了，他的追思會，我未能趕往北京參加，只能在電腦螢幕上向他鞠禮致哀，如果按佛禮的話，還應點燃三支馨香從右至左向他磕頭，以讓他安靜地走入佛國仙境中去。一如瑞典漢學家馬悅然曾經說過的話，可讓王老與他老伴袁荃猷到極樂西天去了。

我想像著他們夫婦倆，現正在一團軟軟的白雲上作詩彈琴、聽蛐蛐蟈蟈唱歌、還在他家的宋牧仲大畫案上《說葫蘆》、《談匏器》，也正在欣賞那尊唐代的鎏金佛像、那皇宮裡才有的好鴿子「小點兒大胖子」的尾巴上，鴿哨正鳴著一連串最美妙的音樂和他們在一大朵藍天白雲上。而大奇人王世襄，正坐在《大樹圖》中最高的位置上，像一尊平生他最喜歡的佛像一樣莊嚴。（見下圖，袁荃猷刻紙《大樹圖》）

今年，大師們走了不少，季羨林、任繼愈、楊憲益，他們都到藍天白雲上去了，他們走的時候，有的人喜歡放音樂，如楊憲益先生在走去的路上，就放了他生前喜歡的洋音樂，詩人彭燕郊走去時，也放了首《送別》的曲子。我想，唯有王世老不必放洋的或古的音樂。因為，他日夜憧憬、呼籲那老北平曾經有的、滿天一陣陣飛翔的他最喜愛的銀鈴般的鴿哨聲，就會護著他。「鴿是和平禽，哨是和平音」（見《贈荷蘭傅立莎王子鴿哨附小詩》），王世老早有鴿與哨，一起伴著他飛入了雲天。

王世襄是個奇人，真走掉了嗎？我總有點不信。但十一月二十九日，晚六時二十二分，我的手機響起，一看是北平董秀玉先生來電，他告知噩耗：「王老於昨天清晨謝世！」這突來的信息，雖是任過堂堂三聯書店總經理所告知的，但於心理上一時讓我感到不能接受，總覺得以王世老之體魄，能挺過這一劫的。但隨後，卻讀到中央文史館正式訃聞：

中央文史研究館館員，著名文物專家、學者、文物鑑賞家、收藏家，國家文物局中國文化遺產研究院研究員王世襄先生，因病醫治無效，於二〇〇九年十一月二十八日九時二十五分在北平去世，享年九十五歲。王世襄先生遺體已於二〇〇九年十一月二十九日上午火化。

這一刻，才感到王世老真走了——他，永遠地離開了我們。這人世間難料的變故，使我未能見他老人家最後一面了，啊，一時間心如刀絞，痛惜不絕矣！

董先生發來快訊的那晚，腦海中映射晃動的，依然是老人一年多前我與他訪談時的神清氣爽，談鋒甚健的話語；依然是樸素的中式大褂，敦厚壯實的中等身材，像老農般但又風規雅正的文人氣質。

與王世老神交，乃是緣於他是我的鄉前輩，他曾有詩說：「兒時依母南潯住，到老鄉音脫口流，處世雖慚違宅相，此身仍半屬湖州。」但為這多年前寫的詩，他還專門寫了一段自嘲的話：「晉，魏舒外家起宅，相宅者云『當出貴甥』，舒後果貴。可襄一生坎坷，有負宅相多矣。」二○○八年七月，王老又來信，特為此詩又做了更正，他說那「仍」字應改為「終」；還說「一字之改，意義可大矣！」的確，他對於慈母的老家，終念茲在茲。於是，我在拙著《王世襄傳》第二章〈江南金家〉上，尊他意改詩為：「處世雖慚違宅相，此身終半屬湖州。」

其實，王世襄先祖，居江西吉水縣清江鄉，故人稱「西清王氏」。後不知何故，也許出於商業上的需要，從江西遷徙福建定居。自五世祖時，由賈入仕，高祖王慶雲（西元一七九八至一八六二年）終於在嘉慶二十四年（西元一八一九年）中得舉人，那時僅二十一歲，十年後又中得進士；後任兩廣總督，清同治元年（西元一八六二年）官至工部尚書。後祖父、伯祖、父親均為官一方。從此，王氏家族，遂成官宦之家。但王世襄外租——金家，卻是富甲一方的江南名鎮南潯的「四象八牛」之一。（當地形容家資在百萬兩銀至千萬兩的大族，稱其象和牛）其母金章，出身於江南富庶之地的湖州南潯，而王世襄兒時，卻隨母在外婆家居住；雖他居京九十多年，但他依然可講一口軟濃的江南吳語。王老平時喜歡回憶兒時生活，一次他對我說：「我們王家祖上做官，後衰落了沒錢。可母親家有錢，外公（金燾）在南潯鎮，發了財的是他的父親（金桐），做蠶絲生意。外公很有西洋新派思想，辦電燈廠，投資西醫醫院，把幾個舅舅和我母親一起送出國，到英國留學，這在當時是少有的。」一九〇二年，金氏兄妹漂洋過海，歷時三載，後來他們學成回國，或畫或刻，卓有成就。時屬清末，能去英國留學，實屬罕見。爾後，王世襄的母親金章（號陶陶）受中西畫薰陶，成了著名的魚藻畫家；大舅金北樓，曾是二十世紀初北方畫壇的領袖人物，二舅金東溪、四舅金西崖，都是著名的竹刻家，表兄金開藩、金勤伯也是有名的畫家。真可謂一門風雅，藝術世家。王老說：「我幼年立幾案，觀諸舅父作畫刻竹，情景猶歷歷在目也」這足見其外祖家，對他一生成就的影響。

王世襄是大家，這不用我說，是天下第一大玩家，這也不用我說。「蛐蛐蟈蟈雖細物，令人長憶舊京華」曾是「燕市少年」。他少年及長，架大鷹、養狗獵獾、養蛐蛐、養鴿、種花草、養魚鳥；一九三四年，時二十一歲，入燕大，四年後的一九三八年又考進研究生，他選擇的專業是自小就受母親薰陶的書畫。畢業論文是《中國畫論研究》。抗戰後，到四川李莊，入梁思成的「中國營造學社」，於此，走入了古文物研究之路。一如邵燕祥先生所概括的：

王老厚積薄發，堪稱淵博，而他所做學問，不知是否前無古人，看來是後無來者的。因為時逢前現代與現代轉型之際，因出身書香門第，深受傳統文化薰陶，又經燕京大學沐歐風美雨。大自傳世鼎彝，下至蟋蟀家俱，研究起來自然別有眼光，非他人所能替代。王老淹通博物，固勿論矣，至其書法及詩詞的造詣，似尚未有足夠的重視，實應注意及之。

綜觀王老一生，卓然大家，他是明式家俱收藏大家，文物專家、學者、文物鑑賞家等，這些大家知道，無需我述。

在這裡我想說的，是王世襄除博學多才外，還是一位難得的美食大家，被人稱為「烹調聖手」。汪曾祺說過這樣的話：「學人中真正精於烹調的，據我所知，當推北平王世襄。」黃苗子、郁風是同住芳嘉園的老鄰居老朋友，郁風曾說，「王世襄不但每天買菜是行家，哪家舖子能買到最好的作料也是行家，不但吃的品位高，做菜的手藝也是超一流。」這是人家說的，但我也有親聞目睹的事兒可一說。

記得二〇〇八年四月間，我赴京與他做訪談（同去幫我錄音、作版書的，有女兒張欣，那時她正在做博士論文），那日，早上去他家，我們相談到了中午十二時了，王老還很健談，臨走他定要請我們吃飯，當時正在編校《龐虛齋藏畫絕勝》線裝本的朱紹平先生，也特地自京郊趕來陪座。只見他老，坐著輪椅下電梯，到馬路就自已推著輪椅走。他指定是到自家附近日壇公園東面，那家名為「義和雅居」的餐廳。當我們大家落座後，女服務員請他點菜時，令我驚詫的是，他卻不緊不慢地從老式藍布衫的兜裡，拿出一張紙，原來是他早親手擬好之食單。那刻，他又一一詢問某食材有否？並交代菜的做法。經理一見，如此的美食家，忙將大師傅喚來。只聽王老向廚師問道：「有鮮蘆筍嗎？不是罐頭的，要新鮮的……有鮮蠶豆不？是剝兩層皮的那種嗎？……來一隻烤鴨，可要按傳統刀法片，不要太油膩，然後拿那鴨架燉娃娃菜吃……要一個家常豆腐，得少擱辣，多擱郫縣的豆瓣，白斬雞有嗎？」聽著王老和廚師這一番對答，已令大家暗自歎服，同時也讓我知道所謂美食大家，便是並不隨著餐廳的菜單來吃，而自有「吃主兒」的主見，講究的是新鮮的食材，只求味純，並不求貴。一如汪曾祺、陸文夫、台灣的逯耀東等美食家，無不如此。

席間，王老談起自己在湖北咸寧「五七幹校」時的情景，艱難時刻也體現美食家形象，善待自己。他說曾在那裡採蓮藕、吃蓮子，有一次，一口氣買十四條公鱖魚，自創了空前絕後的「香糟蒲菜燴鱖魚白」的美食菜餚。真可謂上好吃的，當時，全在一個落難知識分子的食中了；創造了《幹校六記》、《牛棚日記》外的另一種錢鍾書、楊絳、陳白塵所不能道的景象。因為，有過了這般自然美味的吃味，這次我與他敘晤、吃談時，王老時感歎菜餚的味道，總今不如昔矣。他說，餐廳為了經營，不斷推出各種花式菜餚，但卻喪失了原有的口味；很多食材如新鮮蝦仁、大開洋、鱖魚等，卻因生存環境的變化而難覓蹤影。那次最後上桌的，是最具京味的烤鴨。餐廳為吸引食客眼球，讓廚師現場將烤鴨片成薄片，但根據王老的傳統片法的要求，是每一片都連皮帶肉的，而不像時下大多餐廳裡，片烤鴨一般是皮肉分離的。烤鴨過後，端上的卻是王老的獨家菜式：鴨架燉娃娃菜，只見湯汁呈奶黃色，味道醇厚鮮美，娃娃菜也已燉得軟糯甘甜且吸足了老鴨湯的鮮味。王老對自已這一獨創菜式十分得意，開心地對餐廳經理和大家說：「這菜式可加進你們的菜單裡去，一般人啊，都不在意這鴨架，吃完烤鴨便完了，其實鴨架燉湯，鮮美無比。」用看似不起眼的食材，卻做出令人讚歎的美味，比用昂貴的食材烹調，更耐人尋味。我總算親眼看到了王老是一個名副其實的美食大家。

那日，最令我深感驚異的是，當憶念起那最苦的幹校的日子時，老人沒有一點苦大難忘的憤怨，反而只銘記了其中的幽默與快樂。不知是哪種人生哲理的悟性，他卻從飲食之談，一掃往日多少坎坷愁緒、多少磨難。其實，如果我們細讀王老詩文，那一堆堆的《錦灰堆》裡，他早清楚地向我們坦露了秘密：他與夫人袁荃猷，歷經劫難後，遂決心走出一條自珍自愛之路——那就是，他要用十年、二十年甚或三十年，默默地做出成績，最後自會讓「世人終漸識真吾」的。這便似有司馬遷著書立說之道。

這所謂的自珍之路，實源於一九四五年，抗戰後成立「戰時文物損失清理委員會」。當年，由杭立武任主任委員；梁思成、馬衡任副主任委員；沈兼士任教育部駐京特派員兼清損會代表；王世襄任平津區助理代表。爾後，王世襄在國內為國家與民族，追回了許多被侵佔的國家文物，因全力以赴工作，共收回國家文物計六批，其中三批，都由故宮接收。計收回德國人楊寧史青銅器兩百四十件；收購郭觶齋所藏瓷器；追還美軍德士嘉定少尉瓷器；收回存素堂絲繡兩百件；接收溥儀存天津張園文物一批，大小有一千多件（其中有宋馬和之《赤壁賦圖卷》、元鄧文原《章草卷》、元趙孟頫設色《秋郊飲馬圖卷》等）。一九四七年三月，王世襄被派往日本，又全心力追回了被日軍從香港掠去的一百零七箱中國古籍善本，古籍運回上海後，鄭振鐸派謝辰生在滬接收。可以說，這些價值連城的國家典寶被追回，將是有大功於國家與人民的。但是，由於一貫的極左思潮，運動文化的不斷，王世襄這為國追文物之事，卻視為盜賊，竟無端繫獄，一九五七年反右時，欲訴無門，卻又被打成右派。文革時「五七幹校」勞動期間，罹患肺疾，卻昂首抬頭，也只能作詩云：「蒼天胡不仁，問天堪一哭！」

於此，他與夫人袁荃猷遂訂「自珍、自愛、自強」之路。其實，這路，在我們幾十年風風雨雨、複雜紛繁的社會生活中，也並非易走。繫獄後，因純屬子虛烏有，放歸家門，但王世襄無故卻被開除公職，夫人荃猷則鼓勵他：「我們一定要堅強！」一個人身處劣境時，能否堅強的道理，她更是一語中的：「堅強要有本錢，本錢就是自己必須清清白白，沒有違法行為，否則一旦被揭發，身敗名裂，怎還能堅強？！您有功無罪，竟被開除公職，處理不公問題在上級，因此我們完全具備堅強的條件。」是啊，荃猷一席話，令王世襄領悟到今後的人生之路，兩人必攜手共同走自珍之路。正是這一決定，讓他們兩人能樂觀地笑對坎坷、堅定信念、寵辱不驚。所以，王世襄晚年，在接受各大電視台採訪時，總愛說這樣的話：「一個人的人生之旅，當遇到坎坷、冤曲時，有些人往往會走絕端，想不通就走自殺。另外有的人，卻與對方硬拼，這兩條路都不對，不能走。所以我選擇『自珍』。我走自已的另一種人生之路。」

我們說，楊憲益和夫人戴乃迭，他們不僅將上千萬字的中國文學作品，譯成了英文，作為主要譯者和執行主編，共同支撐英文版《中國文學》雜誌近五十年。同樣的，王世老與夫人袁荃猷，不分日夜，共同拚搏，一起完成了近四十部大部頭著作。而且，這些成就大多是在進入八十歲高齡時所完成，談何容易。當《明代家俱研究》無人能畫結構線圖時，是袁荃猷自告奮勇、竭盡全力、從頭學起，為明式傢俱繪製了千餘幅線圖，使全書增色不少。正是那一幅幅精密、細緻、美麗的線圖，才讓明代傢俱那簡練純樸、自然的造型結構，更為彰顯；而明代家俱那精心設計、雅而不俗、雕琢精細、攢鬥巧妙的花紋圖案，令世界驚歎。王世襄在八十一歲之際，因忙於校對《錦灰堆》書稿，一天起來忽然左眼失明，這之後荃猷擔心他用眼過甚，便更多代為校對文稿、抄錄詩句。可以說，王世襄的成果，離不開袁荃猷的付出，且其中的努力和艱苦，也是常人所無法體會的；而支持她的動力，便是當年夫婦倆堅守的自珍精神。

「自珍者，更加嚴於律已，規規矩矩，堂堂正正做人。唯僅此雖可獨善其身，卻無補於世，終將虛度此生。故更當平心靜氣，不卑不亢，對一己作客觀之剖析，以期發現有何對國家、對人民有益之工作而尚能勝任者，全力以赴，不辭十倍之艱苦、辛苦，達到妥善完成之目的。」這便是王世襄人生座右銘的不移信念。讀著王世襄的話，我想，古往今來成大家者，必如此對已矣。

當二〇〇三年，王世襄榮獲荷蘭克勞斯親王基金會獎時，夫人正逝世，王老痛不欲生，「蒙冤不白憤難舒，祇有茹辛苦著書，五十四年如一日，世人終漸識真吾。」今天我重讀之，令我痛徹心扉、潸然淚下。王世襄和袁荃猷五十八年的風雨同路，經歷了中國歷史上不平凡的歲月，多少大喜大悲，多少聚散離合，多少屈辱苦難，他們只是用相互理解，平實生活，共同的文化使命，使他們堅守自珍，沒有山盟海誓、沒有驚天動地，卻令世人永記。

今晚，當我撰此文時，又翻出他於二〇〇八年八月三十一日給我的信，是他端正的楷書所書：

建智：

上周我去協和醫院，作兩次體檢，二次看結果，幸無大恙。從胸片看有局部肺炎，所以又照CT。證實後已服特效藥，因較輕，體溫正常。有點多痰，服藥後頗見效。唯醫生囑多休息。你撰襄傳，今後我仍會提供有關材料。前面的九章很好，寫得順暢。八十歲後，完全走「自珍之路」，所以往下寫就方便了。唯寫作很苦，謝謝你！匆此並祝文祺！

王世襄，二〇〇八，八月三十一日。

而二〇〇八年冬天來臨之際，筆者去北京看他時，他已在一所中醫院住院，後又聽說做著血透。那時，我多麼希望王老總會脫離病床，會重新站起來。後又聽董秀玉先生曾在春節後，並於二〇〇九年，先後去中醫院和協和醫院看他，只感到他老已很累了。看來，在人世間大地上，他的人生道路走得也夠真累了，因為，他生活的二十世紀的中國，畢竟是一個多災多難、風雨漂泊的時代。可以想像出他老，以好動之性格，在病床上這長長的日月裡，是多麼的寂寞啊！

但是，我想，王世襄在寂寥中，定在尋找著一種歸宿，那藝術與靈魂的雙重歸宿。他的所有著作以及他所留下的一切，在中國與世界上，決不是一點微波細浪而已，他最大的遺產是人類工藝的生存與創新，以及他的博學、堅定和純真的個性。他構建的大雅大俗並能立足於世界文明之林的中國文化，是多麼的燦爛、優美與質樸。二〇〇三年十二月三日，荷蘭王子約翰・佛利蘇，專程到北平為八十九歲高齡的王世襄先生，頒發二〇〇三年「克勞斯親王獎最高榮譽獎」，他獲得此獎項的原因在於，他的創造性研究，已經向世界證明：如果沒有王世襄，一部分中國文化，還會處在被埋沒的狀態。我想，他在病塌上，在這寂寞的日子裡，心底定有許多尋思與無窮的回憶，我們但願他不是「壽則多辱」，走完那最後的一站人生之路。因為，對他來說，那大半輩子走的是一條坎坷的人生之路，當然，他對塵世的不幸和痛苦早有認識：「五十八年多禍患，苦中有樂更難忘。西山待我來歸日，共賞朝霞與夕陽。」這便是他最後要交給世人的一顆最平靜之心。

王世老走了，永遠。但他的沉甸甸的幾十部大作仍長存人間，他的工藝創新成果、所帶動的一個產業鏈，他所有灑向人間的友誼也同將長存我們大地。寫完此文，已是三更，遙望北天，僅以此一紙悲痛悼文，以及王老喜愛的鴿子與美妙的哨音，一齊上路，入藍天白雲……

張建智　二〇一〇年春於聽雨齋

第一章 舊時西清王氏家

▲ 王世襄伯祖王仁堪後人於一九〇三年在福州合影。

▲ 一九〇九年西清王氏在京家族留影。

◀ 金章《金魚》圖。

▲ 王世襄父親（中）；母親（右）；父親原配劉氏（左）。

▲ 王世襄祖父王仁東（一八五二至一九一八年）。

壬申冬第四次續刊本

西清王氏族譜

十四世孫世襄敬書

▲ 十四世孫王世襄書《西清王氏族譜》，一九九二年所書。

一、東瀛歸來

民國三十六年（西元一九四七年）初春，空氣中仍泛著清冷的寒氣。一艘郵輪從日本橫濱港緩緩啟航，船在太平洋海面上行駛著，載著各色人等，推開著碧波萬頃的水域，向一海之隔的上海港駛去。甲板上，一位體魄強健的中國年青人，正憑欄遠眺，他方臉闊額、濃眉大眼，戴著一幅金絲邊眼鏡，透著斯文和睿智。他，便是中國戰時文物損失清理委員會，派往日本的特派專員王世襄。

在船艙把自己行李中的書箱、衣物等安放妥帖後，王世襄便來到甲板上。紅日西沉，但那日氣候溫和，風平浪靜。但有一方蘭色霧靄，正停留在稍遠的海域的上空，空氣中有時彌漫著一種特有清香，而他也正是來呼吸這些新鮮空氣的。那寬大的甲板上挺熱鬧的，熙熙攘攘的各國的商旅，均在吹著海風；同時也有許多人，正在議論著當時中國的時局，他只是在一旁不經意地聽著。此時，重洋外他的的祖國，正值內戰全面爆發之際。

一九四六年的中國，在經歷了生死攸關、艱苦卓絕的八年抗戰之後，這時才開始有了點揚眉吐氣，終於迎來了抗日戰爭的勝利。可就是這一年，恰又成為中國歷史上最不尋常的轉捩點。世界各國，無論是亞洲、東歐或美洲似乎都在關注著這個東方的大國，這個有著幾千年悠久歷史、地大物博的古老國家。因為，斯年斯月同仇敵愾、一致抗日而取得勝利的國共兩黨，忽攸之間卻又馬上轉而成為了一場敵我雙方決戰的時刻。

一九四六年一月十日，中國共產黨代表與國民黨政府代表，於重慶開幕的政治協商會議上，簽署了停戰協定，雙方頒布了一月十三日午夜生效的停戰令。這次會議，好不容易通過了政府改組案、和平建國綱領案、軍事問題案、國民大會案、憲法草案等。這五項協議之通過，實際上是否定了國民黨的一黨專政、制度獨裁和內戰政策。然而，同年的六月二十六日，國民黨撕毀了停戰協定和政協協議，開始圍攻中原解放區，發動了向各個解放區全面進攻之戰。至此，一場蒼生俱憂、塗炭民生的全國性大內戰，終於爆發。

王世襄此時瞧著頭頂上的海鷗們，正向東面飛翔著，一邊沉浸於回想中：記得去年隆冬之時，自己正從上海頓上飛往日本的飛機；當時，他受故宮博物院院長馬衡先生的委託，專去日本追尋一批在抗戰中流落異鄉的文物國寶。在這樣的局勢下，接受此任後，他意氣風發，準備全心全力投入到國寶的追尋中去。

誰知到了東京，他才發現情況不是他想像的那樣。聯合國的戰後追償條款，似完全偏袒日方。在作為戰勝國的中國，還是「弱國無外交」，常處於一個弱勢地位，追償工作處處無不受到阻礙。在日本的那些個日日夜夜，儘管他竭盡所能向日本政府要求歸還中國的文物，同時呼籲中國政府，應向聯合國提出合理追償條款。豈料，他奔走了各方，仍是一再碰壁。也許，在當時國際環境下，國與國之間，因牽涉到各種紛繁複雜的政治、經濟和外交的利益，於當權者心中，國家的文物，也僅是可有可無的點綴品而已。

海風裡含著霧氣，王世襄此時在甲板上，真的是無心看景，只是踱來轉去地在思忖那短暫的時間裡，他在日本所經歷的種種不愉快的事情。突兀裡，想起他在美國設在日本的文物調查機構的一些遭遇，總感有些頹喪，儘管年青的王世襄，滿懷一腔報國熱情，但他在日本碰到的許多現實情況，無不使他明白，僅憑他一介書生之力，根本無力繼續留在日本追繳中國文物，由此，他還不如早日回國，另覓他路為好。

踏上歸國的路途，對他來說雖是明智，但也是無奈的選擇。當王世襄想起抗戰後的中國世事繁複，儘管他已費盡心力，終於將一百零七箱中國古籍善本運回國內。為安全把這批國寶善本運回，加上責任重大，焦急心憂，身子也消瘦二十多斤，最後總算完成此任務。想起了中華民族悠久的文物史，又想起還有大批流失海外的珍貴國寶，作為一介中國青年為國家保存文物的使命感，此時此刻的他，不禁為戰後的中國心糾不安。

今天，他有幸親自把稀見珍貴的古籍善本，運回至祖國，心中無不激昂、欣慰！由於他受家庭影響，自幼就酷愛古籍，此時，他又想起了中國近代珍貴古籍，那幾多漂泊海外的不幸命運：

自中日甲午戰爭後至二戰結束的五十年間，中國典籍紛紛東流，作為文化交流之意義已日漸暗淡，更多地是顯示出日本作為軍國主義，依其在政治、軍事方面的強權，對中國文化財產的巧取豪奪。如果說，湖州皕宋樓藏書的東流，還多少帶有江戶時代商業流通的遺跡；而東海樓藏書的東徙，則是日人賴以中國的「庚子賠款」而巧取；到抗戰時期中國典籍的大規模東流，已成為中國人民遭受帝國主義掠奪的屈辱象徵……這種掠奪的規模和手段，在人類文化發展史上是罕見的，同時也是中國近代藏書史上最為嚴重的書厄。

想著，想著，不一會兒，太陽漸漸躲進了海上雲邊，層層的陰雲，早壓著漸暗的蒼穹。

此刻，甲板上的旅客也逐漸散去，輪船在海面上全速行駛著，螺旋槳擊起水珠，似乎要濺到王世襄的腳邊，他的喉口也似感到些許淡淡的苦澀。在這樣一個世事更迭、風雨飄搖的大時代下，一艘承載著不同人命運、夢想、離愁的商船上，此刻的王世襄，遠眺著朦朧的海波，不禁勾起了濃濃的思鄉之情。他想著歷經侵略、內戰，已滿目瘡痍的故國，又想起自己從小長大的北平城，想到了自己出生的芳嘉園……

芳嘉園裡的童年是快樂的。他清晰記起，父親有一回在園內的太平花盛開之際，曾給他唸過伯祖王仁堪在鎮江、蘇州等地為官時，當地老百姓，曾為伯祖作了許多口碑很好的詩句。不知怎的，有一首詩，卻在這一刻，突然於心中浮現起來：

多士聞君去，晨夜幾罷讀；
農夫聞君去，村村同聚哭；
工賈聞君去，闤市焚香祝；
兒童及婦女，呼號相追逐；
僉日慈父去，吾儕恐不育。
……

這是一首離愁別緒之詩。他伯祖為官一任，就是說，他在地方做父母官時，為當地百姓解決了許多民生問題，時人為他離任時，留戀不已，特為他伯祖作了這樣的懷念詩。

身在海輪上，回想在日本短暫的二月經歷，加上現在心中浮想起那首詩，斯時確對中國現任官吏的為政優劣，頗感慨良多。此時此刻，世襄那縷縷的思緒愁情，也仿佛一如海面上正在飛翔的一群群海鷗，穿越著重洋，飄至千里之外。他由國事想到家事，由伯祖之詩，想到王氏家世的代代薪火相傳。事實上，在有關王氏譜牒家乘、以及許多留存於世的詩稿中，都曾稱王氏兄弟為「世家子弟」，王氏家族自八世以來，就有聲於時，確可稱得上是書香門弟，官宦世家。

二、西清王家

王世襄的祖上，原居江西吉水縣清江鄉，故人稱「西清王氏」。他的先祖旭窗公，就在江西經營瓷器業。爾後，王家在明代正德、嘉靖年間（西元一五〇六至一五六六年）從江西遷徙至福建。當年為何要舉家移走他鄉？我想，興許是為了經營業績上發展的方便，也可能當時在江西經營瓷業者居多，恐難發展，抑或由其他各種原因所需，今已難考證。這猶如陳寅恪祖上（原屬義寧陳家）是定居福建的，原屬客家系統，後到六世祖時，卻獨由閩入贛了。

王氏家族，自江西遷徙福建定居後，因得當地口岸海運的便捷與商業貿易的發達，生意確蒸蒸日上，漸發展成當地數一數二的名門望族。誰知，王家至六世祖時，因身體健康不佳，在商旅生涯上，遂失市場競爭力，從此家道開始中落。

家道中落，無力競爭，漸墮於清貧。王氏家族至五世祖時，也就是在王世襄的高祖慶雲公之際，便開始發憤讀書，以期通過耕讀改變家族命運，重振家業。那時，正值晚清嘉慶、道光年間，國家尚稱得上是較富裕的時期，世風不免「以侈靡為榮」，但這樣的世風並未影響慶雲公讀書上的勤奮，以及在心志上對入仕的追求上進。十年寒窗、一腔胸懷壯志，高祖王慶雲（西元一七九八至一八六二年）終於在嘉慶二十四年（西元一八一九年）中得舉人，那時僅二十一歲，十年後又中得進士。從此，王氏家族遂以儒入仕，步入青雲，走上了一條官宦之路。

慶雲公中進士後三年，便入翰林院，後任貴州學政。五十歲時在政績與學問上，就與清一代名臣曾國藩並駕齊驅，同時被朝廷命為武會試的考官。爾後，在太平軍時期，王慶雲又被任為兩廣總督，清同治元年（西元一八六二年）官至工部尚書。然而，就在朝廷封他為尚書之時，慶雲公因病卻不幸逝世。朝廷為嘉彰他，諡文勤公。從此，王世襄先祖的名字，也被載入了《清史稿》歷史名人之中。

慶雲公除了一生仕途坦蕩外，還是位勤奮治學之人。他在翰林院期間，因曾經致力於一個省的教育與工業事業，撰寫了一部《石渠餘紀》或名為《熙朝紀政》的重要著作，於六卷本刊出。書中詳細記載了清代治國與理財的事績，凡包括科舉、薦舉、吏治、軍政、兵額、賦稅、地丁、關稅、鹽法、礦政、屯田等門類無不錄入書中，並詳細闡述，這著作相當於清朝政府的一部財政簡史，充分反映了王慶公從政時期的政治經濟的學術思想。

光緒十六年（西元一八九〇年）《石渠餘紀》刊刻時，當時曾任湖南民政長、西路巡安使、爾後與孫中山一起參加辛亥革命的龍璋先生，曾為此書作跋云：

> 《石渠餘紀》，閩縣王文勤所撰，原名《熙朝紀政》，稿定後改今名。……此書於國朝掌故政事之大者，備舉無遺，誠精且博。學者恥不知，今讀此書已得過半矣。

此話可謂中肯，因為，誠如陳平原先生曾談到過的，「讀中國古代詩文，極少涉及具體的從政之道，大都只是表達『致君堯舜上，再使風俗淳』的偉大理想。」他還說，「只是表達憂國憂民之心，而不考慮具體實施方案，這樣的『治國平天下』，效果很可疑。」而王世襄的先祖王慶雲，能撰《石渠餘紀》卻是為官的另一類了。

從此書評，我們可知這部著作，對於後人瞭解清代政治、經濟、文化也是一部必讀之書。同時，由於王慶雲撰寫此書時，他根據的是上諭奏摺、朝廷掌故，不僅是轉錄《清實錄》等官書，因此，它也成為日後研究清史的重要入門書之一。

慶雲公生二子，其次子王傳璨，曾任刑部主事。王傳璨生四子，即仁致、仁堪、仁熟、仁東，長子仁致早殤。王世襄的祖父王仁東（西元一八五四至一九一八年），是慶雲公的第四孫。咸豐四年（西元一八五四年），王仁東出生於福建省閩縣（今福州市鼓樓區）城內登龍（燈籠）巷。從小長得很英俊，少年時代，所撰詩文便已日顯才氣。

世襄祖父王仁東，於光緒二年丙子（西元一八七六年）鄉試中舉人，初任內閣中書，後又歷任南通知州，江蘇候補道，江安督糧道、蘇州糧道兼蘇州關監督等職。然而，王仁東在清朝廷為官之時，已值晚清衰敗，內憂外患，作為清末民初知名詩人，他雖志大才高，但卻難覓報國救世之道。

晚清的龔自珍，已認識到清朝末年，來自國內外的嚴重危機，主張改革政治，抵禦外侮。寫了很多的詩，但書生筆下之波瀾畢竟不抵事，晚清當局也絕不會有半點改弦換轍。王仁東雖晚龔幾輩，但大清帝國的危機，到王仁東那一代，更是積重難返、無可救藥了。當時作為一介書香官宦子弟的他，在那樣動盪混亂的時代，除了憂心憤世，也許也只能寄情於詩歌唱酬了。

王世襄的祖父王仁東，晚年流寓上海時，寫下不少憂世感慨的詩文詞句，並著有《完巢賸稿》傳世，此著係其女在辛酉（西元一九二一年）所輯。王仁東所著詩文，由於家學淵源，文字清秀，並伴一種散淡的憂鬱，飄潛於他之字裡行間。今讀他之詩，在某些文字裡，我們恰也能讀出龔自珍己亥雜詩中的風韻，只不過少了點定庵詩中那「靈思奇想」而已。茲錄王世襄祖父詩一首，以見其餘：

淒涼重過故人廬，苦茗澆胸郁不舒。
畫靜名園遊客少，天寒老樹著花疏。
別來君竟長眠去，亂後吾猶短髮梳，
舊雨晨星寥落甚，憑闌春色滿庭除。

——《七律・愚園過洪鷺汀故居感賦》詩聯

清朝的改革派政治家，與王仁東同為福建老鄉的鄭孝胥，特為《完巢賸稿》一書作序云：「晚遭世亂，流寓海上，頗貧困，而刻苦自若。及發狂疾，余往視之，執手悲哭，述先考功當日勖語於昏眩中，露其天性，至死不變，庶幾所謂剛矣。知交中處困日久，漸喪所守，旭莊極憤慨，不忍斥言也。所為詩，雖不多，亦足以自見其性情。視隨波逐流者，不可同年而語哉。」

我們從鄭孝胥這篇序文中，以及那一首首表露心跡的詩詞中，無不可讀出在晚清世亂之際，王世襄祖父王仁東不願隨波逐流，仍刻苦讀書並甘於貧困，足見他雖身處亂世，卻獨善其身、保持晚節的性情。當然也正是這種性情，讓他在時勢之交替中，深感於那個時代所賦於的種種希望與失望，吶喊與彷徨，慎獨和混世，同時也反映了他對世事苦悶與無力回天之狀，時交織於他的心靈之中。

王世襄祖父王仁東，一九一八年因病於上海逝世，終年六十四歲。祖母劉學熹，河南布政使劉齊銜公之三女，於咸豐二年（西元一八五二年）生，光緒十二年逝世（西元一八八六年），享年三十四歲。葬福州北關外下鳳山。劉氏知書達禮，曉大誼。生子孝綽、孝絜、繼曾、孝縝。生一女荃芬。

王世襄的伯祖王仁堪，（西元一八四八至一八九三）字可莊，又字忍菴，號公定。時以清官著名於世。清光緒三年（西元一八七七年）丁醜科狀元，授殿撰。中狀元時還不到三十歲，真可謂年青有為，才華出眾，後出任鎮江、蘇州知府。王仁堪在朝為官幾十年，克盡職守、清廉奉公，為民所愛。光緒十七年（西元一八九一年）三月，王仁堪出任江蘇省鎮江知府，在他到任未及半月，當時轟動中外的的丹陽教案發生。事因是該縣民眾在天主教堂內刨到死嬰七十多具，遂引起公憤，教堂被焚毀。洋人還提出種種無理言辭，於是，王仁堪親臨現場稽查，驗得嬰兒屍骸七十多具，認為該教堂既然兼辦育嬰，不應枉死嬰兒；且又不遵照光緒十五年（西元一八八九年）兩廣總督奏行的章程，遭到群眾反對是咎由自取。於是，呈請兩江總督劉坤一，於結案時不追究民眾焚毀教堂的責任，但也給傳教士以適當撫恤，態度不卑不亢，甚為得體。鑒此，筆者曾讀到一個和當年王仁堪為官時，同樣有處理屬下教案有關的歷史資料，現錄其下以佐證王處理涉外事件的公正態度。

據清末舉人、南社社員張素撰寫的《光緒辛卯丹陽毀焚教堂始末記》中所記，當年處理此教案時，尚有金庸（查良庸）祖父查文清也同在現場。他於一八九〇年調任丹陽知縣，正好也是經手此案的官員。從此案記錄看，當時朝廷因媚外而要嚴辦市民，但查文清因得其上級王仁堪的支持，未執行朝遷旨意。王體恤民意，始終認為：「此其罪豈專在市民耶！」當時，因王任知府，能與下級丹陽縣令查文清，合而共識，丹陽教案，終得以順利解決。筆者撰《儒俠金庸傳》時，曾訪談查先生，他也曾感意外，說：「真想不到我祖父，還與王世襄的伯祖，曾是當年一起處理教案的兩位同僚！」但查文清卻為此教案，爾後，就辭官而回家鄉海寧。

光緒十八年（西元一八九二年）春，王仁堪在鎮江知府任上，因勞累過度，不久病倒。當地發生蝗災，王仁堪親自督捕於野，病情加重，在病床上仍念滅蝗事，同年秋，丹徒、丹陽又遭大災，王仁堪一面請准截漕濟賑，一面勸導紳商捐助救活二十餘萬人。光緒十九年（西元一八九三年）七月，王仁堪調任蘇州知府。因積勞過度，一到蘇州又病倒。但仍抱病每天到讞局清理積案。同年冬，在一次夜間巡時感受風寒。終於一病不起。但有說：「王守則量移蘇州，旋中毒死。」此說確否，尚有待史實考證？

噩耗傳至鎮江，「士民皆欷噓流涕」，並詳列王仁堪政績呈報督、撫請求上報朝廷。總督劉坤一、巡撫奎俊對王仁堪以實心行實政，視民事如家事，卓然有古循史鳳上聞清帝詔允宣付史館立傳，以表循良。當然，身處晚清，已日顯衰敗，雖王仁堪未能看到日後即將發生的甲午戰爭的失敗、中國歷史上百日維新的夭折、也沒有看到一場中國的「自改革」運動的煙飛灰滅；但歷史尚屬公正，畢竟不會忘記王仁堪這樣為官一身正氣的清廉人物，那歷史留下的遺跡——福州螺州王仁堪狀元府，迄今還矗立在那裡，可資紀念。

三、世風傳承

辛亥革命後，王世襄的祖父王仁東，從北平南下，寓居滬上。世襄的父親王繼曾是仁東的第三子，字述勤，於一八八二年出生於上海，早年入上海南洋公學學習，南洋公學當年是上海著名學堂，前身是民國初年的南洋大學，而南洋大學的前身，便是清朝的南洋公學（現為上海交通大學）。

南洋公學成立於光緒二十二年（西元一八九六年），創辦人是清末辦洋務的盛宣懷（西元一八四四至一九一六年），字杏蓀，江蘇武進人，他算得上是清末洋務派的一個重要官僚，一生辦過路（鐵路）、電（電報局）、郵（郵政）、航（輪船）、礦山（如漢冶萍公司）等洋務企業。南洋公學，初建於上海徐家匯鎮之北，經費取自於招商局及電報局之特捐。這兩局先後屬於商部、農工商部、郵傳部，因此，南洋公學先後稱為「商部高等實業學堂」、「農工商部高等實業學堂」和「郵傳部高等實業學堂」。辛亥革命前夕，學校監督（即校長）為唐文治，字蔚芝，江蘇太倉人，原任農工商部左侍郎；教務長為辜鴻銘，名湯生，福建廈門人，精通中西之學，曾為粵督張之洞辦過外交，為當時有名的文學家；齋務長（即訓導長、訓育主任）本為陸規亮，辛亥革命前夕改名為莊思緘，字蘊寬，江蘇常州人，原任廣西龍州兵備道，受革命思潮的影響，不願做清朝官吏，毅然辭職，因與唐文治為同學，便來校任職。

世襄之父王繼曾，在南洋公學接受的是不同於舊式私塾的新式教育，由於盛宣懷設立南洋公學，其目的是要培養懂得西文西藝（外語與科技）的人才，學校要求學生首先學習英、法、日等外語；學法律、公法、政治學、通商法、商稅法；並學習天算、輿地、格致、製造、汽機、礦冶等科學技術。也許，在「中學為體，西學為用」的新式教育氛圍中，王繼曾感受到了西方先進技術的強大和不同文化思潮的碰撞。同時，隨著外強的入侵和清朝國力的式微，他看到清廷的無能和官員的腐敗，看到百姓常陷於疾苦之中。他深感中華民族欲發奮圖強，必先向西方尋求科技與改革制度才行。因受西方思想的影響，王繼曾終於產生了出國留學的念頭。

但當時清朝廷實行的是愚民政策，禁止人民出國，但適逢孫寶琦被任命為中國駐法公使，孫寶琦（西元一八六七至一九三一年）是清末重臣孫貽經的兒子，是一個篤誠開明的人士，王繼曾便利用這一契機，於一九〇二年隨孫寶琦赴法國巴黎進修。就這樣，年僅二十歲的王繼曾，便踏上了赴法求學的旅途。於此可說，巴黎的求學成為他日後外交官生涯的最初起點。

當年，如王繼曾一樣隨孫寶琦出使法國的，當然還有後來被孫中山稱謂「民國奇人」的張靜江先生（西元一八七七至一九五〇年）和李石曾先生（西元一八八一至一九七三年）。他們三人當時都是二十出頭的青年人，李石曾當時二十一歲，王繼曾二十歲，張靜江當時二十五歲，最為年長。儘管三人出身不同，所受教育迥異，到巴黎後也各自受業，但在辛亥革命爆發後，至民國時，這段中國近現代史上驚心動魄、風起雲湧的歲月中，這三人行，卻在中國政治舞台上，都有了大作為。如李石曾留法回國後，即參加辛亥革命，和黃復生等組織了京津同盟會，出版《民意報》，在北方宣傳和組織革命。一九一二年他和吳稚暉等人在北平創立留法儉學會。一九二四年，在國民黨第一次全國代表大會上，李石曾被選為國民黨中央監察委員。而張靜江在一次赴歐途中，結識孫中山，提供白銀三萬兩為反清革命活動經費，後又往東京、巴黎，支持孫中山改組國民黨為中華革命黨，被任命為財政部長。一九二五年，任廣州國民政府委員，在國民黨第一次全國代表大會上，張靜江當選為國民黨中央執行委員。在孫中山逝世後召開的國民黨第二次全國代表大會上，又當選為中央監察委員。李石曾和張靜江，後並稱為「民國四大元老」。（另二老為蔡元培，吳稚輝）當時，作為同路人的三個青年人，他們確是無法預料之後所走的人生之路，但他們卻都懷有學成救國的壯志和激情，懷有著對未來人生境界的美好希冀和憧憬。

一九〇二年，這三人的人生拐點，卻成了他們閒適地坐在郵輪上，駛往巴黎最有希望的一年。

話說王繼曾到巴黎後，先後入法國高等學校及巴黎政法大學，學習外交與公共事業管理。留學七年，學成時曾被受於學業優秀獎。西元一九〇九年，他畢業回國後，便首先任當年清政府軍機大臣張之洞之秘書，後因其扎實的外語功底、外交能力和在巴黎留學的經驗，不久便改任駐法留學生的監督。當時，王繼曾也有機會攜夫人金章，再度赴法國巴黎，得以故地重遊。但正是王繼曾夫婦僑居巴黎之際，國內時局卻發生了劇變，辛亥革命終於武昌爆發，滿清帝國由岌岌可危遂徹底土崩瓦解，中華民國宣告成立。

王世襄的母親金章，在延續了二千多年的中國封建帝制剛結束之時，她適在巴黎正完成了一幅金魚畫軸，畫成後即題款曰：「檀櫨粉堵搖魚影，此和靖先生詠西湖句也。僑寓巴黎偶寫此意，令人油然動故國之思。辛亥二月陶陶金章。」如今，當我再讀此畫及其題辭，想是她身處千里之外的異國他鄉，有感於家國政事的紛蕩，遂借丹青寄情筆墨，以抒胸臆。

民國成立後，王繼曾回國供職於北洋政府外交部，一九一四年一月，又任外交部政務司司長。這一年，也就是王世襄快出生前，父親王繼曾買下了北平東城芳嘉園的一座四合院，那是一座傳統的獨門四合院，有四進院子、四層房屋，後門開在新鮮胡同，以當時的北平老城來說，雖不算大，卻也幾近中等規模。王世襄正出生於這老四合院裡，並一直居住了將近八十年。

一九二〇年九月，王世襄父親又出任駐墨西哥公使並兼任駐古巴公使職。當時王世襄七歲，本來全家要隨父親一起遠赴墨西哥，但此時二哥王世容不幸夭折，王世襄又患猩紅熱，疾病初愈，不宜離家遠行，因此母親只好帶他留在上海。一九二一年八月，王繼曾免兼駐古巴公使職，專任駐墨西哥公使。同年底，他任滿歸國後，一家又終在上海重聚。一九二四年一月，王繼曾由滬到京，在孫寶琦執政的北洋政府擔任國務院秘書長，一家人才重回芳嘉園老宅居住。一九二六年王世襄父親，又改任安國軍外交討論會委員，一九三一年後則任英美煙草公司北平分行經理。

王繼曾在頻繁出任駐外使節的過程中，還對各國的經濟、政治和文化進行了細緻的觀察和分析，曾著有《義大利政治經濟財政報告書》等書，介紹並論述了國外一些國家，當時實施的一些政治經濟的狀況；應該說，為當時國內瞭解西方的經濟、文化和政治制度，提供了一定的借鑒。爾後，隨時局之變化，民國政府遷都南京，北平的政府職能，逐漸萎縮、日漸蕭條，而王繼曾則無意去國民黨的政府工作，在時過境遷之下，他也漸漸淡出了政界。

西清王氏一門，自福建閩縣經商發家，爾後代代相承，又通過科舉應試走上仕途，逐發展成為了一個官宦之家。回顧王世襄祖上三代的生平歷程，可謂英才輩出，洵不多見。如王氏家族中有進士出身、治理一方的重臣；有狀元及第、直陳時弊的循吏；也有躋身洋務、從事外交的使節。所以說王氏世家子弟的官宦生涯，尤其是在鴉片戰爭後，內外交困的時勢變局中，王家各代養成的「通達時事」、「兼備中西」、「注重實際」的辦事作風，無疑是西清王氏一代代薪火傳承的作風，其日後對王世襄的成長和後來在治學上，都產生了潛移默化的影響。

人們常說，時代造就了一個人的成長，但我認為時代固然是重要的機遇，可在中國重門風世家的社會傳統和環境氛圍中，一個人的成長與作為，實離不開代代相傳的家族門風的影響。這正如《伏爾泰傳》的作者莫羅阿所說的：「一切都是不良的，但一切都可以改善。」我想，這話說得有理，這裡所說的「可以改善」，乃是因為一個人的一生，能幸運地處於一個好的社會，實非易事。當個人的力量無力或無法去改變社會的惡劣環境時，那麼，個人的成長抑或成才的機會，無疑離不開世族家風這潛移默化的影響。否則，我們又如何去理解古人的種種精神與現代的相通呢？有著幾千年的中國文化精神，所凝聚的耕讀之家，迄今還不是在綿綿不斷的、有時甚或是在曲曲折折地在歷史之時空下，延續著嗎？這是歷史，從不能湮沒，它總會走上正道的希望所在。

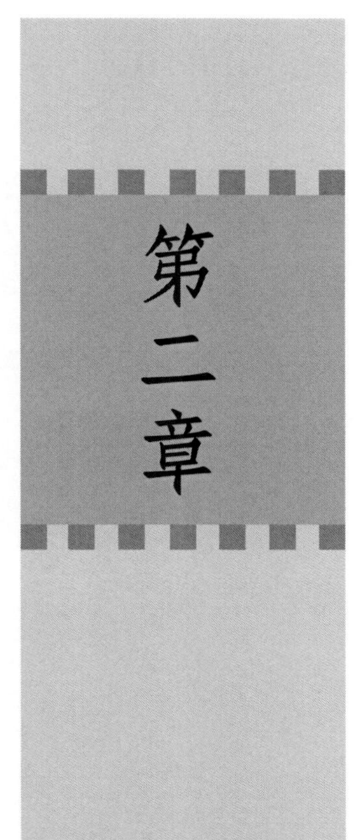

芳嘉園慈母懷

▲ 1920年中國畫學研究院在北京成立時合影。

▲ 王世襄「燕市少年」時架鷹捉兔歸來的雄姿。

▲ 王世襄與在京金氏後人團聚留影（陸劍提供）。

▲ 王世襄兒時曾居住過的南潯金氏舊宅正門（陸劍攝）。

▲ 王世襄少年時與父母在杭州靈隱留影。

▲ 幼年時的王世襄。

▲ 三歲王世襄和父親、哥哥。

▲ 王世襄的大舅、民初北方畫壇領袖金城1910年出洋時的留影（陸劍提供）。

▲ 王世襄的四舅，著名竹刻家金紹坊（字季言，號西崖）（王世襄提供）。

▶ 王世襄母親江南古鎮的金家百年故居。

▲ 王世襄的母親、畫家金章1906年在南潯老宅畫室繪製扇面時的留影（王世襄提供）。

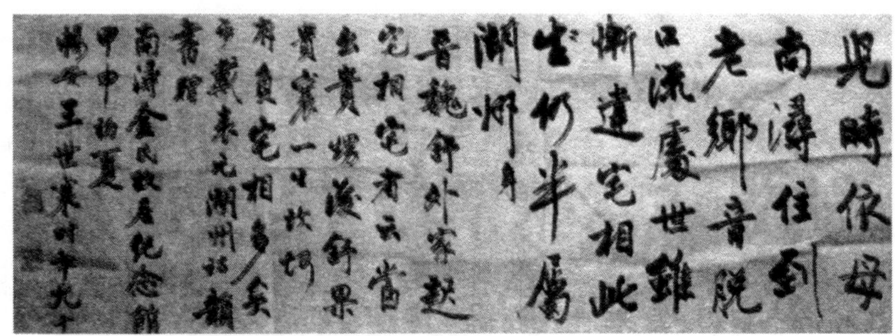

▲ 王世襄為南潯金氏故居所題書法。

一、芳嘉園的童年

農曆五月的北平，草長鶯飛，天空碧藍如洗，所有的翠綠綻出了春天的笑容，時不時從遠處還傳來如銀鈴般的鴿哨聲。就在這樣祥和的時節，往日安恬與靜謐的芳嘉園裡，卻彌漫著欣喜而又焦慮的氣氛，僕人們一個個似熱鍋上的螞蟻。這芳嘉園王家的主人王繼曾，也同樣懷有不安與期盼之心，在大屋前的走廊上來回踱著，並不時向一間裡屋張望，一副心急如焚的神情，分秒般地顯露出來。原來，王繼曾的夫人金章今日正臨盆，誰知碰到的又是一次難產。這使王繼曾想起二兒子世容誕生時的情景：當時他和金章正旅居巴黎，金章生產時艱難異常，腹痛了整整一夜都未臨盆，後來幸得西洋醫生實施產科手術，才得以母子平安。如今，世容已兩歲，金章卻又一次遭遇難產，他一面心糾憂慮，一面儘量使自已冷靜下來，努力驅散心頭的陰雲，只祈保佑夫人健康平安。

正當大家的焦躁和緊張之時，一陣急促的腳步聲，有遠及近。只見一個女僕氣喘喘地跑至王繼曾面前，急切而欣喜地喊道：「啊，老爺，夫人生了，是個小少爺呢，母子都平安！」

這個久盼的佳音，終於讓王繼曾一直懸著的心放下了，他立刻奔進了裡屋，只見妻子孱弱地半躺在床上，蒼白的面龐上卻浮現著滿足、平和的微笑，懷中抱著那剛出生的嬌弱的嬰兒。王繼曾湊近金章，一面看那男嬰粉嫩的圓臉蛋、微微張合的嘴唇，顯得格外的憨態可掬，那小嬰兒，似也正新奇地看著這剛來到的世界，全不知母親剛經歷了那一陣已臨生死邊緣的痛苦與緊張，才將他帶入了人世。

這個男嬰，便是我們的傳主王世襄。一九一四年的五月，他降生於父親買下不久的北平芳嘉園。這年，正是第一次世界大戰爆發之年；而在國內，也由於辛亥革命的成果為袁世凱所盜竊，孫中山在日本又成立中華革命黨，是進行二次革命之年。可在這芳嘉園裡，世襄的降生，無疑給剛在北平城安頓下的王家，平添了一份歡樂和幸福。

我們常說，不凡之人的誕生出世，常伴有一點非常現象的發生，在王世襄身上，似乎也不例外。原來，世襄剛出生的前一晚，祖父王仁東卻在深夜做了一個夢——那晚，他夢見有人送來一幅畫像，打開一看，原來是左宗棠之像，夢中他好生奇怪……不料，次日即收到從北平發來一喜訊電報，電中告知：孫兒昨於芳嘉園生了，大小平安！

祖父在上海得電後，心中無不為之欣喜萬分，覺得昨夜夢中情景與此應有微妙聯繫，真可是靈犀相通。由於，清湘軍統帥之一的洋務派首領左宗棠，曾被朝廷賜謚「文襄」，祖父認為這是王氏家族出現的好兆頭，遂為剛出世的孫兒取名為「世襄」。而父親王繼曾於高興之際也生出另一想法，因兒子出生於當時的皇根京城，便又給世襄加了個小名：「長安」（後王世襄自己又署自名為「暢安」），也許這一切，都是期望在這新舊更替，世事難料的時代，祈求能得到一份平安與暢好而已。

那時，國內正是辛亥革命爆發不久，推翻清朝帝制才剛剛兩年，新的中華民國，根基十分脆弱，手握重兵的各方軍閥，都紅眼窺覷著能從時代的紛亂更迭中，抓住機會迅速壯大自己的權勢，而剛當上北洋政府總統的袁世凱，更是披著一份民主革命的新式外衣，悄悄地在醞釀著未來黃袍加身的皇帝美夢；同時西歐列強入侵中國的腳步，也紛至遝來，虎視眈眈地想瓜分中國這塊碩大的肥肉。

此時的北平城，也許，正好是轉折突變前壓抑下出現的一片沉寂，抑或大家真還不知道這場新的革命，究會給大家帶來什麼樣的景象？所以，皇城腳下的那方土地，卻處於一種不尋常的平靜之中。而此時坐落在北平東城芳嘉園的王家，由於新生了一個兒子，且母子平安，所以就格外顯得欣欣向榮的安詳與溫馨。世襄的父親，一個很體面的受過國外良好教育的人，正供職外交部條約司，工作之餘還愛好收集些宋元瓷器；但因並非富商，在當時外交部任職收入也是一般，故家中所收古董以傷殘的為多。而母親金章賢慧大方、嫺靜優雅，把家中操持得妥妥帖帖，閒時多寄情於繪事，畫得一手活靈活現、風采翩然的金魚花鳥中國畫。在這家境殷實、溫馨開明的環境中，王世襄就在京城這般優裕的美滿家園裡，正一天天無憂無慮地成長起來。

王世襄從小就機靈有趣，天生一股淘氣頑皮的性子，與年長其兩歲的胞兄世容相比，更顯得一動一靜。因為世容自小便聰慧懂事，到舅父金城家玩時，也彬彬有禮；而世襄則非常好動，對一切好奇，連到舅父家去作客，也常常會鼓搗其他孩子，鬧個不停；所以舅父家一見世襄來了，便笑說我們的「捅馬蜂窩」的來了！同是大舅金城和母親金章的好友吳昌綬先生，有一次，還真為王家這兩個神氣的小少爺，特賦五律詩兩首，寫出了他們倆兄弟，各自不同的神態：

我愛巴黎好，生從瀛海涯。
青春正妍美，朋戲雜飛嬉。
梨栗陶通子，簤簹李衮師。

烏黃犢牽拂，謝舅款關時。
我愛長安好，頻來道韞庭。
采衣兒玉雪，畫筆母丹青。
柳雀坐相語，萍魚靜可聽。
學塗休涴壁，日侍硯花馨。

這有趣的詩，不僅點出哥哥世容，正生於父親駐法國巴黎使節期間，故取幼名為「巴黎」，時以紀念。而世襄因生於北平，所以得小名「長安」了。詩中「學塗休涴壁」一句，還是形容王世襄小時候，在母親身旁待著，看著作畫時，總喜愛自己塗塗抹抹的，但因其幼小而調皮，可得注意防著，以免讓他畫花了家中的牆壁呢！

王世襄父母對兒女的教育可謂非常著意，家中特別請了私塾的老師，專教孩子們學習中國儒家必讀的經、史、子、集之古籍，同時教些古典詩詞。可王世襄小時自己最喜歡的是中國的古典詩詞，可不知為什麼，他對老師教的別的科目，興趣可就不大。

日子如流水般平靜地流逝，兩兄弟本應幸福無憂地長大。但豈料真有不測風雲之時，一九二〇年的北平、乃至河北地區，一種病毒性感染的猩紅熱疾病正肆虐橫行，不少兒童都因感染了此病而喪命，而這病毒也悄然潛入了芳嘉園王氏家中。是年，世襄首先感染了猩紅熱病，不久他的哥哥世容也被弟弟的病傳染上了。令人奇怪的是，在他們兄弟倆中，世襄反而在醫治中慢慢地痊癒了，可謂大難不死，而他哥哥世容，卻不幸病故，真是生死由命矣。卻是我們可否這樣想：也許正是幼年的這次劫難，使我們的傳主日後的人生之途，增添了點免疫力，雖他之後的人生，屢次面對困境磨折，卻依然能幸運地化險為夷呢。

不久，父親王繼曾便接到出任駐墨西哥公使兼任駐古巴公使的調令，本來全家都要隨他遠赴墨西哥。但由於世容剛剛過世，世襄也剛大病初愈不宜遠行，夫人金章只好帶著世襄留在國內。也許剛痛失愛子，金章不願待在這個傷心地；也許出嫁離家經年，她也念起了那毗鄰大上海的江南小鎮的老家了。於是，在丈夫出國任職遠行後，金章便帶著兒子世襄離開北平南下，她先來到上海，住在二哥仲廉、四弟西厓，也就是王世襄的舅父家中，當時舅舅的家，是坐落於上海閘北區的一座小洋房中。

二、江南金家

在距離上海以南一百多公里處，有一座戶戶臨河、家家枕水的清幽幽的水鄉古鎮。這座江南小鎮名為南潯，位於所轄的湖州府之城東，水陸交通便捷，是江、浙、滬沿長三角的重要水上通道。南潯，東倚天目諸山之勝，北攬太湖苕溪之秀，靈氣所萃，民風摯樸。其周圍有震澤、平望、雙林、烏青諸鎮拱衛，離蘇杭、嘉興，上海，以及南京等地都很近，地理位置可謂得天獨厚。南宋前，南潯只是個小村落，到宋淳祐十年（西元一二五〇年）左右始建鎮。元代曾二次築城，歷經元明發展至清代後，南潯已屬江南的雄鎮。同治《南潯鎮志》稱：「闤闠鱗次，煙火萬家；苕水流碧，舟航輻輳。雖吳興之東都，實江浙之雄鎮。」因其物產豐富，一方清澈的水土，孕育出了一縷縷潔白細韌的蠶絲，從而自古至今，把這水晶晶的江南古鎮，編織得綺麗秀美、文明昌盛。故至民國時期，遂成為全國最具特色、經濟最活躍的江南市鎮社會之一。

在古鎮南潯的東大街，屹立著一座雄渾秀麗的大宅院，青磚黑瓦，白牆高聳，有著古老石雕壁簷的明清建築，沿著街河高高翹起。近旁還有一座座石拱橋，橋下是一條條青石鋪砌的街道，可謂小橋流水人家；那景致時隱時顯地倒映於潺潺流淌的碧河之中，飄飄蕩蕩，婀娜多姿，真美麗極了。這便是南潯著名的「四象八牛」之一的金家的大宅——承德堂。承德堂，示意繼承前輩積德行善的遺風；宅內建有寬大的庭園，樹木蓊郁，南潯人稱這門金氏家族，被譽之為「小金山」，以形容其家資產之巨。那宅院，是由金章的父親金燾所建。

如追溯上去，金章的祖父金桐（西元一八二〇至一八八七年）他於上海開埠後，便開始與西方客商進行生絲的出口貿易，生意做得興隆、獲利豐厚，發家之後便回到南潯重建故宅「載德堂」，以安頓金氏族人。原有一所「載宅堂」老宅，在太平天國時期毀於戰火；爾後，在東大街建起了更恢宏的「承德堂」。從此，金家便在大上海、北平等地闖蕩經商，甚至將生意做到了海外，但其家族根基依然深深地植根於南潯，當商海沉浮疲倦時，便可退而在這安靜清幽的水鄉小鎮修身養性，過上那恬適淳樸的生活。

金章帶著幼小的王世襄在上海稍作停留後，便回到了南潯的老家「承德堂」。這也是世襄第一次來到母親長大的地方，印象頗深，以至到他九十多歲的古稀之年，仍能回憶起七歲時，那次令他隨母親回鄉的情景。記得有一次，筆者曾與王老談及那些童年瑣事，他還能清晰地憶及當年的情景，似歷歷在目，他說：「母親及舅父們，對我的人生軌跡和一生追求之事業，無疑有很深刻的影響，如缺少了這樣的家學，我的人生將可能是另一種方向。」

此話很有道理，應該說，王世襄從少年、青年就具有的審美情趣及他對中國傳統藝術的熱愛，都源於他的母親和舅父們的藝術素養和人文追求，從而日後在他身上得到了一脈相承的沿襲。

王世襄的母親金章，字陶陶，號陶陶女史，別號紫君，生於一八八四年，是金燾的第三個女兒。金章自幼便跟著長兄金城習畫，尤善魚藻，且工於詩詞，精於楷書，寫得一手秀雅端麗的小楷，儼然頗具晉唐風韻，這得益於其父金燾的一番無心之言。原來金章幼時與兄長、二姐怡怡及幼弟們，在家塾練習書法和誦讀《四書五經》，一日父親來到學室中，臨走時囑咐教書先生說：「男孩子讀書寫字，請務必嚴加管教；女孩子則不必太認真，學好也無大用，早晚得出嫁。」陶陶聽聞父親此言後，心中甚為不平。深為父親的重男輕女是一種陳舊思想，為此，她在讀書上倍加努力，特別在書法造詣上，日後兄弟姐妹中無人能及，連祖父金桐的墓誌銘，也是由她一手抄寫。王世襄母親，除了受到中國傳統文化的薰陶外，當年還有幸接受西式教育。

一八九八年，金章被父親金燾送入上海著名的貴族學校——中西女塾就讀。原來，金燾本人對西方文明十分好奇，本人便曾兩次出國，而且特別熱衷於收集西洋玩意和接觸西方文化，在家鄉南潯曾辦電燈廠，投資創辦西醫醫院。同時也積極讓兒子和女兒們出國接受西方教育。

王世襄母親當年就讀的是中西女塾，由牧師林樂知先生於一八九〇年所創辦，是一所美國教會學校。其宗旨是「以通識教育專為中華有力之家而設」，一如學校所宣揚的，中西的教育，是為了讓她們有勇敢的新和有價值的行為，給自己的生活一個最好的建設。也就是說，學校走的是貴族化的教育路線。確實，當年中西女塾的教學全部用英語，連有關中國歷史、地理的課本，都是從美國運來的全英文課本，而學費自然非一般老百姓所能承擔。中西女塾中就讀過不少老上海著名的名媛和大家閨秀，如之後成為中國近代史上有名的宋家三姐妹，都曾在中西女塾就讀過，如從入學年份來看，她們應還是金章的學妹。就這樣，金章在中西女塾中，不僅初步掌握了英語，還熟悉了西方的文化背景和風俗習慣。上海中西女塾確培育出了一些傑出的代表人物，其中如教育家俞慶棠、外交家龔澎、中科院院士黃量、企業家榮漱仁、文學家張愛玲、藝術家顧聖嬰等。金章在中西女塾求學之後，父親金燾旋即將女兒送出國門進一步培養。

一九〇二年，十九歲的金章跟隨長兄金城，二兄金紹堂以及三弟金紹基一起長漂洋過海，負笈英國留學，她在英國習西洋美術，歷時三載，在異國接受了良好的教育，也開闊了眼界。而作為中國尚處封建社會十九世紀的末期，王世襄的母親，已經出國到英國留學，而且是學習國外藝術，這在那個時代確實是極少的個例。

一九〇五年金章歸國，回來後她更專心習畫。手頭有一幀金章一九〇六年攝於南潯承德堂老宅畫室的黑白照片。那幀照片中的金章，我們尚能看到她，身著素色的繡花衣衫，頭髮一絲不亂盤旋成髻，右手則握著一支畫工筆的小楷毛筆，面前攤著雪白未畫的扇面，身後是繪著各式花鳥屏風，眼神淡定從容，唇邊則浮現優雅的微笑，真不失為一副大家閨秀的才女風範。那正是她遊學歐陸歸來，芳齡二十三歲，海棠花般盛放的少女時代，待嫁閨中的她，正無憂無慮地縱情書畫。

三年後，也就是一九〇九年，金章已二十七歲，在當時清末的時代，早屬高齡女子（就算隔了正好是一百年的今天，白領高齡女子，尚屬難嫁，世風依然如此。），但金章還是找到了一位好郎君，於是遠嫁北平，與王繼曾成婚。王繼曾與金章可謂俱有同樣的教育背景，都先在上海的西式學堂就讀，後留學歐陸，同樣對文化與藝術的熱愛，真可謂郎才女貌，婚後生活非常甜蜜。新婚不久，金章便又隨夫君同赴法國，得以領略歐洲藝術文化之都巴黎的風貌。居法時期，由於借助於這段在外時期，能隨時在各大博物館、美術館仔細揣摹世界一流名畫藝術，精心觀察各類難得一見的文物古董，獲益良多。且在巴黎每有閒暇，金章仍吟詩作畫，故在國外這段生活，過得十分悠閒。

兩度的出洋，西方美術表現的影響，確使金章的畫藝更為精進，其兄金城說她：「自遊學歐洲，遍觀彼邦文物後，畫益進……視古人竟不多讓。」確實，金章的畫作，特別是讓她名聞藝壇的魚藻類畫，往往結合了西洋畫的手法，在發揚中國畫傳統寫意的同時，注重繪物的立體感和光影效果的表現，這使得她的金魚作品層次豐富、生動自然，在當時畫壇別樹一幟。金章除了善畫，還撰寫一本畫魚的專著《濠梁知樂集》，總結了她一生積累的畫魚的經驗。在我國美術史上，專論畫魚之技巧之書，向無專著，《濠梁知樂集》可以說是獨闢蹊徑之作，填補了中國美術史上的一大空白。當然，王世襄母親在其畫藝上，除專力於魚藻外，金章在花鳥畫上也有相當造詣，這方面早有行家評說：「世間但知金陶陶（金章）以畫金魚得靈動之感，實則其花卉翎毛亦楚楚有致，皆有宋元遺意。」今日，我們觀其這方面之畫作，無論鳥之滯翔靜動的千姿百態，還是各類花卉之勾染，非常精巧，其神韻臻極妙品。近代學者張蔭堂稱譽謂：「夫人妙管獨工絕，不愧支那女畫師。」

我們可以說，王世襄日後之成就，除了母親的身教言傳外，大舅父金城、二舅金紹堂、四舅金紹坊等，對他都極具影響。幾位在藝術上有成就的舅舅們，對王世襄來說既是長輩，也是師友並是志同道合之同仁，隨著時間的流逝，時逢前現代與現代轉型之際，江南古鎮大戶的金氏家族，確成就了他在書畫、竹刻以及其他藝術研究上的獨特建樹。

王世襄的大舅金城，原名紹城，字拱北，號北樓，一八七八年出生，是金燾的長子。金城自幼酷愛繪畫，又於一九〇二年負笈英倫，遊學歐洲，一九〇五年回國。金城留洋時正是法國印象派影響歐洲藝術的全盛時期，這給西方藝術懷有濃厚興趣的他產生了很大的影響；使其擁有寬廣的文化視野，「具有一種保存國粹，提倡東方美術之熱心，融合南北兩派，並無中外界限，凡夙於此道有志研究者，靡不兼收並蓄，作我觀摩之助。」金城，在清末民初那個時代裡，在兼融中西，在當年的中國畫壇上，確是一位難得的人材。

回國後的金城，更全心作畫，曾自述「日攜筆硯坐臥其側累年，臨摹殆遍，畫藝大進。」這就使得金城的繪畫，不但具備元明清文人寫意畫的根柢，又上溯唐宋繪畫，掌握傳統工筆劃的精華，形成他畫路寬博，既講究嚴謹的法度，又極重視抒發主體情懷的特點。

一九二〇年，「中國畫學研究會」在北平成立，由北洋政府出資，金城出任首任會長。中國畫研究會以「精研古法，博採新知」為宗旨，招生收徒，研討傳統，期能發揚中國固有的藝術特長。中國畫學研究會由會長、副會長、評議、一般會員、學員組成。「評議」（相當於今日之教授）是畫會中地位最高的，要求有較高的資歷。評議多為金城的朋友，定期聚會時一面切磋交流，一面輔導畫學研究會的學員習畫。最初的評議包括陳師曾、陳漢第、賀良樸、蕭謙中、徐宗浩、顏世清、金陶陶等人。

中國畫學研究會成立後，金城主持日常會務，他主張的教學方式為，以取法宋元工筆為根本，主張從臨摹古畫入手學習。他也十分強調寫生的重要性，分設人物、山水、花鳥、界畫四門，由各自老師分科具體指導。中國畫學研究會除了日常活動，還每年舉行成績展覽，並分別於一九二〇年、一九二二年、一九二四年和一九二六年舉辦了四次中日聯合繪畫展覽，使中國畫學研究會在國內外畫界贏得了較高的聲譽，也開了中國現代中外美術交流的先河。

金城除了在中國書畫界影響深遠外，還在我國的古文物保護工作上做出了重要的貢獻。民國成立後，金城任內務部僉事並被選為眾議院議員，他向當時任內務總長的朱啟鈐（字桂辛，晚年號蠖公，人們稱他桂老，）建議將清帝熱河行宮（承德避暑山莊）和奉天故宮（瀋陽故宮）的文物轉移至北平，建立「古物陳列所」，並向公眾開放。之前，中國並沒有保護文物及開闢博物館的觀念，金城之所以有此創意，得益於他兩次歐美考察的經歷。特別是第二次出國，金城在清末期間，受其同鄉法學泰斗沈家本的推薦，以大理院推事的身份，從一九一〇年八月出發，歷時十個月，考察了美國、英國、法國、比利時、荷蘭、丹麥、義大利、瑞士、新加坡等十八個國家。

我們今日從當時金城記下的考察日記中，即可看出在這些國家遊學期間，金城考察了大量的博物館，而館中分門別類保存文物以及向公眾展示藏品的方法，使他大開眼界學到了很多知識，同時也讓他深深的觸動和感慨。出國前他曾經到瀋陽清宮參觀文物，那些珍貴的文物竟雜亂無章地混雜堆在箱內，既不利於觀賞也容易損壞，與眼前他看到的巴黎盧浮宮、大英博物館那井然有序，窗明几淨的景象簡直是天壤之別。於是，歸國後他便致力於規範中國的文物保護陳列制度和建設公共博物館。

金城的提議得到了北洋政府的支持，北洋政府下令內務部籌設「古物陳列所」，金城除了負責將文物從熱河、奉天兩地運至北平，還協助朱啟鈐籌備佈置古物陳列所。一九一四年，古物陳列所宣告成立，所址在紫禁城外廷部分，其範圍包括保和殿以南、午門、東華門、西華門以內的文華殿、武英殿及其周邊地區。古物陳列所成立後，金城還仿效西方國家博物館之成例，並結合中國實際提出了一系列陳列和文物保護的計畫。儘管，限於當時時局的動盪，這些計畫、建議，未能完全實行，但金城提出的「擇優模繪」作為一項書畫保存臨摹制度卻被沿用下來，直至今日仍為故宮博物院實行。當然，一九二六年，金城不幸去世後，中國畫學研究會分成了兩個組織：一個是以金城的兒子金開藩為首的湖社，另一個是以周肇祥為首的中國畫學研究會。兩個畫會各出版一個刊物：《湖社月刊》和《藝林月刊》。中國畫學研究會成立後，就開始培養青年，一九四九年以後尚健在的一批老國畫家，多是在中國畫學研究會學畫並參加畫會活動的。如劉子久、王雪濤、劉淩滄、趙夢朱、徐燕蓀、吳鏡汀、馬晉、陳少梅、惠孝同、陳緣督、於非闇、黃均、王叔暉等。

王世襄的二舅金紹堂，字仲廉，號東溪，一八八〇年出生，是金燾的次子，比金章年長四歲。金紹堂是金燾七子中唯一的秀才，早年與金城、金章一起留學英國，習機械工程。學成歸國後從商，先在上海的美商慎昌洋行當買辦，後來又在北平的麥加利銀行當「中國經理」，後又創立了一家名叫「大兆公司」的貿易行。除了搞實業外，金紹堂還以竹刻著稱於世。他能書畫、精竹刻，其藝精細而有法度，所刻各家墨蹟均極其工妙，尤擅陽文山水花卉，技藝不在清代有名竹刻家周芷岩之下。（周灝，字晉瞻，號雪樵，又號芷岩，又作芷款，嘉定人。康熙二十四年（西元一六八五年）出生，卒於乾隆三十八年（西元一七七三年）。周芷岩是嘉定派與吳之番齊名的竹刻家。）據說，由王世襄二舅所刻扇骨，當時最高價已可值二兩黃金一付，而他刻的臂擱則與一幅名家的字畫不相上下，可謂民國時期名重南北的竹刻名家。

王世襄的四舅金紹坊，字季言，號西厓，一八九〇年出生，是金燾的四子，比金章年幼六歲。金城和金章留洋時，他因年幼而並未隨行，後報讀上海的美國函授學校「聖芳濟學院」，習土木工程專業。畢業後，曾任浙江省公署工程諮議督辦、南運工程局工程師、漢口建築商場副工程師等職。

儘管王世襄的四舅金西厓，所學的是工程，從事的職業是營建，但在金家濃厚的藝術氛圍上，西厓對金石書畫也逐漸熱愛起來。在金西厓之前，金家已有三人聞名藝壇，金北樓、金陶陶工書畫，金東溪工竹刻。那時，金西厓常觀其兄北樓作畫，也想投身於書畫界，但北樓兄勸說他道：「現今社會上搞書畫的人多，刻竹刻的人少，你不妨從東溪兄學刻竹，較易成功也。」西厓覺得兄長言之有理，於此，轉而向仲兄金紹堂（東溪）學藝，專攻竹刻。儘管他接觸竹刻晚於其兄，但其勤於奏刀，寒暑無間，其自述「居家之日，恒忘寢食，僕僕征途，亦攜竹材刀刷相隨。」在這樣持之以恆的努力下，加之他的悟性很高，金西厓的竹刻藝術反而超越了金東溪。同時，他在用心竹刻外，仍從金北樓習書畫，他的許多作品大多是先由金城畫好稿子，然後交付西厓鐫刻，北樓的畫作，配上西厓高超的竹刻技藝，真是珠聯璧合，每件竹刻作品都成了神韻超凡的藝術品，飄散出濃濃的文人書香，這確是技術再高的竹刻家也無從模擬的氣韻；很快，金西厓聲名鵲起。當時上海及北平各大扇莊均代收他的刻件，潤例頗高，其身價與著名書畫家的一幅中幅書畫不相上下。從此，西厓卓然成家，躋身藝壇。著名書畫家鑒賞收藏家龐元濟，對西厓的竹刻給予很高評價，云：「今西厓專精刻竹，不讓昔之韓蛟門、楊石龍諸人專美於前矣。」

金西厓在勤於刻竹之餘，還對竹刻技術要點和作品創作過程進行了總結，早在一九二四年，他就和仲兄金東溪出版了作品集《可讀廬刻竹拓本》。幾年後，他又出版了個人的作品集《西厓刻竹》，二書付印後，影響極大，一時成為洛陽紙貴。

金章、金城、金紹坊的藝術成就，乃至整個金家的人文積淀實際上為王世襄提供了一個無限豐富的寶藏，在後來的歲月中，他無盡地發掘出其中他感興趣的部份，創造出了別有洞天的人生景象。

但此時，幼小的世襄，卻在媽媽家古樸幽靜的承德堂，只是好奇地注視著母親在雪白的宣紙上，勾勒出一條條嬉戲遊耍的金魚，琢磨著舅父們圍著片片棗紅色的竹簡，依偎在媽媽身旁談笑。筆者相信這些兒時的生活片段，確有助於王世襄一生審美品味和生活情趣的形成，並使他在日後艱難磨折的人生之路上，獲得了榮辱不驚的勇氣和一如既往的堅定。當然，那時幼小的世襄，自然無法知道未來的一切，他只是繞環在慈母的懷抱之中，盡情享受著柔情和關愛。此刻，座落在古鎮的大宅院裡，隔牆的那雕花的木格子窗外，清澈的河水正潺潺地流淌著。而在那流淌著的水聲蕩漾中，總可以聽到一首永遠懷念的鄉愁詩，在那裡流動：

兒時依母南潯住，到老鄉音脫口流，
處世雖慚違宅相，此身終半屬湖州。

這，便是王世襄到了九十歲時，還在深深懷念的那段兒時生活所吟寫的詩聲。

【注】此詩原作於二〇〇三年十二月。至二〇〇八年，筆者又曾收王世老一信，他囑我把原詩最後一句「此身仍半屬湖州」中的「仍」改成「終」字，故有此詩句之改。

三、優游少年

一九二二年，王繼曾任駐墨西哥公使期滿後，歸國回到上海，又在滬上與金章和世襄重聚，一家人終於在分別兩年後團圓。王繼曾歸國後的任職是「待命公使」，但一家人並沒有急著北上，一直到一九二四年才啟程回北平。在滬的兩年，父親和母親乘難得有此空閒時期，帶著世襄遊覽了江南一帶的名山大川，我們今天還從當年留下的照片，看一家三人在遊玩杭州靈隱時，留下了難得的天倫合影，照片中的世襄已長成一個濃眉大眼、虎頭虎腦的少年，盤腿坐在父母身前，背後是層巒疊嶂的亂石和盤根錯節的森森古木。從這些當年留下的照片，可窺家庭的殷實與悠閒。

這一時期王世襄又到了江南的外婆家，這個江南名鎮給他的童年留下了難忘的印象，七十年後他寫下了這般深情的回憶：

記得十一、二歲時，隨母親暫住南潯外婆家。南潯位於太湖之濱、江浙兩省交界處。鎮雖不大，卻住著不少大戶人家。到這裡來傭工的農家婦女，大都來自洞庭東、西山。服侍外婆的一位老嫗，就是東山人。她每年深秋，都要從家帶一甏「寒露蕈」來，清油中浸漬著一顆顆如鈕扣大的蘑菇，還漂著幾根燈草，據說有它可以解毒。這種野生菌只有寒露時節才出土，因而得名。其味之佳，可謂無與倫比。正因為它是外婆的珍饈，母親不許我多吃，所以感到特別鮮美。

有人說，王世襄後來成為一位大美食家，與許與這段外婆家的江南之飲食姻緣是分不開的。

這年的秋天，王繼曾一家從上海到北平，回到芳嘉園老宅時，時世襄已十一歲了。一向重視子女教育的父親，便將世襄送到乾面胡同一所美僑學校念書，這所學校是在京的美國人為自已的子女開設的學校，該校全部英語教學。正是在這樣的學習環境下，使王世襄打下了很好的英文基礎，值到晚年時王世襄還回憶說：「我從小就學英語，講得很流利，所以至今用英文演講都沒問題，別人還以為我是在外國長大的呢！」

當年，除了加強兒子的英語基礎外，王繼曾還給世襄請了最好的古漢語老師，世襄從美僑小學下課後，回到家便由該老師教授經學、史學、古詩詞、音韻等。

然而，十一、二歲正是少年好動貪玩的時期，世襄又生性調皮淘氣，自然無法安心聽老先生講那「之、乎、者、也」、秦皇武帝，他傾心的是老北平眾多新奇有趣的玩意兒，比如那原皇城腳下老北平的養鴿放鴿、捉蛐蛐、養鷹、養狗、種葫蘆等等，王世襄在少年時期幾乎無所不涉。

晚年他曾在自述中道：

我自幼及壯，從小學到大學，始終是玩物喪志，業荒於嬉。秋鬥蟋蟀，冬懷鳴蟲，韝（ㄅㄞ）鷹逐兔，挈狗捉獾，皆樂此不疲。

加之當年家境殷實，母親金章自世容早逝後，更把滿腔關愛傾注於世襄一人身上，對他寵溺有加，無論世襄是鬥蟋蟀也好，放鴿也罷，只要於身體無害，母親便放任他玩樂。於是，上大學前後，王世襄過得無憂無慮，玩得快活自在。

他愛秋蟲：

瞿瞿一叫，秋天已到，便使我若有所失，不可終日，除非看見它，無法按捺下激動的心情。有一根無形的線，一頭系在蛐蛐翅膀上，一頭拴在我的心頭上，那邊叫一聲，我這裡跳一跳。

直至年過九十，王世襄依然能如數家珍的將捉蟲、買蟲、養蟲、鬥蟲的細節一一描述，彷彿那些日子就在昨天。三十年代的老北平城，玩蛐蛐是非常盛行之事，上至達官顯貴、文人墨客，下至販夫走卒，皆有好蟲之人，而且收、養、鬥都蘊藏著豐富的學問。

那時的王世襄不過十多歲的少年，已常常帶著捸蛐蛐的「行頭」，去北平郊區的西壩河、蘇家坨等尋蟲，又常常留連於朝陽門、東華門、天橋等地的蛐蛐攤上覓寶，同時他還自設鬥局，邀請各類玩家來一顯愛蟲。因為對秋蟲的喜愛，也讓小小年紀的世襄與京城不少有名的蛐蛐玩家相交，並結下了深厚的忘年之誼，這其中有父母長輩的親友，如世襄父親的老同事趙李卿，與世襄同懷秋蟲之癖，常常教給他一些識蟲之道，連世襄因耽於養蟲而受父母責備時，趙老伯也會替他說情。王、趙兩家，相距甚近，世襄幾乎每天都去報到。還有世襄在鬥局中，時成對手，可轉而成為莫逆之交也不乏其人，如白克秋、山西街陶家、李桐華等都是。其中以與李桐華結識過程最為傳奇。

當年蛐蛐局有兩句口頭語：「前秋不鬥山、爽、義，後秋不鬥叨、力。」「山」便為李桐華。可見李桐華其人在當時京城蛐蛐局中的江湖地位。然而，在一九三三年十月大方家胡同的夜局上，王世襄以「寶坻產重達一分之黑色虎頭大翅」與李桐華的「麻頭重紫交鋒」互相交戰時，不料聞名的「前秋不鬥」之「山」字型大小，竟被當時尚屬中學生的世襄所養之蟲咬敗，一時議論者紛紛，可謂「一秋蟲，聞遍京華。」隔一月後，李桐華再特選了甯陽產白牙青蛐蛐，重又與世襄之虎頭大翅交戰，此次大翅不敵，李桐華始覺挽回顏面。但奇的是，從這以後，他們倆人自此訂交，真可謂「不打不相識」。這段忘年之交的友誼，竟然維持了將近半個多世紀之久。

王世襄曾專用文字，記述了這情義綿綿的愛蟲軼事：

> 一九三九年後，我就讀研究院，不復養蟲，直到桐華謝世，四十餘年間，只要身未離京，秋日必前往請候，並觀賞所得之蟲。先生常笑曰：「你又過癮來了。」

如此生動的文字，真實地記錄了老北平的民俗生活。

另有一位對蟈蟈癡迷鍾情一生的古琴家管平湖先生，他們有同好又是知音知交。管平湖曾從世襄舅父金城學畫，與金家可謂有世交之誼。管平湖先生，善書畫、精古琴，更精於各類玩好。他於藝花木、養金魚、蓄鳴蟲等均有獨到之處。王世襄上中學時，便與管平湖相識，兩人因同好鳴蟲而相交頗深，更記述下了管平湖先生一段育蟲的故事：

罐家麻楊高價售出大翅油壺魯，因翅動而不能發音，以致一文不值。管先生看出問題出在兩翅之間有距離，不能交搭磨擦，故不能發音。他將一藥（類似火漆）點在蓋膀膀尖，壓之使降低，與底膀恰能磨擦，立時發出絕妙鳴聲，使聽者驚歎，大家得知此即過去不能發聲之蟲，更欽佩管先生有回天之力，故無不嘆服。

他愛養鴿放鴿，至耄耋之年，仍樂此不疲。我們試作想像，碧空如洗之日，一群鴿子騰空飛翔，悠游自在，更有一陣陣「央央琅琅之音，時宏時細，忽遠忽近，亦低亦昂，倏疾倏徐，悠揚回蕩」。這就是美妙的鴿哨聲，它是老北平城的一大情趣，是老北平人每日清晨聽到的熟悉之音，是遙遠天空帶給人們無限的喜悅，更是王世襄自小沉迷愛好之一。王世襄曾有一段對此的回憶，少年時期，在美僑小學讀書時，「一連數周英文作文，篇篇言鴿。教師怒而擲還作業，叱曰：『汝今後如不再改換題目，不論寫得好壞，一律P（即Poor）！』」。由此可見，當時他對美麗可愛的鴿，其癡謎之情，是多麼的一往情深。那時光，他要花了大量精力時間養好鴿子，而又專注於搜求鴿哨，當年，他結識了不少鴿哨名家，特別是自號「哨癡」的王熙咸。此人十五歲開始養鴿，對此行愛入骨髓。王世襄曾寫他道：

稟性迂直，不善治生產，雖曾肄業國民大學，而在小學任教，所入甚微，生活清苦，唯遇佳哨，傾囊相易無吝色，甚至典質衣物，非得之不能寐。

讀此，我不禁會想起，那古往今來有愛書癖的藏書家了，他們也如此節衣縮食，甚或為了一本舊書而忘其一切。這些怪人在中國歷史上總讓人難忘。

他愛架鷹獵兔，挈狗獵獾。其實這二癖好，當在清代北平社會的中下層，尤其是在八旗善撲營職業摔跤運動員中，可謂特別盛行，爾後，一直延續到二十世紀二十、三十年代。世襄從十八歲時學摔跤，拜頭等布庫（撲護）瑞五爺、烏二衮為師，受他們的影響，他也開始遛獾狗、架大鷹，二者確實是極具刺激和挑戰的活動。試想，那傲視群禽、翱翔蒼天的雄鷹，竟能安安穩穩地停在你的臂上，在開闊的秋日郊外，隨著你大喊一聲「貓」（表示發現野兔放鷹的信號），迅捷我們就看那大鷹，矯健地一蹬而起，展開利爪急劇地向兔子猛撲過去，看大鷹展翅升騰空中，在林間盤旋幾下忽一個俯衝，就即將獵物緊緊地制於勾足之下。而你則隨著鷹飛一路奔襲，最後將獵物收於貓兜子中（出獵時盛兔子的袋兜），大鷹重又雄赳赳地立於你主人的臂上，這欣喜神氣勁，確是無法用言語來形容的。這便是王世襄當年他放鷹的精彩情景。

這般的情景，令人神往。至今那情那景，我們已無可想像，但還有一張他攝於一九三六年打獵歸來後的相片，興許令我們還可一睹當年那神武般的他的樂趣。你看，相片中的他頭戴瓜帽，上身著短褂下著鹿皮套褲，右手舉鷹，左肩則掛著獵回的兔子，一臉英氣威武，儼然是一付兩軍對陣凱旋的壯勢。

「獾狗」也是一項在野外進行的活動，當年王世襄常與好友攜狗出圍捉獾，最長一次出圍，居然長達十餘天。從八月下旬到九月中旬的十來個夜晚，他和玩家們守在荒野，直到獵物到手才回城，其執著熱愛可見一斑。王世襄雖為世家子弟，但在架鷹逛獾過程中，真可說混跡在京城各類三教九流的玩家中，與他一起放鷹遛獾的吳老兒、西村的常六、藍旗營的禿子、大牛子、小崇、榮三等，世襄和他們一起逛鷹市，走廟會，泡茶館上山圍獵，下地尋獾穴，他們一個個滿肚子的民俗學問和傳奇故事，日子一長，世襄也漸漸摸清了其中的各種門道，積累了不少知識。特別值得一提的是榮三，王世襄曾寫他：「是二十世紀初著名養狗家胖小榮的三弟，京劇藝術家四大名旦之一程硯秋的三叔。他一生耽鷹愛狗入骨髓，豢養技藝堪稱雙絕，精於相狗，與白紙坊的聾李四齊名，有北榮南李之稱。」榮三能將養狗家中口口相傳的《獾狗譜》背得非常之全，世襄央其將《獾狗譜》口授，並把它筆錄下來，多年後王世襄又從「文革」被沒收的爛紙堆中，無意翻尋到當年寫下的《獾狗譜》，才將這部幾近失傳的相狗經和民俗活動，終於給挽救保留了下來。

王世襄的少年生活滿滿地浸潤著老北平的種種民俗和風情，那應是他一生最快樂單純的時光，他無拘無束地陶醉在他所愛所好之中。然而，他並不盲目瞎玩，而是邊玩邊思索和用心積累，如一九三二年他還在美國學校讀書時，校長請來一位美國鳥類專家作以《華北的鳥》為題的演講，專家講到大鷹時，王世襄便就平時養鷹馴鷹中的疑問向他提問說：「鷹吃了它不能消化的毛怎麼辦？養鷹為什麼要餵它吃一些不能消化的東西來代替毛，最後好和毛一齊吐出。」如此這般的問題，竟把那位美國專家給問住了，這無不可以看出，王世襄在平時的玩樂中已在做留心的觀察。

他曾於一九三七年寫的《大鷹篇》中，有道：

放鷹有意思，刺激性強，百放不厭，是極好的運動，對煆練身體大有好處。我現在已過七十九歲生日，趕公共汽車還能跑幾步，換煤氣還能騎自行車馱，都受益於獾狗大鷹。

在我看來，少年時這段悠遊縱情的日子，多少帶給世襄兩項寶貴的、直至受用終生的財富。一是放鴿、架鷹、捉蟲、逛獾的野外活動之經歷，給了他一生旺盛的精力和強健體魄。也正由於他的健康和長壽，才讓我們有機會能讀到一篇篇飽含趣味的文章，領略如此美好精緻的文化和故事。二是少年王世襄生活的北平，尚未淪入日侵的戰火中，京城的文化還未遭到破壞，他也真算是搭上了京城繁華風流的末班車。

少年時代的諸多玩樂，成就了日後王世襄學問領域中一片獨特的繁花勝景，正如他日後在回顧這段時期的生活時，曾有一詩所云：「布庫耽狗鷹，我亦愛之酷。三教與九流，遂皆見如故。」可見王世襄無論從少年、青年、直至老年，他之生活總是豐滿的，多姿多彩的，對他來說「生活之樹是常青的」。他愛好廣博，知識豐富，且他總是希望借助正確的思維與方法，能把他的知識傳播開去。他青少年時期的愛好與玩物，看似「雕蟲小技」，但卻與天性相合；「天性好比種子，它既能長成香花，也可能長成毒草。」但王世襄卻讓這一切登上了「大雅之堂」。當然，這屬於後話。

第三章

負笈燕京定風勁

▲ 少年王世襄和父母。

▲ 王世襄妻子袁荃猷照片。

▲ 燕京大學校長陸志韋像。

中國畫論研究序

用筆氣韻此二者書與畫所同也頗從來論書每曰得某家筆法
不得筆法直可謂之不知書用筆氣韻並舉而筆法爲尤重若夫畫則
自謝赫以來即以氣韻爲第一用筆乃其次而論畫者又每謂
用筆可學氣韻不可學以其在筆墨規矩之外不容以迹象求也
果氣韻爲第一而又不可學非若學書有筆法之可得者則畫殆
由天授非人力求畫於畫中之筆墨且不可況畫論之著述乎雖
然有說焉善乎常熟范氏引泉之言曰用墨之法即在用筆筆勢
凝滯墨彩自出氣韻亦隨之矣離筆墨法而別求氣韻則重在於墨
積墨而發者捨本求末也范璣過雲廬畫論所謂積墨而發蓋指以點染
渲暈求氣韻者世每謂氣韻有發於筆於墨之分既離筆言墨宜

▲ 畫論手稿。

一、初入燕園

一九三四年，年方二十歲的王世襄，經一番考試，終踏著金秋的落葉，沐浴著北平十月和煦的陽光，走進了燕京大學的校門。當時的燕京大學，位於現在的北平大學校址，校園優美雅致，全校共占地七百七十餘畝，其中勺園舊址佔三百餘畝，爾後學校又買進了徐世昌的鑒春園、張學良的蔚秀園、載濤的朗潤園，已建成六十六幢建築物。如此燕京校園，日顯壯寬完整而又秀麗。全部建築費用，一共耗用了三百六十多萬銀元。當然，燕京大學三十多年的歷史，與司徒雷登的辦學方針，有著密切的聯繫。

早在一八六九年，司徒雷登的父親司徒約翰，作為美國基督教南長老會派出的首批傳教士之一，攜帶新婚妻子來到中國。一八七四年，在杭州武林門外貧民窟旁安了家，還建了一座基督教堂和一所學校。教堂叫天水堂，學校叫耶穌學堂。這個外國傳教士所在的弄堂，被稱為耶穌堂弄。而兩年後的六月二十四日，隨著一聲啼哭，一個似洋娃娃般可愛的男孩，降生在耶穌堂弄的教士住宅裡，他，就是日後深深影響了中國教育與中國政治的司徒雷登。

司徒雷登，於一八七六年六月二十四日，出生於杭州。至今在杭州還保留著當年他們一家生活與傳教的舊居。司徒雷登雖是位美國人，但最先學會的卻是中國話，他直到四歲，才開始跟母親學習英語。所以，他日後講漢語時，也總是帶一點杭州口音。直到十一歲時，司徒雷登被父親送回美國弗吉尼亞州讀書。那時，他在美國受教育，常常因不會說英語而被同伴嘲笑。司徒雷登讀書一直很努力，成績也非常突出，最後在美國的一所神學院獲得博士學位。

司徒雷登再次回到中國。緣於父母親已早在中國，他似乎服從了命運的安排，那是一九〇四年，他二十八歲，剛剛新婚不久。在杭州，司徒雷登繼承了父親的事業，繼續以天水堂為中心進行傳教，為附近鄉村貧苦農民的孩子開辦免費的《聖經》學習班。由於工作出色，司徒雷登在隨後不久被聘到南京金陵神學院任教。他父親於一九一三年逝世，爾後，司徒約翰夫婦二人和司徒雷登的一個弟弟都葬在杭州九里松墓地。

一九一九年春，他開始北上，出任燕京大學校長。從杭州到南京，再到北平，司徒雷登日漸走進並親歷了二十世紀上半葉中國大地的風雲激盪。一九四六年至一九四九年他曾任美國駐華大使。直至一九四九年新中國建立前夕，時任美國駐華大使的他，被迫告別中國。這個美國人的名字，曾因毛澤東的〈別了，司徒雷登〉一文，而在中國家喻戶曉，他在中國的名氣，也因此比在他自已的祖國美國還要大。

今日，我們若翻開國共兩黨的歷史，無論於教育史，還是在政治上，有關司徒雷登在中國生活期間，那一段段不尋常的故事，均有目可睹。但從某種意義上說，司徒雷登是個特殊的美國人。而就司徒雷登個人之命運來說，其在中國的真正應響，就應該是他對燕京大學的創建，以及他曾主持燕大校務工作，長達二十七年的歷史。

當年，司徒雷登為了在中國創辦一所全新的學校，曾親自騎毛驢或自行車，在北平城四處勘察，最終是看中了一處寬敞的西郊之地。那塊土地，本是清淑春園的所在地，到民國時，卻被陝西督軍陳樹藩買了。司徒雷登為能在這塊土地上建校，就專程前往西安遊說，終於使其同意轉讓。

校址選定後，司徒雷登即聘請畢業於耶魯大學的美國設計師當時由美國建築師亨利•墨菲（Henry Killam Murphy，西元一八七七至一九五四年）進行了總體規劃和建築設計，校園建築群全部都採用了中國古典宮殿的式樣，樓角四面翹起，屋脊亦高聳。一九一九年之際，司徒雷登曾為這校名的取捨爭吵延續了好幾個月，最後採用誠靜詒先生的建議，定名為「燕京大學」。司徒雷登為了學校的經費，曾連續十次回美國募捐，為燕大提供了雄厚的經濟基礎。一九二六年六月，燕大遷入新址，校園借遠山近水之勢，巧妙地安排建築佈局，成為北平西郊令人矚目的新景點，並有了一個獨特的名稱——燕園。

燕大的校園是美麗的，東西軸線是以玉泉山塔為對景，正面是歇山頂的貝公樓（行政樓），兩側是宗教樓和圖書館，沿中軸線繼續向東，一直到未名湖中的思義亭，湖畔還有博雅塔、臨湖軒。東部以未名湖為界，分為北部的男院和南部的女院。男院包括德、才、兼、備四幢男生宿舍以及華氏體育館。女院沿一條南北軸線，分佈適樓、南北閣、女生宿舍和鮑氏體育館。燕京大學由於當年所募建築資金，因來自各界人士的贊助，故他們對校園的建築，提出了各不相同的要求。比如美國費城的喬治柯里夫婦，把他的捐資指定用於建造一所校長住宅，這就是位於未名湖南岸的臨湖軒。但司徒雷登並未把它當作自己的私宅，他只是將這臨湖軒作為一座公共場所，用於接待來訪貴賓，一些重要的會議也在這裡召開。燕大青年教師的婚禮，也經常在臨湖軒舉行，司徒雷登很樂於為他們擔任證婚人。冰心與吳文藻的婚禮，也就曾在這裡舉行。這臨湖軒相當長時間裡並沒有名字，直到一九三一年校友們在此聚會，紀念燕大建校十周年，才由冰心取名為「臨湖軒」，後來由胡適撰寫匾額。筆者看到一幀舊照，那是一九四一年春，司徒雷登攝於臨湖軒東廂房，他半躺在沙發上，充溢著一股悠閒之氣。而燕大園內最重要的景點，應是居中的那個湖，為它的命名，引得當時大家爭執不休，後採納錢穆主張，稱其為「未名湖」。我們今日翻閱當年司徒雷登與陸志韋先生創辦此校時的種種艱巨經歷，也確讓人難於忘懷。燕大是靠自己募集國內外資本而創辦起來，其難度可想而知；爾後，為了燕大，司徒雷登與陸志韋，在日軍佔領時期，還痛受了牢獄之災。

王世襄進入燕大時，有如此美麗的校園，當然是非常暢心的。他於一九九二年還作了一篇〈燕園景物略〉，其中介紹了那裡怡人的景色。如他介紹了「蓮塘」、「華表」、「鐘亭」、「文水陂」、「湖島」、「塔」、「石舫」等燕園之良辰美景。他曾有詩誦日：「定舫徘徊待月遲，文陂一片碧琉璃。會看塔影湖心重，便是穿雲欲上時。」這足可見從二十歲至二十四歲時，那四年之大學生活，對他這位年青人來說，可謂是如願以償、賞心悅事。雖然，那時他由於家境條件優裕，尚把較多時間用於貪玩上，但穿雲欲上的鴻鵠之志，也時存於他心中。也許，在那樣的青春時光，一個溫柔富貴之夢和自已的理想追求，同時穿梭於他濃縮的世界之中。

王世襄一開始考入燕京大學，就讀的是醫科，這是由於父親王繼曾宦海沉浮多年，深感時局變易、世事難料，未來在中國從政為官之路，也頗為艱難險惡，所以希望世襄在大學能修成一門有專業技術的學科，未來才可以賴其而安身立命。況當時燕京大學的醫科，名揚海內外，於是王世襄憑著從小的家學淵源、天資聰穎和一口流利的英語，順利地考入了燕京大學，開始了他在未名湖畔的負笈求學之路。

燕京大學自一九二一年由美國在華傳教士司徒雷登創辦以來，可說是中國近現代歷史上著名的高等學府之一，當年更是第一流的綜合性大學，為中國培育了許多非凡卓越的人才。當年王世襄入燕大時，大學本科有三個學院，十八個學系。文學院有國文學系、英文學系、歐洲文學系、歷史學系、哲學系、社會學系、新聞學系、音樂學系，理學院有化學系、生物學系、物理學系、地質學系、心理學系、家事學系，法學院有法律學系、政治學系、經濟學系。另有宗教學院、研究院以及制革專修科，屬化學系；幼稚師範，屬教育系。

王世襄入學時，也正是燕京大學發展的全盛時期。一九三四年春，時年四十歲的陸志韋先生接替原任燕京大學校長吳雷川先生任代理校長。陸志韋先生（西元一八九四至一九七〇年），又名陸保琦，浙江省吳興縣人（現屬湖州市）。是著名的心理學家、語言學家、詩人和教育家，出生於浙江吳興的南潯鎮，與王世襄之母金章可謂是同鄉。

陸志韋擔任校長後，秉承司徒雷登的辦學方向，決不將教會大學局限於狹隘的宗教範疇，而是力求使燕京具有學術自由與思想自由濃厚的氛圍，做到兼收並蓄。他請的教授只要有真才實學，不問政治傾向、宗教信仰、學術流派。所以當時各學科的老師可謂人才濟濟，不僅彙集了教育家林邁可，社會學家許仕廉、雷潔瓊，人類學家吳文藻，考古學家容庚，神學家趙紫宸，法學家張友漁，哲學家張東蓀、洪謙、馮友蘭，史學家顧頡剛、錢穆、鄧之誠、韓儒林，政治學家蕭公權，還有來自國外的心理學家夏仁德、記者斯諾等人，文學系則有周作人、朱自清、林庚、顧隨、鄭振鐸、陸侃如、馮沅君、冰心等名流執教。

陸志韋力圖要把燕京大學，辦成經得起任何考驗、真正意義上的大學，所傳授的真理應該是沒有被歪曲的真理，至於信仰什麼或表達信仰的方式，則完全是個人的私事。在他看來，大學教育，無非就是給每個學生以選擇的自由。

燕京大學的求學歲月，可以說使王世襄的人生閱讀了一個新的篇章，也是他從「少年玩家」走向「青年學者」的一個重要轉型期。只是剛進入燕大時的他，貪玩的心性，尚未收斂，再加上他對醫學課程，甚感枯燥無味，興趣本身就不大。他看到那些化學元素符號，數學的X和Y就直犯怵，提不起半點興趣，但由於父命難違，才硬著頭皮考入這醫科專業。

當年，王家恰在燕京大學附近的成府路剛秉廟東，有一個二十餘畝地的園子，當時有人叫它為「王家花園」，那園子地方開闊、花草繁茂，可以讓世襄繼續他的各類玩好。於是，他在園子裡搭起了葫蘆架，播種引藤自己範制、火繪葫蘆；又邀京城有名的養狗家榮三、小崇搬進園內居住。於是，雖在燕大就讀，但總免不了「身在曹營心在漢」，他把很多時間還是放在愛好上。在園中朝南的幾間花洞子裡，一同養狗放鷹，拴狗等等。玩得最盛時，除了一開始名為渾子、壬子的兩條黑花狗外，後又添了青花雪兒，如此這三條狗，正好可湊成一圍。

大學期間，他也曾與少年時一樣，多次逛獾，玩績可謂不凡。特別是他與榮三等在三間房一帶用三天三夜的時間蹲守，終於取得了三條生狗咬回獾的戰績，此在京城，一時傳為佳話。除了養狗逛獾外，世襄還繼續養鷹，初入燕京大學時，他曾在大溝巷鷹店，花十多元買了一架黼豆黃和一隻長相極好的老破花，到大學二年級時，他又以百金購得一架白色兒鷹子，作為一個大學生，有如此壯舉，引得京城玩家爭相觀看，遂在燕園名動一時。那時的王世襄，似忘卻了學校課業的壓力，身心全放鬆在那些有趣的動植物的興味上，那正好坐落在燕大旁邊的王家花園，儼然成了京城一個青年玩家的「秘密花園」。

然而，玩得如此不亦樂乎，自然無法兼顧他在燕大學醫科的繁重學業，燕大讀了兩年下來，王世襄在醫預科中的數、理、化成績均不及格。這正如他年到八十時所吟的「髫年不可教，學業荒於嬉」的時期。當然，在王世襄二十多歲那個時期，是不太在意變一點性子的。

就這樣，按當時校方規定，他無法繼續學醫，要麼轉學別科，要麼退學回家。但這時的王世襄仍無「悔改」之意，也許，還能為逃脫學醫之業而慶幸，於是按當時燕大所規定，他只有棄醫轉學，遂於一九三六年，轉入了燕京大學國文系學習。

此後，王世襄憑著自小的私塾教育、家學薰陶，在燕大應付國文系的功課，自然是游刃有餘。如有一次，他上的是劉盼遂先生的《文選》課，課後，劉先生佈置了據文選為題目的作業，可世襄仍擇興趣所好，以《鴿鈴賦》為題，撰成駢文一篇。由此看出，棄醫從文，反而給了他更大的閒興遊玩的空間。在大學四年級，他曾以明人筆法「戲作」《燕園景物略》，文中瀟灑地寫道：「予來燕京四年，不憚霜雪，不避風雨，不分晝夜，每於人不遊處遊，人不至時至，期有會心，自悅而已」；另還說，「燕園華表，圓明園舊物也。予來也晚，不知何時始樹於此，亦未詢人，不知昔在圓明園何處。往來觀瞻，但覺其可愛耳。」你看，他玩得是多麼優游而又別具一格，然而，到了一九三八年夏天，他也照樣順利地拿到了燕京大學本科畢業文憑。說真的，父親曾寄希望於他學醫致用的願望，也付諸東流了。當時，他們全家在自家的芳嘉園住，園內庭院深深、花木蓊郁、古音不斷，那遺留著的民國風韻，算是王家生活相對穩定富裕的一段時光，也可以說是夾在兩場大風雨中的一個短暫的階段。

二、人生轉折

燕大的四年時光，彈指即逝，對於王世襄來說這四年中，縱天性所好，可能是玩物多於治學。大學時代就這樣過去了，學士學位也拿到了，人生之風標又將是個轉捩點，對於王世襄的人生，也可有多個選擇，比如，他依然可沉迷於各種玩物，像京城中的八旗子弟、官宦富家公子哥兒們一樣，與其昏昏猶淌水似的度過一生。當然，也可以大學畢業資格，從事教育事業度過一輩子。但王世襄就在這人生旅途之轉折處，最後還是選擇了書香人家的歸程，要繼續在學業上深造下去，於是，在一九三八年秋天，他考入了燕京大學研究生院文學院，成為了一名研究生。

初入學時，他確還沒有下定奮發治學的決心，也就是說對自已走書香人生之路，在二十五歲時，他還是比較模糊的。如果，研究生時期的三年，他仍像小學到大學那樣任性玩樂，揮霍光陰的話，日後不可能有什麼大的作為，很可能如京城多數官宦世家子弟一樣，終其一生、碌碌無為，最後被時間和歷史所遺忘。

然而，一九三九年春，王世襄剛入研究生院不久，卻發生了一件使他意想不到的事，一直以來對其愛護備至的慈母金章，卻過早地逝世了。這件事，對他年青的心靈震動確很大。另外，一個很重要的原因，乃是因為當時的王家，家境也每況愈下。作為當時生活在京城的一個官宦世家，父親王繼曾，在國民政府遷都南京後，便淡出了官場，已賦閒在家，因此可以說沒有了主要的經濟收入，再加上戰事紛亂、物價動盪，王家在京城的生活，有時還得靠典當一些宋元瓷器和善本古籍來應急。當時，由於政治中心已在南京，王家有兩間出租房，甚至收不到房租。在日漸清寒的境況下，母親金章又患上了高血壓病，她從小就在衣食無憂的環境中長大，如今卻要為家庭日常開銷而擔心操勞，自然影響了她的健康，最終導致一病不起，年僅五十六歲便離世了。

王世襄當時二十五歲，長期來，他一直在母親的呵護關愛下一帆風順地長大，尚不知人間疾苦、艱難磨折為何物？慈母的突然逝世，對的他來說，真猶如晴天霹靂，讓他的靈魂被深深地觸動。他此時思忖起往昔的一切：想著自小父母為他請最好的老師上課，又供他上大學、並進入研究生院。他也知道三十年代時，燕京大學作為美國的教會學校，比一般公立大學的學費要昂貴得多，當時，燕京大學一個學生一年的學費要一百六十銀圓，而當時一個普通中學教員一年的收入也僅為一百二十銀圓，可見負擔四年的大學本科教育，應是一筆不小的開支。他回想起自己把多少寶貴光陰都耗費在養蛐蛐、架鷹獾狗上，每次他掌燈時分玩樂歸來，母親總溫柔地撫慰他，從不對其責怪阻攔，但王世襄深知母親內心極重視對他的教育，希望他能成為一個有用之才並承襲書香之家的新一代。如今，已無法再在母親膝下聆聽她的教誨了，世襄才感自己荒誕任性、虛擲大好光陰，悔恨不已，於是世襄開始痛改前非，他驅散了鴿群，送走了大鷹和獾狗，將蛐蛐罐、葫蘆、鴿哨等玩意也統統束之高閣，決心在燕京研究院潛心苦讀。

母親的去世，確是王世襄人生的一個重要轉折。至今已是九十四歲高齡的他，筆者作訪談時，還時時念叨著這件事，特重提舊景，對我說：

> 我從幼年一直玩到一九三九年大學畢業，考進燕京研究院後，這年春天母親突然逝世，對我極大震撼。從此堅決悔改，認真學習、工作，這是我人生第一次轉變，終生恪守，直到衰老。

事實上，當一九三七年日寇入境，北平淪陷，多數大學都遷往內陸，而燕京大學則選擇留下，因司徒雷登、陸志韋兩位校長的努力，當時的燕大，屢屢拒絕日軍無理搜查校園的要求，成了北中國的自由「孤島」，並繼續為抗日後方輸送了許多人才。此時的燕大研究院，並沒有因中日的戰爭而中斷研究工作。當時，還在讀的研究生的，當時就有四十六位，所有的學生都滿懷著熱情和期望投入學習，他們認識到在外界風雨飄搖之時，仍能在燕園安穩地讀研究生，那是多麼的難能可貴，所以個個都努力治學，之後幾乎都成為了各個領域的大師。如著名清史、滿族史專家王鍾翰，中國藏學研究的主要開拓者、人類學家李有義教授，著名的歷史地理學家何炳棣，中國科學院院士侯仁之，著名學者《文心雕龍》的研究專家楊明照，著名物理學家葛廷燧等等。這些日後成為中國學術帶頭人，當時都是與王世襄是同窗學子。

一旦收斂玩心、改玩歸正，王世襄在燕京研究院的生活，過得更充實而忙碌了，並日漸顯示出了他治學的潛力。一九三九年到一九四〇年間，他結合過去的親身體驗，在《華光》雜誌上分三次連續發表了關於大鷹和老北平玩鷹民俗風好的文章，在文章中他旁徵博引，不僅細緻地總結和梳理了捕鷹、養鷹、馴鷹、放鷹的過程，還在歷朝文獻中，考據了中國養鷹的歷史，這已初步顯露了王世襄將民俗風情提煉昇華到學術歷史高度的治學特徵。一九四〇年，他又用英文發表了〈關於姚最

《續畫品論》中的一個錯字〉，這是一篇頗具深度的學術論文。姚最，南北朝時期傑出的論畫家，《續畫品錄》主要為補遺謝赫的《畫品》而作，是補入二十三位與《古畫品錄》所品評的畫家同時期畫家的二十條有關條目，並對補入畫家的作品，作了嚴謹的個案分析，指出作品中的優缺點，是繼謝赫《畫品》之後的第二部品評畫家的論著。而王世襄的那篇論文，主要圍繞姚最的《續畫品論》展開，回顧了劉海粟等七位現代藝術家對該著作所作研究的各自觀點，並表達了自己研究的觀點結論，資料翔實、條理明晰，而且全文用地道流暢的英文寫就，這在當時確是難得的論文，從中已可以看出王世襄中西兼備的治學之才華。

由於家學淵源和豐富的藏書，王世襄自小就得到了良好的古典訓練，舊學的根基很早就奠立，其關注物件則集中於中國傳統文化，又由於自小入美僑學校，對西學自不會排斥，但舊學根基的深厚，令其不會盲目崇拜西學，對中國傳統文化更能提升其精神，因此中學西學在他身上不存衝突而是協調互補，自然而然地取西之長，補我之短，洋為中用而不失本體。這也無不說明了王世襄在思想上承襲了王、金家風，以及他們的中體西用的學風。

一九三九年，王世襄在研究生畢業論文選題時，選擇了當時還未有人深入研究的題目——《中國畫論研究》（下稱「畫論」）。這在當年的燕大，確也是出乎國文系老師的預料。當然，如果我們從他之家學來追溯的話，就並非特殊；因中國畫，一直是王世襄感興趣的領域，也許是母親、舅父自小對他的藝術薰陶之結果。從〈關於姚最《續畫品論》中的一個錯字〉的論文開始，他就積極地開始探索古代畫家和畫論家之所述，也令他對中國繪畫的發展軌跡逐漸清晰；也許為了報答母親二十五年的養育教誨之恩，王世襄才選擇了非常具有挑戰性的對中國畫論研究的課題。

中國畫論是一門專業性極強的學科理論，是獨立的學科，同時又與其他學科如美術史、繪畫史、美學、文學、書法、哲學、歷史、樂論等密切聯繫。《中國畫論研究》在王世襄就讀的燕京研究院文學院，確是跨學科的選題，但學校還是同意了王世襄的選題，從此，他躲進書齋成一統，不論春夏與秋冬，埋首閱讀史書、畫論、哲學等各類典籍，專心撰寫他選擇的論文《畫論》。

令他萬萬沒有想到的是，三年的燕京研究院學術生活中，王世襄還收穫了生命中最珍貴的一段感情，邂逅了今後與他相濡以沫、志同道合攜手共度人生六十載寒暑的伴侶——夫人袁荃猷。袁荃猷生於一九二〇年，上海松江人，祖父於清代曾在山東任過知縣，後也到東北擔任過銀行經理。其祖父晚年就在北平購了一座大院，就定居於北平。袁家有姐妹四人，荃猷在祖父母身邊長大，自小請家館講授國學，後在北平讀中學。還從汪孟舒先生習書法、繪畫和古琴。能寫一手好書法，當年僅《蘭亭序》就臨了不知多少遍，所以日後她之行楷清逸妍秀，在當年燕大同學中，實難有人與之相匹，王世襄曾寫她「愛好藝術，常去圖書館借閱書畫、古器物以及敦煌、雲岡、龍門等洞窟的圖錄」。袁荃猷當時也正在燕京大學教育系讀書，比王世襄要低幾級，兩人之相識，也可謂以書畫結緣。當一九四〇年袁荃猷因要撰寫畢業論文，準備編寫一部中國繪畫教材，但當時教育學系的導師中並無人對中國畫有所研究，於是教育系的系主任周學章先生，知道國文系的王世襄研究中國畫，便介紹袁荃猷去找他，請他在研究之餘幫忙指導荃猷教材的編寫。當時世襄應對這位小他五歲，文靜秀麗、落落大方的學生留下了深刻的印象，而荃猷也應被這位高大爽朗、學識淵博並熱心幫助的師兄所吸引。那幽靜的燕園、美麗的未名湖，在那些個青春的歲月裡，都留下他們兩人漫步、傾談的身影。就這樣，兩人因一本繪畫教材而相識，又因同樣對中國傳統文化的傾心和熱愛而相知相戀。之後的五年中，儘管王世襄離開北平，轉陡大後方，當時燕大因遷徙成都，荃猷未隨學校轉移而到山東青島一所小學教師，但他們倆這段感情卻從未因分離和曲折的人生經歷，而絲毫減損，反而隨著當時艱苦而又曲折多變的時間考驗，倆人的愛情愈為醇厚。兩人的專注與執著與忠貞不逾感情，最終成就了他們倆一段美滿的婚姻和白頭偕老的人生。

三、畫論研究初稿成

一九四一年，歷經三年的潛心讀書、治學，王世襄終於完成了《中國畫論研究》先秦至宋代部份撰寫，同時順利完成答辯，取得了燕京大學文學碩士的學位。由於這樣一個艱深的研究過程，王世襄以往人們對他的玩物喪志的形象，也在老師與同學的心目中有所改觀，同時，人們對他內在所俱備之學問潛質，也有了一定的瞭解。

當時的哈佛燕京學社，正待選派一個研究生，作為中方去美國哈佛深造。我們知道，哈佛燕京學社成立於一九二八年春，是哈佛大學與燕京大學聯合成立的教育機構，作為美國鋁業大王的赫爾（Charles Martin Hall，西元一八六三至一九一四年）有一筆巨額遺產，用以作為教育基金，其目的是合作研究中國文化和培養漢學人才，自成立已來，已經陸續互派了多批中美學者進行交流學習。

這年，哈佛燕京學社委員會，商討準備選派去美國進修的人選，當時，有人提議燕京還沒有研究美術史的，可考慮送王世襄去哈佛攻讀美術史博士。會議討論時，主持會議的洪煨蓮先生立即發言，他認為：「王世襄資質不差，今後如專心治學，可以出成果。但他太貪玩，今後如何，是個未知數。派送哈佛的名額有限，決不能把有限的名額押在未知數上。」洪煨蓮是中國著名的歷史學家和教育家，一九二三年任燕京大學歷史系教授。在燕京大學執教的二十三年期間，曾歷任文理學院院長、歷史系主任、圖書館館長、研究院文科主任等職。一九二四年受燕京大學之命與哈佛大學協商，為創立哈佛燕京學社和爭取查理斯・馬丁・霍爾的亞洲文化教育事業基金，洪先生曾做出了重要貢獻。人們常說，人的機遇往往總是先賜於那些平時有準備之人，這無疑是人的一種智慧。而王世襄在學業上經過三年的不懈努力，應在知識上俱備了一定的準備，但他最後失去這樣幸運的時機。

洪先生的意見，有理有據，一錘定音，眾人稱是。幾天後，洪先生在校園偶遇王世襄，特意告訴他開會的經過及自己對他的反對意見，王世襄聽後心悅誠服，認為洪老師的決定非常正確，事後還特意稟告了父親，而父親聽聞此事後，也極其贊服洪先生的看法，他還對兒子冷靜地說：「如果，我是洪先生的話，也會這樣做的。」我們從這件事，無不可以看到，王氏家族的門風是絕不以一已之利為利的。同時也可一窺當年社會之風氣，是多麼公正與正派。後來，時隔了七年後的一九四八年，王世襄又有了去美國考察和學術交流的機會，當時曾去拜訪洪老師，師生情誼甚為融洽。爾後，相隔了整整三十載，直到一九八〇年，國內十年浩劫結束，王世襄又有機會去美國，又再次拜望洪老師，當時世襄還只有薄薄的一本油印的《髹飾錄解說》可呈送當年的老師，但就是這麼一本小小書，在美國的洪老師，看了非常歡喜，還很開心地回憶和聊起往事，他向陪同王世襄前往的費正清夫人費慰梅說起當年反對王世襄去哈佛的事，還打趣地和大家說：「我沒有說錯，他不再貪玩，還是可以寫出書來。」

這段小插曲，已可看出世襄和洪煨蓮先生之間那坦率真誠的師生情誼。留學哈佛對一個年輕學者來說真是難得的寶貴機會，由於洪老師的一席之言，使王世襄錯失了這一機會，但他卻絲毫沒有記恨在心，而洪老師也非常坦率直言地告訴王世襄，他自己反對的意見。洪老的如此磊落之舉，完全因為他的反對是出於對整個大學未來發展的利益考慮，而不是單純地打壓或擠兌某人的目的。而反觀如今大學校園裡，為爭一個選派出國之名額，往往會勾心鬥角起來，兩者之差不禁令人為有洪先生這樣的老師和有王世襄這樣的學生，而感佩不已。

一九三七年盧溝橋事變爆發，日軍佔領北平，因不願淪為日軍控制的日偽機構，北平許多大學都關閉校院，老師學生均紛紛遷往湖南、四川等西南大後方辦學。北大、清華、南開等許多著名大學，都相繼遷走；而燕京大學由於司徒雷登以美國大使館之國際法待遇，才得以暫時在北平保全下來。但到了一九四一年，太平洋戰爭爆發後，日寇氣焰塵囂日上，雖有美國政府對燕京大學的庇護，也無法阻擋其瘋狂的侵佔。到了一九四一年十二月八日，上百名日軍突然闖入燕京大學校園，下令封閉學校，驅趕學生。校長陸志韋、張東蓀、洪煨蓮、趙紫宸等教授，還有學生三十多人被捕入獄，他們受盡折磨，身陷日軍囚牢達三年另八個月之久，但所有這些燕大校長與專家教授們，雖受盡利誘、逼迫，但始終拒絕為日偽辦學和工作，顯示出了一個知識分子的凜然不可侵犯之風骨。日寇封閉校園後，燕大也只好與其他大學一樣，輾轉遷往西南內陸地區。

王世襄在研究生畢業後，下定決心要將《中國畫論研究》補寫完整，而其父親王繼曾也屢屢告訴他，做事要有始有終，支持他將論文撰寫完畢。於是，王世襄又用了將近兩年的時間，全心在家繼續撰寫。當時，因燕大被封無法去圖書館查找資料，幸好世襄還有家藏的豐富圖書，可供查閱。

就這樣，一九四三年春天，王世襄終於完成了他的一部重要著述。

這部《中國畫論研究》跨越先秦、兩漢、南北朝、宋、元、明、清上下五千年，洋洋灑灑一部前人還沒有很完善研究的著作，共計七十萬言。此著作撰寫完畢後，他又與周士莊及另一名社會青年，特用毛筆謄清，並線裝成冊。儘管這部著作寫成歷時五載、傾其全力，但王世襄卻仍覺得他這部學術處女作，尚有不足之處；比如全書「論說羅列多於分析研究，未能揭示各時期理論作法之發展，與畫家畫跡相印證」，他始終認為，只有再用兩三年時間做較大的修改，方能有所提高。於此，他將這部書定為未定稿。當時，由於王世襄正準備南下求職謀生，沒時間再對書稿進行修改，於是便將手稿隨身攜帶，又特意將書稿曬藍複製一份留在家中。

王世襄攜帶這著這部書稿，急急離京南下，雖有時也披閱一番，有時也想能抽空作些修潤，雖這份書稿，凝結著王世襄對先逝的母親的思念和感激，同時也代表著他三年碩士，日夜苦讀的成果；然而，卻因種種原因，而一直沒有得以出版聞世，直至時隔了近六十年後的二〇〇二年，《中國畫論研究》才能得以付梓問世，塵封了將近一個甲子的六十年，真多靠了他老而彌堅，長壽體康，才在有生之年能見到這部七十萬字作品終與讀者相見。

當然說起這部書的聞世，也有些軼事可談。一九四三年時世襄完成書稿之際，也是因國難當頭難覓出版問世的機會，而到了一九五五年時，王世襄已將此書稿交由人民美術出版社，當時出版社也同意出版，但王世襄經再三考慮，還是覺得不如待好好修改後再行問世，至為妥當，於是，他與出版社商量後，便主動要求撤稿。然而，他確沒有想到，隨著時間的流逝，國內一系列的政治運動接連不斷，形勢的不斷變化，到十年文革時，這樣的「封資修」的東西，連批判都來不及，更遑論能有出版的機會？時間就真猶如流水般的過去，直待到文革結束，撥亂反正、直至改革開放後，王世襄一心要將瀕臨滅絕的種種傳統文化能讓世人所知，所以伏案全心著書立說，但始終束之高閣，直至王世襄想起修改《中國畫論研究》時，卻已經到了年老力衰之年，真是力不從心，只能作罷。爾後，終由廣西師大出版社於二〇〇二年七月於手寫印影本出版。但睽隔了六十年，在今日見到的書影上，仍只能由王世襄親書的「世襄未定稿」與二十一世紀讀者見面。這部書的一波三折的歷程，在一定程度上也折射出了近現代以來，中國幾代學人之命運。他們往往才華橫溢、博聞強識、中西彙通，但沒法靜心專注於自身的學問鑽研，太多的光陰和精力被白白浪費於無謂的戰事和運動之中，不禁讓人感歎他們的生不逢時和顛沛坎坷的人生命運。王世襄自然也是中國幾代學人中的一份子，且可算是一個典型，當然也可說是個「奇人」了呢。

當王世襄《中國畫論研究》撰寫結束之際，已近而立之年，其父王繼曾對他說：「你已經到了自謀生活的年齡。北平淪陷，自然不能再待下去了。」於是，王世襄決定離開北平，南下到西南大後方去；因當時北平著名的學府和研究機構，均轉遷到大後方，對於一直長期生活在北平的王世襄，那裡有濃厚的學人集聚和豐富的人文氛圍，這也確是在吸引著他去那裡開始一種新的事業和新的生活。當然，將有什麼樣生活和前程在等待著他，這也確是難乎預料，乃抗日的馬蹄聲還在嘶鳴，戰爭的火焰，正在神州大地上燃著。

第四章

戰時李莊緣

▲ 梁思成。

▲ 馬衡院長（故宮博物院、國學大家）。

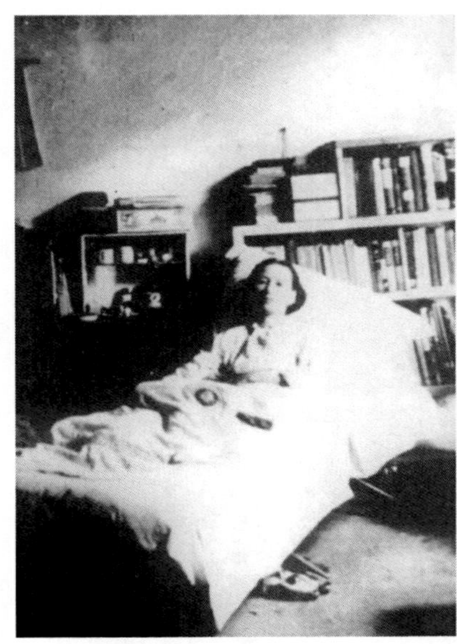

▲ 林徽因在四川。

▲ 傅斯年像。

▲ 紅豆小園盒（袁荃猷的愛情信物）。

▲ 王世襄晚年編輯的母親作品集《金章金魚百影》（一九九九年香港翰墨軒出版）。

▲ 夫人袁荃猷為王世襄刻大樹圖。

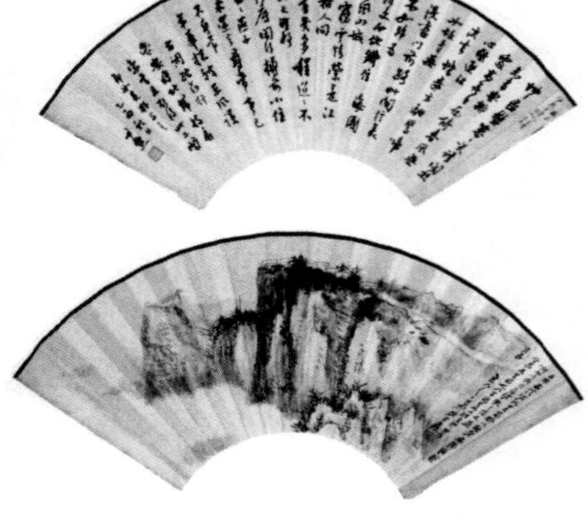
▲ 扇面（沈尹默書、張大千畫）。

一、相遇梁思成

一九四三年的寒冬，川北邊境的山路上，一群群逃難的老百姓踽踽而行，他們衣衫襤褸，面帶饑色，有些還拖家帶口、扶老攜兒，一看便知都是從被日軍佔領的淪陷區逃出避難的人們。此時的王世襄，也正和幾位同學，夾雜在逃難人群中，自十一月時離別父親，同時依依惜別已生活了二十九年的北平城，開始踏上往大後方的路途，一路奔波將近兩月，前途茫茫。他先由商丘坐排子車，穿過了皖北界首的日軍封鎖線，又繞道河南、陝西兩省，時坐敞篷運輸車，有時只能徒步前行，一路上可謂擔驚受怕，飽經風霜雨雪。一九四三年歲末，終於進入了四川境內，從這段行程中，他目睹了中華大地因戰事而民不聊生的景象，使年輕的王世襄為國家與個人的事業憂慮，希望能早日在大後方，找到謀生立足之處，發揮所學之長。

王世襄入川後，首先來到成都，當時是，抗戰內遷北方的各高校，聯合組成了國立西南聯合大學，梅貽琦暫時以校務委員會常委兼主席身份，主持校務。梅貽琦（西元一八八九至一九六二年），字月涵，為梅曾臣長子，與周恩來交往甚密，是第一批「庚子賠款」留學美國的學生之一，獲電機工程碩士學位，回國後曾到國立清華大學任教物理學教授，一九三一年開始擔任清華大學校長。燕京大學在北平的分校遭日軍侵佔封閉後，原燕大的師生遷往西南後，也已在成都復校，成立燕京大學成都分校。因復校不久，教師緊缺，恰王世襄剛從北平到來，梅先生很希望他能留下，力邀他作中國文學系的助教。但王世襄覺得自己所學不足為人師表，而且其志不在成為國文教員，當時他一心希望能從事文物研究工作，儘管成都是當時西南條件最好的城市，但他還是婉言謝絕了梅校長的好意，重新上路，離開成都，快定去重慶。

戰時的重慶，雲集了大量由北平遷往西南地區中央機構的辦事處，故宮博物院的辦事處，當年便設於重慶南岸的海棠溪。原來，一九三一年，日本發動「九一八」事變，北方局勢動盪，華北告急，政府起意將故宮文物南遷。一九三三年，政府開始兵分三路將國寶南遷，先後運出一萬三千四百九十一箱故宮文物，及分藏於古物陳列所、頤和園和國子監的文物計六千零六十六箱，先後暫存上海、南京。史稱「國寶南遷」。而「七七事變」後，南京形勢緊張，剛剛在新庫房安頓下來的國寶，隨著日軍的步步入侵，眼看又有了危險，故宮博物院的文物，被迫重新轉移，於是故宮再將其中八十鐵箱精品用輪船運往武漢，轉長沙、貴陽、安順，最後又遷移往西南大後方的四川巴縣。史稱「國寶西遷」。

王世襄到重慶後，首先去了辦事處求見故宮博物院院長馬衡先生。馬衡（西元一八八一至一九五五年），號叔平，浙江省鄞縣人，西泠印社第二任社長，著名金石學家、文博專家。馬衡早年在北大任教，後因清華國學院王國維自沉未名湖以及梁啟超的逝世，於一九二八年，由陳寅恪提議聘馬衡為講師從教清華國學院。但從一九三五年起，馬衡先生一直擔任故宮博物院院長，成為了故宮博物院的資深院長，曾為故宮博物院服務了長達二十七年，做出了重大的貢獻。

馬衡與王世襄家頗有淵緣，他與世襄父親是上海南洋公學的同窗，後又同在北平為官，而逢故宮有外賓參觀時，馬衡還會邀世襄父親王繼曾陪同接待，遇有外文函件也常代為故宮翻譯並擬覆函。故宮南遷之前，世襄父親還曾受聘為故宮博物院的顧問，兩人可說交誼深厚。王世襄小時便知道有位父親的同窗好友馬老伯，馬衡也可說是「看著世襄長大的」前輩。現在抗日的大後方重慶，卻見到了馬院長，王世襄便直截了當地向其表達了自已希望在故宮博物院工作的願望，渴望能有機會儘自已所長，獻身於中國的文博事業。馬衡院長聽了世襄的話後，深為其熱切而感動，當即表示：「青年人有此志願的不多，值得歡迎！」

然而，當時故宮文物「西遷」後，為防止日軍偷襲掠奪，都保存在四川樂山、巴縣、峨嵋山和貴州安順等地的山洞裡，文物的整理和研究工作，幾乎因戰事而停止了。所以，馬衡院長在答應世襄留任的要求後，也只能坦率地告知他若想在故宮工作，目前只能從事人事秘書之類的行政管理工作。王世襄瞭解這一情況後，覺得只是坐在辦公室裡伏案寫公文乃或做些應酬工作，也無法看到文物，更學不到文博知識；對自己一心想做些研究，是無法開展的，心中認為長進不大；於是，他爽快地將這一想法告訴了馬衡先生。馬院長明白了他的心意，並不介意地答應說：「那也好，將來故宮復原，肯定要增加研究人員，那時你尚可來參加。」如此，儘管當時王世襄沒有留在故宮，但與馬院長的這次見面，已吐胸意，無疑讓他與故宮博物院，結下了不解之緣；日後，他最終得以進入故宮博物院作研究，並走上文博家的發展之路，無疑與馬衡院長的關懷、提攜，密不可分。

離開故宮辦事處後，王世襄思忖再三，又來到位於重慶聚賢新村的中央研究院辦事處；當時，他希望到中央研究院歷史語言研究所工作。因當時的中央研究院，是民國政府的最高學術研究機構。其中的歷史語言研究所，主要從事考古、歷史、語言等相關學科的考察和研究，而當時的史語所，成立初期分設三組，第一組為史學組，第二組為語言學組，第三組為考古學組，李濟先生長期任第三組主任。到一九三四年時，中央研究院史語所，又增設第四組，即人類學組。一九四六年又設北平圖書史料整理處。

當時歷史語言研究所，匯集了如李濟、梁思成、梁思永、吳金鼎、董作賓、郭寶鈞、劉尹達、夏鼐、胡厚宣、高去尋、石璋等在內的一大批飽學之士，而其所長傅斯年先生，更是著名的歷史學家。

傅斯年（西元一八九六至一九五〇年）字孟真，山東聊城人，一九二八年留學歸來的傅斯年，受蔡元培先生之聘，在廣州籌立中央研究院歷史語言研究所。同年底歷史語言所正式成立，傅任專職研究員兼所長。在他的主持下，研究所對安陽殷墟進行了發掘，後殷墟考古成果，震驚了世界。

一九四二年從香港轉入大後方的著名歷史學家陳寅恪先生，原計劃也要到四川李莊的歷史語言研究所去工作，後因中英庚款會和廣西大學相約請他講學，暫息桂林而未去成。

王世襄到了辦事處想求見傅斯年所長，但他與傅先生素昧平生，又無人引薦，自然不便貿然求見。正當他感到為難、徘徊猶豫之時，梁思成先生（西元一九〇一至一九七二年）卻與他在這大後方的重慶聚賢新村偶而相晤了。那日，當王世襄踏進中央研究院辦事處時，一個清瘦的微微有些背弓的身影，跳入他的眼簾；不期然間，倆人竟在此突兀地遇見了。這也可算是一種「緣分」了。誠如哲人所說，緣就像是一張網，有機遇時可千里能相會。

事實上，梁家與王家正是世交，梁思成的父親梁啟超，清末著名的維新人士，原就是王世襄的伯祖王仁堪的門生；而梁思成又與世襄的大哥王世富（王世富係王世襄長兄，為王繼曾原配劉氏所生，七歲便喪母，王世富中學、大學在清華學堂就讀，後公費留美，回國後在燕京大學、廈門大學任教，「文革」中逝世）是清華的同學，後來兩人又同時留學美國。說起梁思成的大妹梁思嫻，則又是王世襄母親金章的閨中密友，王世襄在燕京大學時，還與梁思成的外甥是同學，還同住過一間宿舍。

梁思成先生在兵荒馬亂之際，在大後方的中央研究院辦事處，認出了王世襄，儘管兩人在北平時，僅有幾面之晤，但在這樣的地方，不期而遇，彼此都難於想到，然一見如故、相談甚歡。其實，那時的梁思成，也剛在四川的李莊安頓好，據梁的兒子梁從誡在一篇題為〈倏忽人間四月天——回憶我的母親林徽因〉之文中說，一九三九年冬天，在昆明市郊區的龍頭村，「父親在一塊借來的地皮上請人用未燒製的土坯磚蓋了三間小屋，這竟是兩位建築師一生中為自己設計建造的唯一一所房子。」為了建造這幾間房子，他們動用了全部的積蓄，還搭上林徽因母親的部分首飾，可惜房子蓋好後他們只住了半年，就因戰事逼近不得不搬到更加偏僻和艱苦的四川李莊。

當時梁先生恰任中央研究院歷史語言研究所通訊研究員並兼任研究員，當他瞭解到王世襄想求見傅斯年所長時，便主動代為引見，並陪同他去傅斯年辦公處。王世襄終於見到了傅先生這位有名的歷史學家，並向其表達了自己希望能在歷史語言研究所工作的願望。作為當時國家最高學術機構中央研究院的總幹事兼歷史語言研究所所長的傅斯年，辦事認真嘗喜考量後生，當即便詢問他之學術背景，王世襄回答：「燕京大學國文系本科及研究院。」

誰知，傅斯年一聽，即刻斷然拒絕道：「燕京大學出來的人，根本不配進我們史語所！」一當然，傅先生的話，與許太看重學校背景了，也確出乎王世襄之意料，弄得介紹人梁思成也沒辦法。這可能因為當時燕京大學，沒有像清華國學院那樣曾有像王國維、陳寅恪、趙元任等國學大師任教過，所以傅斯年竟會以畢業學校來論人才了。傅斯年的冷遇，對王世襄來說彷彿當頭澆上一桶涼水，不免有些挫折、心冷。一旁的梁思成看出了他的失落，也看出了王世襄對文物事業的一片熱誠，想起了自己任職的中國營造學社，正應多吸納像他這樣有志的青年，於是便對他說：「你的志願是搞美術史，如對古建築有興趣，可以到中國營造學社邊學習邊工作，職位是助理研究員。」經歷過了兩次滿懷信心的求職不成，特別是被傅斯年冷淡地拒之史語所門外後，在這樣的進退為難時刻，難得有梁思成先生之提攜，王世襄便欣然接受此聘。

說起中國營造學社，當時是一個專門研究中國古建築工程學的學術團體。「營造」一詞在古語中即「建築」之意，「中國古建築學社」於一九二九年在北平創建。中國營造學社的創始人，是朱啟鈐（西元一八七二至一九六四年）先生。貴州開陽人，字桂辛，晚年號蠖公，人們稱他桂老。中國北洋政府官員，古建築學家，一九一三年八月代理國務總理，稍後任熊希齡內閣內務部總長。愛國人士，中華人民共和國建立後，曾任政協全國委員會委員、中央文史館館員。一九六四年卒於北平，享年九十二歲。他的一生經歷了清朝末年、北洋政府、民國、日偽、新中國五個歷史時期。著有《李仲明營造法式》、《蠖園文存》、《存素堂絲繡錄》等著作。

中國營造學社的日常工作，主要從事古代建築實例的調查、研究和測繪，以及文獻資料搜集、整理和研究，最初的辦事地點，設在北平天安門裡西廡舊朝房，由梁思成、劉敦楨分別擔任法式、文獻組的主任，抗戰開始後，他們帶領一批青年學者輾轉入四川，繼續研究工作，當時的工作機構設在李莊。

由於梁的提攜，王世襄走入了一個新的人生的起點。一九四四年一月，他即跟隨梁思成先生乘江輪溯水而上，前往距離重慶兩百公里的李莊，與他們同行的還有童弟周。童弟周先生（西元一九〇二至一九七九年）是我國著名的生物學家，一九二七年畢業於復旦大學生物系。一九三四年獲比利時博士學位。回國後任同濟大學教授，因當時同濟大學也遷至李莊，所以恰與王世襄、梁思成先生同行。面對那煙波浩淼的長江，面對兩岸崇峻秀麗之風光，卻飽受炮火蹂躪的故國河山，梁思成先生與王世襄兩人邊覽川西山水風光，邊談起自己對戰時古跡保護的些許憂慮，隨著戰事之進展，中國文物被破壞的事例也逐一增多，這確令梁百思愁結於心間。在這長長的兩百里水道上，當遠眺江面飄渺水霧時，與許他們還會雙雙憶起當年三蘇先生（蘇洵、蘇軾、蘇轍）離川溯江赴京之情景，當他們倆談起那些令人心醉的古剎、宋墓等古建築時，無不令當時尚小於梁十多歲的王世襄所神往。

但正是這一刻的變化，無疑是梁思成先生將年輕的王世襄引入了另一片嶄新的文化世界，並成為日後他為之奮鬥終生的事業追求。

二、李莊歲月

距離宜賓市約六十里的地方，有一偏僻的川南小鎮，這小鎮在秦以前屬僰侯國，至隋以後屬南溪縣，是長江上游的水路驛站，那便是李莊。這個始建於六世紀北周時期的山鄉古鎮，有著青石鋪就的幽長街道，低矮的瓦房，淳樸的居民們祖祖輩輩都在鎮上過著平靜的生活，然而，抗戰時李莊，卻因彙聚諸多內遷的高校和學術機構而永緬懷於歷史之中。在那戰爭的烽火歲月裡，她以其博大的胸懷和珍貴的寧靜，為中國文化單位的大西遷、為當時中國一批文化精英的學習和研究提供了良好的環境，為中華文化免受戰火摧殘做出了不能忘卻的貢獻。那時期，海內外的郵件和電報，只要寫上「中國李莊」的字樣，就能準確地送達四川南部、長江邊上的一個偏僻小鎮——李莊。

一九四〇年，日寇逼進長沙、宜昌，日軍飛機同時對昆明一帶地區，也進行了曠日持久的大轟炸。是時，國民政府的許多高校與學術機構均分散在西南大後方各山區間；如最高學術機構中央研究院、中央博物院、營造學社等都分佈在昆明的各個角落。同濟大學、西南聯大也輾轉來到了這裡。當時，這個小小的古鎮，竟然與重慶、昆明和成都並稱四大抗戰文化中心之一。

但面對敵機無休止的轟炸，昆明的局勢，也越來越危險。各機構的負責人，都尋找合適之地紛紛遷徙。而四川李莊，即便在當時最詳盡的地圖上，也是個不起眼的地方，戰火的硝煙尚未彌漫到這個千年古鎮。為了躲避日本侵略者的鐵蹄，一九四〇年，同濟大學和一些著名學術機構遷移到這裡。這個偏僻的小鎮空前熱鬧起來。一時間，破敗的小鎮，擁擠不堪，在山區閉塞的百姓，也大開了眼界。那時，國民黨李莊區分部的書記羅南陔先生，在瞭解和看到這一戰時的狀況後，認定接納遷川的機構，對於李莊來說，是一個千載難逢的好機會。而羅家在李莊本就是一個很有威望的大族。憑著經驗和直覺，他決心抓住這個機會。

當時李莊的人口不足三千人，面積不足一平方公里，是否有能力容納內遷機構的到來，這也確是個問題。羅南陔在多次與鄉紳商量後，他首先捐出自家祠堂，又騰出鎮上的大小寺廟，並草擬一份電報寄給各重要機構，他示範說：「同大遷川，李莊歡迎，一切需要，地方供應。」一言簡意賅的十六個字，如此生動有力，確是有遠見，當然，也彰顯李莊人一片真誠。就這樣，李莊收容了從昆明遷移的各大機構，也收容了眾多學人顛沛流離、飽受煎熬的心，讓他們在「已放不下一張平靜的書桌」的中華大地上，尋找到了一處珍貴的寧靜之地，延續了中國傳統的讀書做學問的境界。

就這樣，同濟大學的師生全部安置進了鎮上的幾所寺廟和大量民居裡。李濟任主任的中央博物院籌備處，帶著上千箱珍貴文物，搬到了臨江的張家祠堂。離李莊五公里路的板栗坳，成了中央研究院下屬歷史語言研究所和體質人類研究所的駐地，而社會所則搬到了門官田。梁思成所在的中國營造學社，則選擇了上壩月亮田，這些個地方名字，頗有些詩情畫意的地方山區，都作為最高學府、學術權威機構的工作地了。

六十年，如流水年華逝去，一個甲子後的今天，當我們重新審視歷史的往事，李莊，那一個毫不起眼的地方，確對中國的教育與文化事業，留下了深深的烙印。

王世襄初到小鎮李莊，不久便趕上了元宵節，是鎮上新春舞龍最後一夜，也是全年最熱鬧最歡騰的一夜。「爆竹聲聲過元宵」，那晚，整個營造學社，除了梁先生需要在家陪伴夫人林徽因外，長幼傾巢而出，全體參加盛會。那裡獨特的人文景象給王世襄留下了較深的印象，多年後他在《李莊瑣憶》中，還繪聲繪色地描繪一番當年之情景：

李莊鎮東端，有一塊比較平坦的廣場，通稱壩子，是年年舞龍的地方。黃昏時分，幾乎全鎮的人都已集中到這裡。二三十個大紅燈籠懸掛在壩子周圍，五條龍色彩絢麗，須能顫動，眼會滾轉，形象生動。竹篾為骨，外糊紗絹，各長五六丈，分列場邊。一隊隊小夥子挨著各自的龍，有的解開衣襟，有的光著膀子，準備上場。壩子畢竟小了些，幾條龍不能同時共舞。剎那間，點燃鞭炮一齊擲入場中，火花亂濺，震耳欲聾。

這熱情奔放、歡天喜地的川南山鄉的慶典場景，讓一直在城市生活的王世襄，感到非常新鮮和興奮，剛在李莊安頓下來的他，寫給遠在北平的女朋友袁荃猷的第一封信中，不僅報了自已在這偏僻之地的平安，還將這李莊元宵舞龍的場景，描繪得唯妙唯悄告知了她。當時，他們倆正處於熱戀之中，一封封鴻燕傳書，也定讓荃猷雖身在千里之外，卻也能共同分享世襄之種種經歷，身隔兩地，可那喜怒哀樂，也感同身受；同使兩人在燕大校園中，心心相映的傾心，轉變為了共同擔負人生風雨、面對未來的感情。可惜的是，世襄寫給荃猷的許多信件，包括荃猷在補讀完輔仁大學的那段時光中，收到的那一封封穿越日軍封鎖線的信件，都在「文革」中被抄沒，不知下落。時至今日，已無法再讓我們去品味那段風火激蕩之歲月，他們倆心心相印的感情記錄。

當時中國營造學社的成員，有梁思成的夫人林徽因，有劉致平（後任建築科學研究院研究員）、莫宗江（後任清華大學建築系教授）、盧繩（後任南開大學建築系教授）、羅哲文（後任國家文物局高級工程師）等人。儘管李莊的工作條件極其艱苦，但所有的成員，則毫不解怠，大家都全身心、孜孜不倦地投入各自的研究工作中去。特別是梁思成和林徽因夫婦，他們倆一個身患脊椎鈣硬化，全靠鐵架子支撐著整個身軀，但仍堅持研究寫作，中國建築史上的扛鼎之作《中國建築史》，便是梁先生在李莊破陋的村廟和昏黃的油燈下嘔心瀝血完成的；而林徽因，她當時也身患肺疾，但仍拖著孱弱的身子去野外實地考察，訪古剎、探古墓，對究研工作，樂此不疲。

抗戰時期在四川李莊物質匱乏、貧病交加的日子裡，身患肺病、被醫生斷言最多只能再活五年的林徽因，躺在床上還在為中國戰後的城市重建殫精竭慮。她在油印的《中國營造學社彙刊》上發表了〈現代住宅設計的參考〉，介紹歐美國家的經驗，為低收入者設計住房，其高度的社會責任感由此可見一斑。筆者寫此，不免感歎，林徽因可說是集才氣、集美質、集傲骨，同時集熱愛與事業於一體。在一九二四年四月二十三日，泰戈爾訪華之際，林被當時的上流社會驚歎為「人豔如花」。她的才華和一生的傳奇經歷，為當世仰止，光照來人。如果她不是生不逢時，如果她不是多病的女人，如果她的詩作文集，若早有人編纂整理，（後遲至一九八五年才出版）或許，今人讀到的會是一個真正傑出的女詩人，同時也是一個近代建築史上的大學者。但如今，只能被時人譽為「第一才女」的奇女子了。

抗戰時期的中國學人們，以及一如林徽因那百折不撓、獻身追求之精神，深深感染了王世襄，他積極地投入到了營造學社的工作中去。梁思成先生先教他試畫建築構件並臨摹寫在圖上的中外文字體。但王世襄雖能寫一手漂亮的楷書，但畫起那些斗拱樑柱、希臘、羅馬柱式卻是七扭八歪，外文字體也寫不到位，只有中文字體勉強可用。梁先生見此狀，知道他不夠學製圖的材料，便改讓世襄多閱讀一些古典書籍，如《營造法式》、《清代匠作則例》等。

王世襄在李莊時與梁思成、林徽因住房很近，據王世老有一次在電話中與我講起林徽因在李莊生活的軼事，雖幾十年過去，尚記憶猶新。當年，他們天天生活在一起，林徽因常跟他談起沈從文的小說，聊談《邊城》的小說藝術；但王世襄重視的是中國的古典文學，對現代作家往往忽略乃不太感興趣，所以林對他說：「你怎麼對沈從文的小說也缺乏瞭解呢？」

當然，在李莊相處的日子裡，也有使林徽因對王世襄刮目相看之處，比如，林徽因她自燒的香酥鴨，於烹調上可謂極佳，熟料王世襄也暗自學了一手。有一次，當王世襄做了一隻香酥鴨，拿去給梁思成、林徽因一家品味，林嚐後感到比她還做得還好，但開始時，林徽因還不知是出自王之手，後來方知是王世襄親手烹製的，這使林大為驚歎。

經幾十年後，隨時光的流逝，王世襄在回憶林徽因時，他認為林對有些世事，看法過於天真，一如詩人般的浪漫，比如，她對三峽工程的看法，就比較單純了些。

梁思成給王世襄閱讀的《營造法式》一書，是北宋官方頒佈的一部建築設計、施工的規範書，刊行於北宋崇寧二年（西元一一〇三年），是中國古籍中最完整的一部建築技術專書。《營造法式》在崇甯二年於北宋的刊行本，已失傳，後該書在南宋紹興十五年（西元一一四五年）曾重新刊出，但亦可惜未能傳世。至南宋後期，平江府曾經又重刊，但僅是留殘本，且雖經元代修補，尚不完善，能存之於世的還是個殘缺本。我們現在常用的版本是一九一九年由朱啟鈐先生，於南京江南圖書館（今南京圖書館）發現的，是丁氏抄本的《營造法式》（後稱「丁本」），完整無缺，據以縮小影印，是為石印小本，次年由商務印書館按原式大本影印，是為石印大本。

《營造法式》是由宋匠人李誡所編著，（李誡，是北宋的朝廷命官，負責監管政府建築物的建造和修復。受宋徽宗之命編撰此書）他個人以十餘年來修建工程的豐富經驗為基礎，參閱大量文獻和舊有的規章制度，收集工匠講述的各工種操作規程、技術要領及各種建築物構件的形制、加工方法等，遂編成此書。全書主要分為五個主要部分，即釋名、制度、功限、料例和圖樣共三十四卷，前面還有「看樣」和目錄各一卷。

《營造法式》可說是一本奇書，梁思成先生在美國留學時，他收到父親梁啟超寄來的該書的影印本，便深入閱讀，被其中關於中國古建築、各類古代工藝所吸引。梁思成回國後，便一無反顧地與林徽因倆人投身於中國古建築文化之中，並終身為研究與保護中國的古建築貢獻力量。

古代建築營造方式有很多，但由於種種原因，現能以文字遺留下來的，已為數不多。在我國遺留下來的古建築實物中，以唐宋元清時期的建築形式較多，而在這個時期還為我們遺留下兩部完整的文化遺產，即北宋朝李誡修編的《營造法式》和清朝工部所頒佈的《工程做法則例》，極是難得。這些書，自然對於一個從小就受中國古典經集所影響的人，是非常有吸引力的；因此，王世襄很快對這方面的知識與學問，引起了濃厚的興趣。在李莊有這樣的好書，並有像梁思成這些研究古建築大家的幫助，王世襄常常捧讀至深夜，書中有關小木作和室內裝修的內容，讓他更感興趣，我們可以說，當時在李莊的這些閱讀與研究，確是他日後研究明式傢俱的發端。

李莊雖是個不起眼的彈丸之地，卻有著歷朝歷代的深厚人文積澱，傅斯年曾驚歎李莊「一邑中人文之盛，詩人輩出，先後相踵」，因此，其附近藏匿著豐富的未遭破壞的古代建築，尤其是明清建築，在那裡保存得甚為完好。這無疑給營造學社的成員們，提供了實地考查古跡的一個良好的機會，王世襄也曾與同仁們一起，參加了李莊唐家灣宋墓的野外考古調查，並撰寫了考察實錄，詳述了該墓的位置、結構、雕飾，又配上了由莫宗江、羅哲文繪製的插圖，發表在《中國營造學社彙刊》第七卷第一期上。除此之外，他還翻譯了費正清夫人費慰梅所寫的有關山東武梁祠的文章，也刊登在《彙刊》上。這一階段，王世襄走出了校園的象牙塔，看到了那些生動美麗卻近乎被世人遺忘的古跡，他深深為古代工匠們的巧思奇工所折服，這也使他不再拘泥於書本典籍、故紙堆裡的理論描述，轉變為實實在在的接觸和探尋，他的視野得到了進一步開闊，也使他日後無論研究明式傢俱、書畫雕塑，還是漆器竹刻都致力於實物考察和實地尋訪。

除了參與學社的研究工作外，王世襄還在業餘時間將母親金章的著作《濠梁知樂集》抄錄、刊印完成。他離開北平時，因防母親之遺稿因戰亂而散失，就將稿子藏於行篋之中，隨他一路來到西蜀。五世襄，在李莊安頓下來後，每晚在煤油燈下用端正的小楷一筆一劃地把一卷四冊手稿，全部抄錄清楚。又設法將稿子刊成書。他在學社中聽聞李莊有一家小石印車間可印書，便前往訪之，得知是一個五、六平方米的小作坊，每天可印五、六頁，於是心想石印遺稿有了著落。他接下去又得知鄰縣夾江縣生產竹紙，便抽空搭當時往返宜賓的小火輪，再用學社發的煤油一桶，換得竹紙兩刀及深色封面而歸。就這樣，備齊了紙張，找到了石印作坊，為此，他還寫信給馬叔平、沈尹默先生賜題了書簽及扉頁，《濠梁知樂集》終在抗戰期間那李莊的小石印作坊中，陸續印成有百餘冊，其中的五十冊線裝初成，王世襄即將其分贈各圖書館及身邊的朋友前輩。世襄以此來報答母親養育之恩，使母親論繪魚之著作，能得以傳之於後世。

一九八九年，香港翰墨軒精印《金章》畫冊，後附王世襄親手抄錄之《濠梁知樂集》影印。當時，在抗戰大後方李莊簡陋的石印小作坊中，匆匆印成的母親遺稿，啊，想不到睽隔四十餘載，卻依然墨色濃厚、清晰可讀，真讓世襄有恍若隔世之感，時不時會讓王老勾起對李莊生活的絲絲的眷戀。

一九四四年，日寇在東北亞各地節節敗退、陷入困境，我國的抗日戰爭形勢已經閃現出了勝利的曙光，同盟軍隊準備乘此進行全面大反攻，光復我國為日軍侵略的廣大失地即在眼前，但整個東南亞同盟軍的大反攻，在連天的炮火襲擊、飛機轟炸中，難免會給古建築古文物帶來損毀。中國土地廣闊，在當時整片的日佔地區，則分佈著眾多的價值連城的文物古跡，如：宮殿、寺廟、石窟、陵墓、園林、橋樑、塔幢等等。這些幾千年遺存的無價瑰寶，若在炮轟中毀壞喪失，無疑給中華民族造成不可磨滅的損失。為此，幾位有識之士，向國民政府提出了這一問題的重要性，鑒此，當時的國民政府教育部，在重慶專門成立了「戰區文物保存委員會」。這機構是「清理戰時文物損失委員會」的前身，由教育部次長杭立武先生擔任主任委員，馬衡、梁思成、李濟等擔任副主任委員。

此時，反攻已迫在眉睫，但戰時文物的保護也十分重要，當務之急是如何才能讓中國的士兵和美國的空軍，知道哪些是需要保護的文物古跡，其確切的位置在哪裡？如何能讓他們在短時間內掌握一定的鑒別知識。文物委員會經商討後，認為具體辦法是必須迅速編出一本文物古跡目錄，並在地圖上標出名稱和方位，同時用中、英文各備一份。當年，梁思成先生早在盧溝橋事變之前，已對華北幾個省的古建築進行了調查，加之他留學歐美多年，英文翻譯也是駕輕就熟，梁先生自然成了承擔該項任務的當然人選。雖然，當時梁思成先生，因抗戰奔波而身體不好，但他覺得此任務極為重要，自己在這樣的時刻擔綱，當責無旁貸；從此，他經常往返於重慶和李莊之間，毅然地承擔起這項繁忙的工作。

梁先生的這項工作，開始從編中文目錄入手的，隨即譯成英文，但當時營造學社中，懂英文的人不多，梁先生便將部分校對工作交給王世襄去完成。大約近一年，到了一九四五年五月，編寫和翻譯的工作全部完成，並將目錄印成小冊子。（即民國三十四年五月，一九四五中英文對照的《戰區文物保存委員會文物目錄》）正由於有了這份當時梁思成編、王世襄譯的中英文的文物保護目錄冊，才使眾多的寶貴的中國文物，免遭了戰爭的炮轟與彈炸的損失。

當然，作為對他之恩師梁思成先生，他的精神力量，王世襄是永志不忘的，梁逝世多年後，他還懷念起梁先生，說了充滿深情的話：

> 現縱觀全目錄，深為梁先生能把這一繁重而急迫的任務完成得如此出色，全仗他思想縝密，考慮周詳，方法科學，語言簡明……覺得有一股巨大的力量，在推動他那不能站直的身子頑強忘我地工作。那股力量來自他那顆熱愛祖國、熱愛文物的心。每一頁，每一行都閃耀著從那顆赤誠的心發射出來的光輝！

隨時日消去，如今，那本已變得發黃的《文物保護目錄》還躺在王世老的書架上，睹物思故，當年梁先生晚上加班的身影，嘔心瀝血的精神，與林徽因相敬如賓的高尚風範，以及那些戰火硝煙，那些在李莊營造學社的同仁們的無私的友情……追憶逝水年華，至今猶歷歷在目。

隨著大反攻的開始，當時的文物清損會，還計畫在隨軍進軍時，即配備文物工作人員，隨行保護，梁先生便問王世襄是否願意參與這一類工作，王世襄的回答，當然是很願意去，因當時他想，自己對北方尤其是北平一帶，比較熟悉，所以最好連北方一帶都能隨保。

但是，一九四五年八月，形勢急轉變化，日本向世界宣佈無條件投降，這在當時一般人，確無法想像，真就這麼快結束了第二次世界大戰。如當時在大後方的陳寅恪先生，得此快捷訊息，也為之驚愕，曾作《乙酉八月十一日晨起聞日本乞降喜賦》詩一首，前二句即說，「降書夕到醒方知，何幸今生見此時。」抗戰八年，突然的勝利，對每一個中國人的感情都是欣喜而又複雜的，因為，多少個家庭，多少個年幼老少，付出了多少的生命與血的代價。當然，抗戰勝利後，對每一個人前途與命運，尚還是個未知數。

日本無條件投降，失地重回祖國，無須再行反攻，而清損會的工作，也從隨軍保護，轉而為奔赴各地，搶救流往海外或遭毀損的每一件文物。八月的一天，林徽因突接到梁思成從重慶寫回的信，並即轉告王世襄說：「清損會工作馬上要全面展開，正在選派人手去各地工作。」聽到梁先生傳出的話，使得王世襄再難安穩地待在李莊了。他覺得這時如果去重慶，可能有機會馬上參加清損會的工作，比硬在李莊坐等好。於是，他馬上給馬衡、梁思成先生寫了信，信中表達了自己希望參加清損會工作的熱切願望。

王世襄還沒等到回信，便匆匆整理行裝，即與相處了一年多的林徽因和營造社中同仁們揮淚告別，獨自離開李莊，直往重慶。

一年之前，王世襄曾乘江輪由重慶來到李莊，一年之後，他又乘著同樣的江輪，離開李莊前往重慶，但兩次旅程，應是完全不同的心境。一年之前的他，懷著初生牛犢不怕虎的闖勁，輾轉來到西南山鄉。儘管有燕京大學扎實的學術根基，但剛離開校園的他，對自己未來仍較為茫然，單純的如一塊海綿般渴望汲取更多的知識，渴望自己的所學，能有用於社會。而一年之後，離開李莊的他，已清楚地命定了自己的人生方向。在李莊的歲月，雖是那麼短暫，僅一年零八個月，但卻讓他更為成熟和堅韌，保護中華傳統文化的使命感，已在無形中深深地融入了他的血脈。誠如王世襄在年過八十後，回顧這段人生經歷時，曾以詩為證：

辭家赴西蜀，營造結勝緣。
著書超喻皓，明仲誠空前。
大木展結構，小木示雕鐫。
梓人製器用，矩矱皆自沿。
又讀清則例，諸作紀綦全。
我生一何幸？得窺此藪淵。

正值風華茂盛之年，一九四五年抗戰勝利，那時的他，真猶如一葉風漲滿帆的扁舟，隨時代之變，正準備啟航疾馳任何遠方。

三、重返北平

王世襄急急趕到重慶後，即由馬衡、梁思成兩位先生引薦，見到了時任清損委員會主任的杭立武先生（西元一九〇四至一九九一年）。杭先生是安徽滁州人，原籍浙江杭州。一位教育家、政治學家、外交家、社會活動家。當時，杭立武主任與王世襄素不相識，但由於馬、梁兩位副主任委員的推薦，杭立武同意派王世襄到清損會屬下的平津區辦公處工作。這自然讓王世襄非常高興。一則他認為能參與戰後文物清損工作，意義重大；另外，他離家已兩年多，終於有機會重返北平，看望父親，還能見到已分別多年、令他朝思暮想熱戀中的袁荃猷了。

在王世襄到達重慶前，教育部已委派沈兼士任教育部特派員，並兼任當時的清損會平津區代表。沈兼士先生（西元一八八七至一九四七年）是吳興（今湖州）人，著名的語言文字學家、文獻檔案學家，是大書法家沈尹默之弟。一九〇五年沈兼士十九歲時就與兄沈尹默自費東渡日本求學，入東京物理學校。時章太炎先生居東瀛，沈兼士拜其門下，並加入同盟會。歸國之後，先後任教於北平大學，一九二二年在北平大學研究所國學門任主任，後歷任北大文學院院長、輔仁大學文學院院長、故宮博物院理事、文獻館館長、國語推行委員會常委等職。

王世襄進入清損會平津區辦公處，實際上就是在沈兼士先生領導下工作。馬衡與沈兼士曾同時兼任北平大學教授，兩人交往頗深，為便於日後的工作，便帶著王世襄去拜見了沈兼士先生。大家面晤之後，非常高興。沈兼士先生因工作需要，隨即飛往北平。因為當時飛機非常緊張，一般工作人員只能坐輪船到武漢或上海再轉往北平，就連坐輪船也得登記等候，時日難定，所以王世襄則仍留在重慶，等待有交通工具時，才能成行北平。

九月間，清損會又在重慶教育部開了一次會，出席會議的有杭立武、馬衡、梁思成、郭志嵩（時任清損秘書）等。會上商定派往京滬、平津、武漢、廣州等區的工作人員，在他們到達後如何開展工作，會議大致確立了四項工作方針：

一、到達後立即成立該地區的文物清損辦公處。

二、去藏有文物、圖書的機構，查詢淪陷期間文物損失情況，要求開列清單上報。

三、各地區辦公處在報上刊登通告，不論機關或個人，文物損失均應列目上報，登記備案，清損會將據此進行追查索償工作。

四、瞭解調查日寇及德國納粹分子匿藏的文物，查獲後予以沒收。

這次會議上還公佈了唐蘭、傅振倫（後任中國歷史博物館研究員）兩位作為平津區的副代表，而王世襄的身份，是清損會平津區的助理代表。

真是無巧不成書，正當王世襄在重慶等候交通工具，發愁不知何時能回到北平時，美國紐約大都會美術館的副館長翟蔭（Horace Jayne）來到重慶。他持有聯合國文物保護組織函件，受委託來華觀察調查戰後中國文物損失及保護情況。他向杭立武提出行程，希望能到成都、西安、北平三地看一看，然後再返回美國。杭立武向其表示，可以允許他去各地考察，但最大的困難是交通工具，翟說搭乘飛機不成問題，他可與美軍聯繫，搭乘便機去各處，不必中國政府安排。但翟提出，希望能有一個懂英文的人隨行任譯員；就在這時刻，杭和馬、梁，三人都不約而同想到了王世襄。一來王世襄英語嫻熟，又具備文物知識，實是任隨行譯員的最佳人選；二來考慮到王世襄本就正待北上，這一來，即便解決了他交通問題。就這樣，翟蔭的意外到來，提前了王世襄返回北平的時間。臨行前，馬衡先生還特別囑咐王世襄說，須對翟蔭密切注意，防範他借觀察調查文物之名，行盜竊搜購中國文物之實，如有此等事發生，應立即阻止並報告清損會。

王世襄在離開重慶時，特前往沈尹默先生處辭行。沈尹默（西元一八八三至一九七一年），中國書法家，早期還是嘗試派詩人。原名君默，浙江吳興人（今湖州）。他早年留學日本，後任北平大學教授和校長、輔仁大學教授。沈尹默先生與世襄的舅父金城，更有濃濃的鄉誼，世襄早年便與沈老訂交。他初到重慶時，便登門拜見沈老，至李莊後，又求得沈老手書先慈遺稿《濠梁知樂集》書簽和「儷松居」齋額，沈老視世襄可謂親如子侄。所以將要離渝返京時，便向沈老告別。沈老得知世襄回北平後，將參加追繳和保護中國文物的工作，還恰在其弟沈兼士先生領導下工作，非常讚賞。那天，沈老案頭正散落著手書詞稿，王世襄讀後特別喜歡其中兩首踏莎行，請求沈老賜書在扇面上，沈老即刻應允，題詞如下：

草草杯盤、寥寥笑語，閒愁知有安排處。高花自在倚春風，無心低逐江流去。蝶舞方酣，鶯啼如故，青蕪沒盡門前路。此間信美不如歸，為誰更向他鄉住！

海國長風，山城苦霧，雲情縈惹江頭樹。人間能有幾多程？迢迢不斷天涯路。花底閒行，樽前小住，匆匆燕子來還去。尋常事已不尋常，年華總被東風誤！

右調踏莎行。那日沈老特高興，又為世襄題詞如下：「邕安將北歸，持扇索書，且欲得此二闋，即如其願與之。乙酉秋日，尹默。」

此兩詞，確寫出了沈老有家歸不得之心情，感歎國難當頭，當權者還在醉生夢死、歌舞昇平，躍然筆下。世襄先生得到沈老書扇後，欣慰萬分，隨身珍藏。

此後，王世襄和翟蔭於十月六日，啟程離開重慶，搭乘美軍飛機，兩個小時後到達成都。他們在成都待了十三日，兩人在成都參觀了華西大學博物館，又訪問了當地幾位收藏家。有一天翟蔭忽然提出，要走訪張大千先生（西元一八九九至一九八三年），張是中國近代著名國畫家，他以其深厚的文化學養以及充滿傳奇色彩的人生經歷，成為海內外著名的藝術大家。一九四三年，張大千因戰事，避居成都；但他人隱心不隱，儘管戰火日酣，卻在四川自已的家鄉，舉行畫展，成為抗戰時期的一大藝術盛事。

當時，張大千先生居於昭覺寺，昭覺寺是一座歷史悠久的古剎。此古寺廟，於漢朝是眉州司馬董常的故宅，宅號名為「建元」。至唐朝貞觀年間，改建為佛刹，名建元寺。唐僖宗乾符四年（西元八七七年），唐代高僧、禪宗曹洞宗傳人休夢禪師，始任建元寺住持，他興工構殿，擴建寺廟，並奉旨改寺名為「昭覺」。爾後，不幸毀於明末戰亂之中，直至清朝康熙年間，由破山和尚重建，成為了宏大、壯觀的寺院。

當王、翟兩人獲悉張避居昭覺寺，於是便驅車前往。在廟宇後院東北隅，一座簡陋的畫室裡，他們一起拜見了這位國畫大師。更巧的是，張大千先生與王世襄的大舅父金城恰是舊識，王世襄在燕京大學讀書時，在中國畫研究會上和大千先生見過幾面，但因時間久了，他對王世襄個人印象不深，這次一見，聽說世襄將參加文物清理工作，大千先生也即另眼相看。於是，當大家談得甚為投機時，王世襄取出隨身攜帶的書扇，想請大千先生題畫。

大千先生，當面熱情鼓勵世襄收清文物事宜，一面便欣然即席揮毫，用硯凹餘瀋，一霎時間，便把雄渾秀麗的峨嵋全景，畫入尺幅之中。只見峨眉近景，僅露山巔，上有椏杈叢樹，迎面嶺連成嶂，邐迤橫開，有奔騰百里、上下千尋之勢；山頭林木間，三處露出屋宇，正是峨眉三頂，落筆簡省，惜墨如金，卻江山多嬌，勝人多許。

興情所致，大千先生隨即為世襄題詞：「五年前從渝州還成都，以寇警，飛機繞越峨眉兩匝，得縱觀三頂之盛。邕安先生將之北平，因寫此以贈其行，並請法教。乙酉九月三日蜀郡張大千爰。」

拜別了大千先生，翟蔭和王世襄又於十三日離開成都奔赴西安，十三日到二十日在西安，二十日離開西安飛抵上海，二十日至二十七日在上海，原計劃中並沒有上海這一站，但由於當時從西安去北平的美軍飛機極少，而上海至北平的飛機相對較多，取道上海就不必在西安為候機而耽擱時日。二十七日由上海到北平，這一路上王世襄和翟蔭形影不離，而王世襄因這次機緣巧合，卻成了營造學社首先回到北平的人。

王到北平後，他將翟蔭安置在六國飯店，十一月九日，翟蔭便離開北平至上海，結束了此次中國之行即返美國。王世襄的陪同翻譯旅程，也由此結束，便到沈兼士先生處報到，即開始了清損會平津區辦公處的籌備和成立工作。

回到北平，重回久別的芳嘉園老宅，北平城經歷戰火，見到老宅中的父親和家人，依然安好，自然讓王世襄百感交集。而更重要的是，他終於可以見到那個他在西南山鄉中思念已久的倩影。於是王世襄到北平不久，便捧著親手做成的一對紅木小圓盒去找袁荃猷。

可以想像，那時荃猷接過這對小盒，看到盒蓋上鑲的是世襄親手火熗的葫蘆，應將是怎樣高興的會心一笑！她想起世襄信中曾寫道正制火繪葫蘆片，還許諾若做得好便送給她。如今，只見他千里迢迢，回到北平，竟還記得曾向她許下的小小承諾。

她將小盒捧在掌心，終於輕輕揭開盒蓋，不期兩顆紅豔豔的，嬌豔欲滴的紅豆，刹時出現在眼前，「願君多採擷，此物最相思」；不知她當時是否在心中會激動地喃喃吟起這兩句千古流傳的詩？當然，我想，就是沒有唸吟，哪此物也是最相思的。但是那瞬間，她應早已明白世襄的心意，無須更多用天長地久之言辭表白，這件小小的定情信物，從此串起了世襄和荃猷不離不棄、相守相隨的人生之路。

如今，當寫到此時，筆者不禁又重讀起了袁荃猷於一九六六年為王世襄刻紙並文的《大樹歌》，在這支神愛之歌中，專門繪刻了一對小巧玲瓏的紅紅的小盒，並深情地寫上一段憶昔五十年前的那情景：

一對紅木小圓盒，盒蓋鑲火繪葫蘆，內盛紅豆，是世襄一九四五年從重慶歸來後贈我的定情之物。

真的，我又仔細地望著那第五格中美好的圖畫，一隻鮮活的大大的葫蘆，緊靠的是一對紅木圓盒。也許，這就是象徵了他們當年定情後的最美滿的人生與愛情！

一九四五年的歲末，世襄與荃猷完婚，世襄三十一歲，荃猷二十五歲。古人云，三十而立，這時的王世襄成家立業，心智也歷練而成熟，已脫去了少年時期之玩性，理想和事業也已經清晰命定，但漫漫的人生之路，才剛剛拉開簾幕。

第五章

追尋國寶志自堅

▲ 王世襄追尋國寶時向南京清理戰時文物損失委員會所寫信函。

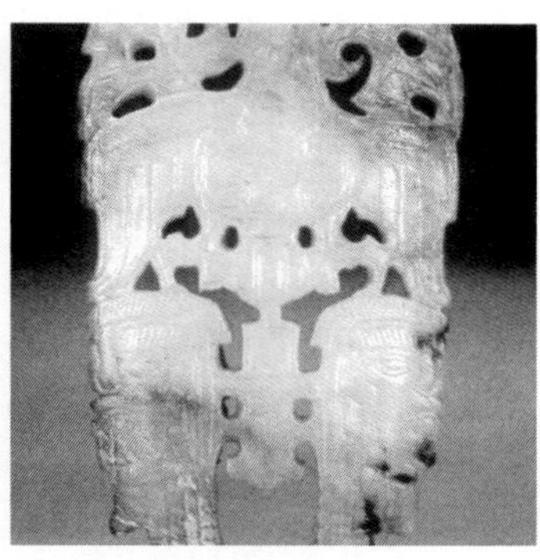

▲ 商代鷹攫人頭玉佩。

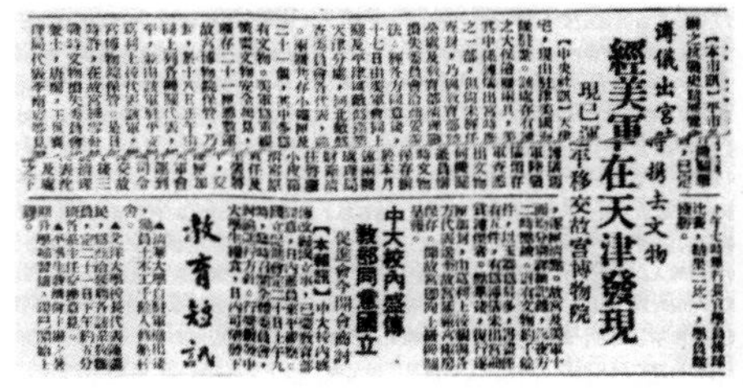

溥儀出宮時攜去文物

經美軍在天津發現

現已運平移交故宮博物院

中大校內盛傳

教部同意國立

教育短訊

▲ 報紙。

▲ 王世襄夫婦新婚後（一九四五年）。

▲ 王世襄追回的戰國宴樂漁攻戰紋銅壺。

一、戰後的工作

抗戰勝利了，漂泊、流浪，也終究結束。王世襄從千里之外返回到老北平，新婚燕爾，和袁荃猷結為伉儷，讓他擁有了一個溫馨甜蜜的港灣。按說兩人該歡度一個蜜月，按中國婚俗傳統無不如此，更何況八年離難，人心思定，就更應有一段花好月圓的日子。可因當時日軍剛退，戰後清損會在平津區的辦公處剛剛籌建，追尋文物的工作，更是千頭萬緒；王世襄毅然放棄了一般常情之想法，全身心地投入到了戰後重建的事業中去。且新婚夫人荃猷，也非常支持他的工作，覺得這是作為一個中國人，於國難後應該做的事業，可謂志同道合。

到北平才不多日，王世襄就去東廠胡同見了沈兼士先生，彙報了清損會會議商定的事項，即跟沈先生商討清損會的籌建事項。沈告訴王世襄說，自已現在手頭的工作極忙，清損會的具體事務無法兼顧，有關辦公地點和工作人手的召集他已聯繫好了，但具體日常事務的經辦，只能全交給世襄去處理。於是，根據沈先生的介紹，王世襄去故宮博物院，找到了總務處處長張庭濟，洽談辦公處地點事項。由於沈先生早有介紹，又因馬衡院長已有信到達故宮，因而工作的進展尚屬順利。張庭濟將北海團城上的兩間房屋，借給了平津區辦公處使用。當解決了辦公地點後，王世襄就開始著手召集工作人手。

當時，沈兼士先生對王世襄說，關於工作人手，如有合適的人可自行決定找一兩個人來幫忙，可按月付酬；若沒有或不夠，則請故宮派人支援。於是王世襄找到了周士莊，周士莊先生便是幫王世襄一起抄寫過《中國畫論研究》一書的年青人，他們原就是好朋友，事隔數年又相逢在一起，彼此格外欣喜；如今世襄又找到他，請他幫忙一起工作，可謂又一段緣份了。

總務處長張庭濟又將賈玉田（後在故宮博物院保管總部工作）借調至清損會，暫時協助王世襄的工作。抗戰後的清損會辦公處，經王世襄的一番籌備，工作人員也逐漸到位，此時便正式成立，地址就正式設於：北平的北海團城。這裡是歷史悠久、保存完整的皇家園林一帶，距今已有近千年的歷史。作為戰後清損會平津區的辦公處，那是最好的選擇了。

一九四五年十一月，追尋國寶的工作正式展開。一九四五年十二月十七日在《華北日報》第二版刊出了通告，向社會各界明確了登記損失文物的地點和申請追尋的截止時間。時隔不久，北海團城的辦公處，便收到了眾多社會機構和個人的申請函件及登記報表。剛開始時，似乎一切都比較順利。但是，那雪花般的申請書，經過王世襄的冷靜分析，便發現從機關及個人的報表中，真正可用作追償文物依據的材料甚少。一些重要的文物單位，就算是故宮，也只有室外的清代消防用貯水銅缸若干，或是被日寇劫去的一些銷毀用銅（後又在日寇倉庫中查獲部分未毀者）；還有，如北平圖書館，所藏圖書未遭劫奪的圖書。而從個人上報的文物損失情況來看，也多是以一般版本的大部圖書為多，如《古今圖書集成》、《二十四史》、《四部叢刊》之類。

這時王世襄覺得光靠機關、個人上報的情況，確無法追查到那些真正有價值的文物。而這些無價的中國國寶，很可能在長達八年的抗戰中，已有可能被偷運或販賣至海外。王世襄認為清損重點應把力量集中於追查日本人、德國人所隱匿的文物上，也許才可能有所收穫。他將這一想法，告訴沈兼士先生；沈先生聽了也深以為是，並支持他往這一方向追查。於是，王世襄廣泛走訪了北平市的一些古玩商，通過仔細摸底後，在一九四六年二月二十五日，王世襄特地在中山公園董事會設宴招待北平比較知名的古玩商四、五十人，誠請他們為保護國家文物，提供各種線索。考慮到這些古玩商都是生意人，透露買主資訊可能有違行規，為打消他們的顧慮，王世襄又分別對他們進行訪問勸說，並對提供有用情報者，保證給予一定的獎勵。

經過一趟趟不辭辛勞的明查暗訪，王世襄終於從一些愛國的古玩商家，探索到一些有用的情況，如從古玩商陳耀先、陳鑒堂、張彬青等人所提供線索，說到淪陷時期河南等地出土的重要青銅器，大多被德國人楊寧史（Werner Jannings）買去；又如北平成古齋古玩鋪商家孫成章，他專向王世襄報告，天津同業李文治知悉日本人原田、稅田有宋元瓷器。這兩批文物都價值不菲。當然，雖有了些文物方面的重要線索，但面臨王世襄日後的追繳過程，也真可謂是曲折離奇、一波三折。

楊寧史是禪臣洋行（Siemssen & company）的經理，洋行及住宅位於東城乾面胡同中間路北，一九四五年十一月的一天，王世襄據線索情報，特去禪臣洋行查看，一進門就恰好看見一位外籍女秘書在打字，他便機警地湊上前去，發現打字的內容便是一份青銅器目錄，這一下王世襄如獲至寶，便將這個目錄迅捷拿到手裡，並聲明正是為此而來。但女秘書說不能將目錄給王世襄，說該目錄是羅越（Max Loehr）先生交給她打的。

羅越，德國人，是西方研究中國早期繪畫的老一輩的重要中堅之一，在一九六〇年代初就充分肯定過《溪岸圖》，並且和日本的《寒林重汀圖》作了比較研究。他比高居翰還要老一輩，也是高居翰的老師之一，他在臨近解放前那幾年做過北平中德學會的會長，也曾經被清華聘為教授，和傅斯年有過交往。大陸解放後，他回到德國任慕尼克博物館的館長兩年，後又去美國，入美國籍，曾在弗利爾當過研究員，又在密執安和哈佛大學任過教，後任哈佛大學福格美術館館長，於一九七二年還曾來華作過訪問，著有《有年款的宋畫》、《宋以後的繪畫》、《中國的畫家》等著作。約至二十世紀九十年代前去世。

說來事巧，那時的羅越，也住在東城芳嘉園一號，正在王家的東隔壁，因而王世襄與他相識。這麼個偶然的機會，並從女秘書口中獲得此情況，於是，王世襄立刻找到羅越，詢問目錄之事，羅越承認目錄是他編的，而器物為楊寧史所有，並說楊現正在天津，因日本投降後，限制日、德兩國人自由行動，故楊不能到北平來。王世襄一聽此言，心想要追繳這批青銅器，必先讓楊承認有這批銅器，而要楊承認最好之法即帶羅越去天津，持目錄與楊對質。由於這批青銅器不是清宮舊藏，王世襄原先一直不知道這批青銅器的詳細情況，如果當時不及時發覺羅越並提供這份編目，也許就失之交臂，不可能實現這批重要國寶的回歸。

在王世襄的要求下，作為教育部特派員的沈兼士先生，即去北平市警察局，審請簽發了羅越離京去津的許可證。於是王世襄和羅越便一同去了天津追查。當天到天津後，馬上會同敵偽產業處理局天津辦公處的工作人員，一起找到了楊寧史本人。

由於羅越的對質，楊寧史無法隱瞞，便承認有這批銅器，但他卻說現在全部銅器，正封存在天津的住宅內，而此住宅已被九十四軍佔用，軍長為牟廷芳（西元一九〇二至一九五三年），如果要接收這批文物，楊讓王世襄只能自行去找九十四軍洽談。

說起楊寧史，其人一八八六年出生於瑞士阿爾本地方，中學畢業後在德國漢堡一家公司任職，一九〇八年到德國禪臣洋行從事貿易工作。禪臣洋行是一家歷史悠久的德國獨資公司，總行設在德國漢堡。一八四六年該行在廣州設立分行，一八五六年在上海設立分行，後又在天津、漢口、青島、北平、太原、瀋陽、大連、哈爾濱等我國各重要商埠開闢分行。楊寧史於一九一一年奉派來華，在天津禪臣洋行任職，三年後升任經理，為總公司主要股東之一，其股份占全公司的三分之一。

王世襄到天津後經過一番追查，從實際情況看，他感到若馬上貿然去找九十四軍，並不能起什麼作用。於是他回到北平，申請了教育部特派員辦公處的公函，函中說明楊寧史所藏青銅器是一批重要文物，盼大力支援，要求請進入楊的住宅查看。得此公函後，王世襄立即又趕去天津，將公函送到九十四軍辦事處，但收文的人卻愛理不理地說，讓此公函放下，就可回去了。隔了一天後，再去那裡，發現公函依然放在桌上，王世襄又幾次催促，但九十四軍的人，仍故意拖延著不給辦理，王世襄只好又無功返回北平，他將九十四軍對文物如此冷淡的態度報告沈兼士，但當時在那種戰亂剛結束之際，沈兼士先生也無法左右軍方。過了幾天，沈兼士又找王世襄說，教育部長朱家驊正在天津，讓王世襄拿介紹信去找朱，希望他能幫忙協助催促。於是，王世襄又去天津，等了許久終於見到朱家驊，朱家驊得知是文物的事，便讓秘書擬文以部長名義與九十四軍交涉，但王世襄再將文送到九十四軍處，誰知軍方面態度依然如舊，王世襄無可奈何，只得又從天津回到北平。

經歷了三次赴津，但又三次均無功而返，眼看著追還楊寧史青銅的事，希望多麼渺茫，王世襄自然心急如焚，但當時連教育部長朱家驊、特派員沈兼士先生都無能為力，何況他人就更人微言輕了，至此，王世襄也只能是花落去了。時至一九四五年十二月下旬，王世襄在多方努力而無效時，將此事面告朱桂老（朱啟鈐先生）。幾天後，朱桂老電召王世襄去他家後說：「宋子文今天將來看我，你立即寫一份材料，陳述查尋楊銅事件的困難及郭葆昌藏瓷之重要，我將面交宋子文，你可在旁補充說明。」王世襄有了桂老這句話，感到此追查國寶可能有了轉機。迅即在桂老家起草了一份正在進行追查國寶有關情況的兩個「節略」，當面呈交宋子文。宋子文來到朱桂老家，當問明緣由後，立即答應派人去辦理。

在宋子文的直接干預下，楊寧史被迫同意「呈獻」這批文物。爾後，楊寧史經與國民政府行政院臨時駐平辦公處主任譚伯碰商，雙方終達成協定：楊寧史無償獻納兩百四十一件青銅器，由國立北平故宮博物院辟景仁宮專室陳列，並擬訂室名為「楊寧史獻呈銅器陳列室」，准予參考楊寧史聘請的兩名德國文物專家博士康思頓（女，Dr. Consten）、羅越（Dr. Loehr）的意見，於室內用文字形式，寫明這些文物的搜集、收藏、獻呈經過，以及關於陳列方式及編製目錄說明等。陳列室開幕時，由博物院邀請中外名流前往參觀，同時允許兩名德國專家留華，一年內完成其對該項銅器的研究及編撰圖說工作，並出版此專集，所需費用由中國政府承擔。

於此，一九四六年一月二十一日，在天津警方的「護送」下，楊寧史攜帶這批青銅器來到北平，並將其暫存於北平瑞典百利洋行內。二十二日，教育部平津區特派員沈兼士，國內文物鑒定專家於思泊、鄧以蟄，一大早就來到故宮內等候驗收。上午九時，行政院院長臨時駐北平辦公處專門委員曾昭六、董洗凡，教育部清理戰時文物損失委員會平津區副代表王世襄，博物院總務處秘書趙儒珍（原定為總務處長張庭濟，因病未到）等，由行政院駐北平辦公處出發來到百利洋行，與早已等候在那兒的楊寧史及兩名德國文物專家交接銅器。裝上卡車時，發現銅器並沒有用木箱包裝，只是分裝於一百八十一個囊匣中。為保險起見，臨時又讓辦公處的庶務員劉豫章拿來兩條地毯，鋪墊在卡車車箱內。十一時裝車完畢。卡車進故宮神武門後，由院中工役在古物館人員及員警監視下，用抬筐將這批青銅器運至故宮絳雪軒。

那天，午飯後中德雙方一行九人即開始點驗。因楊寧史交給宋子文的獻納文物目錄正本，尚未寄過來，大家遂以其手中一件副本作為根據，參照文物圖片進行查驗。據統計，此次楊寧史獻納的有銅器一百二十件、兵器一百二十一件，兩項共計兩百四十一件，包括「宴樂漁獵紋戰國壺」、「商饕餮紋大鉞」以及鼎、卣、爵杯、玉柄戉等。但其中缺少目錄中的第一一八號簠器，據楊寧史說，此件明日即可運來。目錄中的第六十三號戈因在運平途中破碎，已被楊寧史事先撤出，軟囊內有文字注明。另將目錄中沒有記載的〇〇一號到〇〇八號等八件兵器記入目錄中。經驗收人員點收無誤，即在每頁目錄上簽名蓋章。當日下午，將所有銅器一併運往延禧宮庫房保存。故宮博物院開具了一張臨時收據，驗收人員簽名蓋章後交給楊寧史，臨時收據上有附注兩條，說明日後補交第一一八號一件及正本目錄尚須核對。

經商定，等正本目錄寄到後與此副本目錄核對無誤，及在津的一一八號簠器繳來後，全部正式手續再行補齊。下午六時接收完畢。第二天，楊寧史將一一八號簠器交到故宮博物院，據該院專家鑒定稱，此為周代銅器，名曰「名蟠虺簠」，為稀世珍寶，雖已破碎，但如用膠粘好，仍能觀其形狀。但事後得知，楊寧史早已將這批青銅器送往托運公司，企圖伺機外運。而他對王世襄陳述這批文物，曾封存於天津軍方住宅內的說法，純屬謊言，意在增加中方索寶的困難。

追尋國寶之難，由此可見一斑。假如沒有王世襄的窮追猛打，朱桂老和宋子文的助力，這批珍貴文物將難逃流失海外的命運。戰國宴樂漁獵攻戰紋銅壺，即是楊寧史文物中的珍品之一，它極為形象地反映出兩千年前的社會生活場景，具有很高史學和審美價值，當為價值連城的國寶級文物。爾後，至一九五四年六月十六日，天津市人民政府遂將楊寧史驅逐出境。

當追查青銅器事剛完，這時恰好又有一批重要文物的追繳讓王世襄牽腸掛肚。原來郭鱓齋生前有一批歷代精美瓷器收藏著。郭鱓齋，字世五，號鱓齋，原名郭葆昌，西城羊市大街古玩鋪學徒出身，為人精明幹練，後為袁世凱管總務，因而致富，此人對瓷器鑒定有一定的實際經驗，又曾在景德鎮管理窯務，為袁世凱燒製洪憲瓷，後又大量購買古瓷，編有藏瓷圖譜《鱓齋瓷乘》二十冊，民國時成為陶瓷專家，以精鑒別、富收藏聞名中外。郭氏於一九三五年前後逝世。他的藏瓷，就長期存放於北平中南銀行的倉庫內。當時這批藏瓷，為其子女郭昭俊等數人所有。

早在王世襄一九四五年九月離開重慶前，馬衡先生便告訴他郭瓷是一批重要文物，其中瓷器藏品尤精，如清官窯古銅犧耳尊連故宮都沒有，特別囑附世襄向郭的後人好好談一談，最好不要讓它散掉，將來完整地歸公家收藏才好。王世襄回到北平後便尋訪到郭昭俊，瞭解到瓷器雖分為幾股但並未散失，也未出售，且願意公家收購。但是這批瓷器不是敵產，除了收購外，別無他法，而收購需要大筆資金購置，沈兼士和馬衡一時間也求不得款項，收購之日仿佛遙遙無期。為了得到這批瓷器，王世襄多方努力，最後通過朱啟鈐先生找到宋子文，由他用十萬美元「收購」，才於一九四六年二月二十日至二十三日，從郭葆昌的兒子郭昭俊手中購得這批瓷器珍品共有四百二十二件，點交給故宮博物院收藏。王世襄當時收查的這批文物與明清故宮原有的藏品相比，仍屬珍器，實屬寶貴難得。

此後，王世襄於一九四六年七月，又在駐平津美軍的協助下，從溥儀留在天津張園的保險櫃內順利取回二十一匣珍貴文物，並連夜在故宮絳雪軒開匣、清點、造冊。有關方面代表簽名後送入故宮延禧宮庫房。這批文物件頭雖小，但價格高數量多，總件量有一千零八十五件，附件三十九件。其中的珍品古玉就有數百件。現已編入《故宮博物院藏工藝品選》中的商代「鷹攫人頭玉佩」，這件無上之精品國寶，就是當年王世襄化了無數心力，從傅儀出走之處收回的。另還有宋元人手卷四卷，分別是：宋代馬和之《赤壁賦圖卷》、元代鄧文原《章草卷》、元趙孟頫《設色秋郊飲馬圖卷》、元代《老子像道德經書卷》。此外還有古月軒「琺瑯煙壺」、「痕都斯坦嵌寶石玉碗」、「嵌珠寶琺瑯懷錶」等。至於「黃楊綠翡翠扳指」，更是價值連城。這些國寶均為故宮後來開闢之珍寶館增光添彩。

一九四六年九月，他又在各方合作下，將海關扣留的德孚洋行的一批文物運往故宮御花園存放。這時的王世襄從親手點交的一批批文物瑰寶中，真正感受到了不辱使命的欣喜，為國為民、可算是為了中華民族幾千年來之國寶能遂一收回而心潮激蕩，同時也領略了從事自己心愛的事業後那種特別的充實與舒暢。

一九四六年秋，沈兼士先生突然中風逝世，清損會平津區辦公處改由馬衡先生兼管。追尋國寶的工作也暫告一個段落。但就在此時，另一項重要使命又落在王世襄肩上，這就是向日本交涉賠償文物。早在一九四六年春，王世襄就編寫過一本在日本的中國重要文物的目錄，並將每件文物都注明了名稱、尺寸、藏處、藏者、材料來源等。

九月的一天，馬衡院長對王世襄說：「接南京清損會來信，準備派人去日本，交涉賠償文物。因為你懂外文，打算派你去，不知願意否？」王世襄當時考慮到追尋國寶的諸多事務以及正在接手的故宮古物科的工作，有些為難。但是，他想如果真正能從日本追回一些中國的文物，也是值得的。於是，欣然受命。

一九四六年十一月，南京舉辦「勝利後第一屆文物展覽」，通知故宮參加。王世襄和故宮人員押運部分楊寧史青銅器前往參展。會後，杭立武（西元一九〇四至一九九一年，一生歷任教育、文化、外交等要職），召開一次清損會會議，主要是討論赴日交涉索還戰時損失文物問題。此時，已決定派員立即前往日本。原擬請德高望重的徐鴻寶（森玉）前輩前往，因年事已高，爾後又決定改派王世襄赴日。那天與會的有傅斯年、梁思成、李濟、徐鴻寶、蔣復璁、曾昭燏等位先生。

這次的會議上，王世襄最激動的是碰上了傅斯年先生。所以，在歲月逝去了半個多世紀後，王世襄還深切地感受並回憶在那次會議上，他與傅斯年晤面的情景：

我感到十分榮幸，傅先生居然還認得我，又對我說了兩句話。第一句是「你去日本工作，追索文物當和在平津一樣，要非常非常aggressive」（英文一詞是他的原話）。」第二句是「那年在重慶你來見我，我不知道你還能工作。如果知道，我就把你留下了。」

也許，這是傅斯年與王世襄的最後一次相晤，因幾年後，傅就被任命為台大校長，離大陸了。

當時，王世襄在聽了傅斯年的話後，也不無幽默地說出了心裡話：

我受寵若驚，十分感激。但心中清醒，並未得意忘形。傅先生所謂留下我，是派我做一些辦公室總務處的跑腿聯繫工作，而不是學術研究。他對燕京大學畢業人員，不配進史語所的信念是根深蒂固、堅定不移的。因為燕京大學確實沒有請到王國維、陳寅恪那樣的國學大師擔任教學。我自恨緣慳，一生只聽到傅先生講過四句話。後兩句我過去沒有記錄過，補述如上。

此後，王、傅兩位之緣也就終了。

二、東渡追寶

一九四六年十月下旬，王世襄將赴日，對於他欣然接受之使命，也許，對二十世紀中期的中國知識者來說，愛國主義與革命熱情，是當時青年人靈魂中的兩個主要源泉。由於身受嚴酷的八年抗戰的現實，以及他們為爭取半封建半殖民主義的社會與政治改革的熱情所激發，王世襄在心靈中早就想有報效祖國與民族的願望。他將一股深深的忠誠準備獻給為祖國的追寶活動，此次東渡，他的任務大致可概括為三項：從東京運回日寇一九四一年底侵佔香港時掠去的中央圖書館的一個批善本書；另方面必須向日本政府追查戰爭期間中國各地損失的公私文物的下落；再其次是與日本政府進一步交涉，以期達到「以類賠償」的目的。清損會議決定派王世襄，到中國駐日本代表團文化教育組工作，為赴日專員。至此，他將東渡日本，開始另一段追尋國寶的艱苦歷程。

一九四六年十二月中旬的一個午夜，王世襄在中國駐日本代表團上海辦事處的協助下，飛抵日本東京羽田機場。那時，同在東京的代表團人員，尚有著名的社會學家吳文藻先生，及他的夫人著名作家冰心。剛到東京不久，王世襄就瞭解到中央圖書館被掠到日本的善本書的一些情況。這批善本大多是抗戰初期的江浙、兩廣一帶的藏書世家，如吳興張氏適園的藏書、劉氏嘉業堂、金陵鄧氏群碧樓、番禺沈氏等大量寶貴古籍善本，為避戰亂而放到上海舊書攤出售的舊藏珍籍。當時中央圖書館，購得這批善本書後，大部分運至香港，準備裝箱再寄存美國國會圖書館。不幸的是，這批書竟遇香港淪陷而被日本海軍掠去。一九四六年，經過中國駐日本代表團查訪，這批書終於被顧毓秀先生在東京市郊的帝國圖書館地下室及伊勢原鄉下發現，隨即轉存東京上野公園和駐日本代表團的住地。當王世襄東渡日本後即利用中央航空公司的專機回國的機會，把這十餘箱善本書先行運回了上海。

隨後，又開始向日本政府正式交涉賠償文物問題。由於涉及到文物名稱、年代、形狀、尺寸、重量等很複雜的問題，再加上中國一開始在與聯合國談洽時，已經答應了附加之條件，致使王世襄在日本的追查國寶工作一開始就帶來了先天的條件限制。在眼看要求日本政府對文物賠償不會有什麼結果情況下，隨著王世襄在日本的時間一天天的過去，心中確是十分焦急。這時王世襄提出要求日方「以類賠償」，但對於這個唯一的追查方式，當時沒有得到上級的同意，特別是張鳳舉組長認為：「現在中國政府要求聯合國的事正很多，怎麼可能在追還文物這個問題上斤斤計較呢？」雖然，作為一介書生的王世襄一直不同意這樣的做法，他的報國之心也一直不能受到人們的重視，並認為他的書生想法是幼稚可笑的。

王世襄當時在日本的處境，確註定了無所作為了。當然，作為一個有巨大熱情、一腔熱血之青年，在他的心中一直在盤旋著一個問題，即如果從人類發展之歷史看，還有什麼比追回中華民族之文物瑰寶更重要的事呢？為此，他身處當時的環境，多次碰壁後情緒時有為難之處。但作為一介書生的王世襄，被一股愛國熱情所燃起的火焰，仍是高漲的。當他提請的「以類賠償」無法辦通時，他只有另闢蹊徑，想法在日本仔細追蹤碎落在各處的文物，當調查有所知時，再向日相政府提出追激或賠償問題。

當時美國由於原子彈的作用，說話的權威應說最大，他設在日本管理文物的機構，當然值得溝通。王世襄就先去美國駐日的文物機構，在東京的一座樓內。接見他的是一個級別較低的工作人員，據告知這裡的負責人有兩位，一位名叫霍利斯（H. C. Hollis，曾在克利夫蘭美術館東方部工作多年，寫過一些關於中國瓷器玉器等短篇文章），另一名李雪曼（Sherman E. Lee，離日後任克利夫蘭美術館館長。此館現以收藏中國文物著稱，李後成為著名的中國美術史專家之一），恰好他們倆都外出了。

當這位工作人員，知曉是盟國同行，十分熱情帶王世襄去看他們編好的卡片，有十幾個抽屜，唯內容以古建築、古跡遺址為主，不是流動文物的登記卡片。當然某一寺院如藏有重要文物，卡片上也有紀錄。只翻閱了幾個抽屜，因到下班時間，只好約定第二天再去查看。可是就在第二天清晨，曾接待過的那位工作人員，卻慌慌張張地跑到代表團來找王世襄，說昨天他犯了錯誤，受到霍、李兩位上級的責備，說他不該擅自帶人去看他們的卡片。

如此之後，王世襄只能通過中國駐日代表團去約定時間。但美國代表團幾次都回答說，管文物的人員目前太忙，無法安排時間，待今後有時間時再通知。這樣的回話，實際上就是拒絕接待，以防止中國方面打聽到有關中國文物的線索。這時，王世襄感到憑個人的一片愛國之心以及靠自己的勇氣在日本追查中國文物，已日感寸步難行，處處碰壁，已到無計可使的地步，而如此無聊地待在日本，也只是空耗時日而已。

這次的日本之行，世襄原想從日本盡最大努力追尋國寶的計畫，未能實現。當然，他對當時聯合國對中國追查中國自己的文物苛刻的限制，以及當時中國政府之軟弱自有恨鐵不成鋼之憤。因為往後的事實發展，證明霍利斯已成為古玩商，他常來往於日本和美國，而中國在日本的文物追繳工作，也無多大收穫。於是，在日本工作了兩個多月後，王世襄的注意力已從全心血地追尋在日文物，遂轉向能早日回國進故宮博物院做文物工作。雖然，蘊藏在他心中的為祖國民族追繳國寶之火花，偶爾還會燃燒起來。但最後他還是想早日返國工作，於是，他請了他的老師吳文藻與謝冰心幫助，勉強說服了當時派往日本的團長朱世明的同意，批准回故宮博物院工作。當然，朱最後說能回去的條件，只有把那批在日本的善本書，用船押運回國。至此，當時急於想回國的世襄，就集中力量想方設法，早日把善本書運回國內。

這批善本書，當時存在東京上野公園內，船碼頭則在橫濱，坐火車要走一個多小時。運書上船至少要提前一天通知文部省，第二天才能提書。書共一百零七箱，運書需用卡車五、六輛，也須前一天聯繫好。因來船是否去上海？船上有無空噸位可以承擔一百零七箱圖書的運輸任務？在橫濱停留多久，是否有三天以上時間可等待運書裝書任務？這些問題都必須事先全部弄清楚。當時的橫濱港口，尚未有保險倉庫，可以存書，只有一般貨倉，這就涉及到古籍的安全。所以只能船到後再起運書，運來就須直接入船艙。所以，唯一的妥當辦法是，人必先到碼頭上來，在輪船管理公司瞭解來船的各種情況，從公司查明與貨船核實，確知其來船在橫濱停靠三天以上，方能動手去運書。做好此事要有耐心，又需勤快。

就這樣王世襄經過了十多天的查詢後，有一天，終於有了艘美國貨船，將在橫濱港停靠三天後去上海，船上恰有裝運這些書的空噸位。當王世襄確實看到該船停靠了碼頭後，又向船長進一步核實了情況。於是，他馬上趕回東京，報告代表團並通知日本文部省，定於次日去上野公園提取善本書。次日中午，即去上野公園用卡車裝書，下午美國憲兵騎摩托車為之開路，七、八輛卡車浩浩蕩蕩，將書箱送到橫濱碼頭，量好書箱尺寸，計算噸位，辦完運輸手續，交了約八百美元的運費後，立即上船入艙，看船員吊放妥當，鎖好艙門，當天辦理完畢。傍晚再趕回東京，次日王世襄終於完成夙願，自己也即攜帶個人的行李上船。該船在橫濱還多停了一日，四天後才啟航。

船到上海後，鄭振鐸先生（西元一八九八至一九五八年，中國現代作家、文學史家、藏書家和目錄學家）即派謝辰生（現任國家文物局顧問）、孫家晉（上海譯文出版社工作）到碼頭來接書。王世襄即將書箱數目點清，移交無誤，即由他們二位運走。

王世襄兩個多月在日本的追寶生涯，終由他自己早早地結束了。對他來說真是如釋重負，但當時戰後清損會的同仁們，卻大多認為他此舉不合時宜，有人認為他過早從日返國似有點傻氣。如當時駐日代表團組長張鳳舉先生，始終不理解王世襄的這一做法，他甚或直言對他說：「真沒有見過你這樣的人。你現在有清理文物的職務，正可藉機會在日本各處觀光，國家給你時間，給你旅差費，何樂不為？為什麼偏要冒風險急急忙忙去運這批善本書呢？你知否現在國內的人，都擠破頭想到代表團來，而你卻忙著要回去，真是不可理解！」

但當時的王世襄，也振振有詞地答覆道：「故宮有許多事情要做，我不能再在日本耗時費日，過那些沒意思的日子！」當然，世襄當時確有很好的條件，可在日本藉此機會遊覽異國風光，而個人在日本工作，於前途上，也是有臉有面的一個勝利國的特派專員，確是很多人想去而去不成的好差使，何苦要另闢窄路不隨大流提早回國呢？其實，這裡還有一段王世襄從未說過的難言之情。有一天，他曾對筆者述說過這樣一段歷史的往事：

日本戰敗後，國內因戰爭所耗，確實很窮，物資匱乏；當時有幾個和我一樣的駐日工作人員，他們拿出一包香煙分給日本的男服務員，對方就感激不盡了；對女的日本服務員，他們用晚上請她們吃飯的方法，就把她們引誘而徹夜不歸。這些人還有理論，說什麼抗戰時期，日軍強姦我們婦女，還有慰安婦。現在，也輪到中國人報復的時候了。幹這些下流事還有理，真是荒謬無恥！當時，我在日本時，就想揭發他們，但又恐鬧出事來。後傳聞就連代表團團長，都有緋聞傳來，於此，也可看出當時政府之腐敗，可謂上樑不正下樑歪。

這確是王世襄當年之實感，也是他急於想從日本返回的原因之一。

就這樣，王世襄在三十三歲作為一名在日本的接收大員，正也是年青有為之際，獨有他不合時流，早早地離開了日本。但這也許是他處世、處事獨特的一種風格。他願做自己想做之事，不喜隨波逐流；他喜歡堂堂正正做人，並以自由翱翔的想像力、實踐之精神，去從事他認為有意義的生活。

一九四七年的王世襄，在日本追尋國寶的歷史，即成了他一生的一道分水嶺，日後，他似乎註定要經歷甜酸苦辣的人生體驗，無疑都帶上了這次追尋文物的一道烙印，日後的幾十年生活，使他付出了沉重的代價。當然，這使他茫然、疑惑，但這是誰之罪呢？

第六章

誓為故宮獻終身

▲ 龐虛齋藏宋李迪雪樹寒禽圖。

▲ 龐虛齋藏唐鄭虔長川瀑布圖。

▲ 張伯駒。

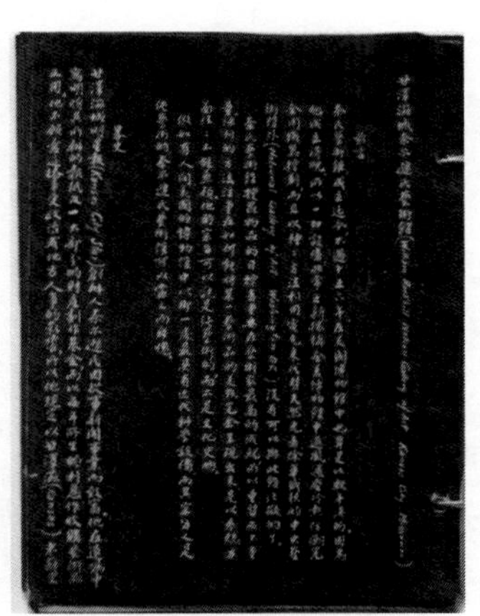

▲ 一九四八年王世襄考察美國、加拿大博物館所記調查手稿之曬藍本。

一、回到故宮

一九四七年春，在日本經過多方面的努力，克服了重重困難，王世襄把存放於東京上野公園內的中央圖書館的善本書，運回上海後，使這批經過戰火洗禮的國寶，終於完璧歸趙。此時，他從東京回國，準備從事故宮的工作。

在日本的清損，確也心力疲累、理應回家稍作休息，調整一下精神。但他確顧不上這些，隨即從上海去了南京，見了杭立武先生。他把朱世明的決定和押運點交善本書的經過，完整地彙報了一遍。但是，杭立武對王世襄急於要回國，也頗為不滿。當聽畢後，即對他說：「呵，清損會的計畫和部署，全給打亂了，如再派人去日本，就不是那麼容易了呢，也給我增添了不少的麻煩呀！」

即便如此，當時，於王世襄心中，卻感到自已已經完成了在日本應盡的使命，還有什麼可說的呢？更不必作過多的解釋。

在南京，他把用剩的數百美元、連同帳單等，一一如數交給了杭立武和郭志嵩兩位，連護照也一併交還。至此，王世襄作為戰後追查文物駐日特派員的一段生活、以及他與清損會的一切關係，終告結束。他在南京，未作停留，最後客氣地與南京清損會的官員們，一一握手告別，這也算對清損會工作劃了一個句號。

說真的，這時刻對於他，想得最多的是故宮博物院的工作，唯有這，是最吸引他靈魂之所。祖國的文物，戰後亟待整理和保護，至於個人在日本之得失、工作的利益、以及清損會上級領導對他之看法，這些他都不在乎。他想的是自己應負的一種使命感，儘快應該回到祖國、回到自幼他就熱愛的故宮博物院，重揚自己嚮往的風帆！

從南京回上海後，他即搭招商局的一艘客輪到天津，再乘火車回北平，時間是一九四七年三月初。從此時起，王世襄在日本時急急想回故宮的願望最終實現，同時回到了故宮博物院，並被任命為古物館科長。

說真的，這裡的一切，對他有著一種無法言說的特殊情感。此情此景，直可追溯到他父親對文物愛好的淵源，茲母對中國書畫的無比熱愛，自己戰後追尋國寶的種種經歷、以及他對中華傳統文化的執著追求，這些都無不深入了這位年青人的精神骨髓裡了。

而王世襄被任命為故宮博物院古物館科長後，當時的故宮，正處於百廢待興之際，他不惜從登記卡片、分類造冊、清理院子等一件件尋常又必須做的工作做起。故宮原本是帝王的廢居，那裡是一個博物館，但其一草一木又都有歷史、文物價值。要將它變成個博物館，一切都要從頭做起，有意想不到的困難，再加上當時經費極少，可謂難上加難。那時的王世襄，正值三十多歲，回到故宮工作後，抗戰時的流離飄泊，初得安定，也許，應屬於世襄一生中一段平穩與愜意的時光。抗戰後國共兩黨的內戰之火，當時還未燃燒到北平。那時的國內局勢，雙方尚處在拉據、相持、談判階段，戰爭與和平的兩種可能性都存在。雖然，當時在中國的許多戰場，如火如荼的戰爭在不斷的打響之中，但北平卻正在悄悄地走向和平解放之路。這段時間，王世襄的生活還是過得踏實的。工作之餘，他在芳嘉園內一如以前那樣，過上恬靜的生活，也可和新婚夫人荃猷一起彈琴、吟詩、讀書、賞畫，乃或在閒暇時，夫婦倆還時可去串街走巷，時可尋覓他們喜歡的小古董，作點人棄我求的小收藏。

當然，如從另一方面看，那段時間王世襄在故宮的工作，其實也忙得不可開交。他曾對筆者回憶過這段時期的生活：

當時，我真是全力以赴、忘我地投入這個工作，實在是沒有絲毫之閒情逸趣。晚上都在設計故宮文物分類目錄，每天得計畫著清理何處可改為庫房，何處的房屋可清理出來派新的用場？同時，那些文物出入庫的手續，應如何進一步的完善。我真的來不及去做，一大堆工作在等待著我急於去完成。沒辦法，內人也天天幫我畫表格、製單據，真可用得上是「全力、全心、全意」了！

故宮中的工作雖忙，但王世襄在馬衡院長的支援下，故宮文物的整理工作，開展得是有條不紊的。他按科學管理的方法，做了許多具有建設性的工作，戰後被清損回來的文物，也逐漸充實故宮，物得所列。

當然，這時令世襄最可喜的一件事，應該說是芳嘉園裡又誕生了一位新的主人公，就是他與袁荃猷之間的愛情的結晶——他們的兒子王敦煌出生了。敦煌的誕生，無疑給他們全家產生出了一如「戰後重建」的希望之光。但是，可能因為王世襄夫人產後沒有調理好，乃或原身體裡就有了結核桿菌的潛伏存在（只不過一時未暴發而已），產後身子羸弱，使她患上了結核病。夫人產後，得了這在當時講是很難醫治的「肺癆病」，而那時的北平，治這病的針藥都還很緊缺，這無不使王世襄很焦急，唯有四處求名醫指教。當時，協和醫院婦產科，剛從國外回來的林巧稚大夫，這位林大夫曾再三對他們講，因肺結核病已出現空洞，照此病況之發展，最好是不能再生第二胎了。如此的婦產科大名醫之囑，無疑，給家中當時較為平靜、溫馨的生活，猶如一聲驚雷，帶來了一陣新婚夫婦在心理與生活上之影響。但終究芳嘉園裡那位新主人公，即小敦煌，給王世襄夫人日後較為寂寞的生活，無疑帶來一縷縷精神上的歡欣。特別是在她丈夫離開而遠去美國、加拿大考察時，唯小敦煌每天在她身邊伴著，多少可解除一些寂寞。這我們從王世襄夫人袁荃猷在這期間的日記，大致可瞭解一些。如在一九四九年一月二日，荃猷在自己的日記中是這樣寫著：

大風奇冷，上午給樂山寫信、做活。午後同小敦玩，近日他越發頑皮可愛。

這時的小敦煌，已三歲多了，顯然在母親的眼中長高了，好玩了。又一九四九年一月九日記寫道：

上午去聚昌看琴二張，其中百一小的，名鳳鳴岐……下午瑁中來說，琴聲音雖小，但無毛病，可留給小敦彈，琴長三尺，很有趣。

你看，在自己常常彈琴的日子裡，於慈母的一顆心裡，已特地為僅三歲的兒子挑選了一把小巧玲瓏的古琴了！

一九四九年一月七日的日記記載：

平靜無事，唯時有炮聲，下午瑨中送來六十五元面代金。去市場給小敦買奶粉。

一九四九年一月二十四日的一則日記又說：

上午同小敦敦看畫玩，下午磐來，她送我一匣肥皂粉，我給她一碗米粉肉。

於此，當筆者讀著這早已佚失了近六十年的一通通日記時，彷彿讓我們又回到了當年的芳嘉園，並重溫了那些個無限溫馨的日子。當時，北平城雖已處在內戰炮聲的隆隆中，可這一紮紮用毛筆書寫的日記，給我們留下了一個個親情相慰的場景，那是王世襄夫人親筆記錄的真情實感，至今那娟秀楷體的筆跡，雖有些漫漶，雖彈指間悄然逝去了六十年，可展讀之餘，無不令人浮想聯翩、遐思萬千。

當然，隨著夫人的肺結核病的痊癒，這一切並不會很大影響王世襄在故宮的工作。因為，就在他燕京大學研究生畢業時，他早抱定旨意，要把自己將來的事業貢獻給中華民族的優秀文化上，而令他最看中的實驗場，就是在故宮。當然，這並非因中國皇宮的壯麗恢宏，在吸引著他的心靈，世襄心中嚮往的只是如何把原藏在皇宮中，有著幾千年歷史的瑰寶，如何聚集好，並傳承發揚光大，使中國能建起一座讓世人矚目、具有現代意義的博物館。

也許，在當時一般知識者的眼光裡，大都不會對故宮有這麼執著的想法，但在王世襄身上，卻具備了別人所沒有的各種條件，可以說，故宮的一個偉大而又美麗之夢，是王家幾代人，同時也是他的母親金家兄弟幾代人的嚮往，其實，它是一個故宮夢的最真實的延伸，在這個得天獨有的環境中，還有什麼人生之夢，更可吸引這位年青人之心？

有哲人曾說過這樣的話：「世上再沒有比政治更能吸引著無數青年人的心靈！」但是，這句話，若用在王世襄身上，卻似乎未必適用。雖然，王世襄的人生之旅，有大半生被莫明之政治所纏，令他怎麼也難於躲避政治對他的浩劫。但說真的，其實他從來就不喜與政治結伴，他喜伴的，永遠是他夫人在大樹圖中，表述得最為生動的那些伴侶——是蛐蛐、大鷹、獾狗，以及髹飾藝術、古代傢俱、竹刻、火繪葫蘆、繪畫、佛像這些東西。

他心中的愛是故宮，這在他心靈深處是有著深深淵源的。比如，王世襄父親曾是故宮接待外賓的翻譯和顧問，他的母親的繪畫，曾得到清皇室的蕭親王的贊嘗與親筆題詞，他的大舅舅金城的一些繪畫，被故宮收藏。所以，王世襄回到故宮，就像是投入了親人的懷抱一樣，情意深切。那時的他，無論從家世淵源、興趣愛好、以及在故宮的工作崗位，真可謂水乳交融。所以，王世襄直至九十四歲高齡時，還曾說過一句話：「我這一輩子，是賣給了故宮的！」所以，他對故宮一懷情深，當他走出了人生坎坷的怪圈後，他為故宮可謂是「服務了一輩子」，且以自珍的姿態，立足於文物世界。

一九四七年三月他回故宮後，心中的願望是遂能使故宮改造成一座真正意義上的博物館，當然，此願從未能實現，那是歷史條件的限制。作為一介書生，從日本回來後，他總是竭盡心力，想一步一步地去實現它。比如，他曾對筆者說，當年故宮的情景：

當年我進故宮時，由於辛亥革命後，幾十年的戰亂，皇宮年久失修，院內積土盈尺、雜草叢生、小房倒塌，大房滲漏，就連裡邊擱著的一堆堆灰，也讓我們清除了很久。

的確，帝制已經革除，皇帝早已趕跑，民國後，各方軍閥不斷混戰，加上日軍的八年侵佔，有誰去打理這皇家的舊居呢？所以，當時的故宮是百廢待興，一切極待重建。當王世襄進入故宮工作，他就提出了一個最為言簡的建構方針，那就是「弄清家底，加強保管」這八個字，是極具見地的。世襄在故宮的工作思路是清晰的，所以很快就得到馬衡院長的鼓勵和支援。

當然，筆者也曾聽王世襄說，在一個原皇宮舊居裡，要建一個現代博物館，不是最佳的選擇，他曾經有一個想法，即在北平的景山區，正有一塊大平地，如能在那裡建一個博物館，是非常適合的。「因為，博物館首是要採光好！」他不無惋惜地說：「可這樣的想法，解放後的我，可謂人微言輕；就算能提出來，也不會有人接受的。因當年就連郭沫若，也要在原故宮建博物館，遑論其他人的建議了。」

一九四七年三月到一九四八年六月，王世襄在故宮的工作，雖只是短暫的一年多時間，但如果從他奉獻於中國文物生涯來講，這期間，可以說在馬衡院長的支持下，是他最能夠施展才幹的一個時期。此時，他竭盡全力將散集在故宮各室的文物，一件件按圖索驥般地集中到古物館，這個清理就是所謂「提集」的工作。由於這項工作是清理家底的基礎，所以是件很煩瑣的工作，無數的文物，須一件件登記、編號、分類造冊。當時的故宮，曾藏有中國幾千年保存下來的品種繁多的文物，都要一一理清，確是件不易之事，因當時缺乏現代博物館應具備的基礎和經驗。為了把文物清理分類、分級、分庫、上冊、儲藏，還必須把原皇帝住用的舊居，一間間騰空，移作庫房，才可妥存文物。當然，為了做好上述事項，還要修繕房屋，添置設備，編目分類、擬訂藏品指引卡式、分類簿目等繁瑣的工作。

一九四六年，抗戰勝利，經清損後，又新收進了許多藏品，還必須重新佈置各類陳列室。說真的，在這段時間裡，故宮的各項工作千頭萬緒，諸如文物的修復、收購，以及隨著故宮圖書之增加，開始成立古物館圖書資料室，而且故宮是當時收藏書畫最多的一個圖書室。當然，故宮從一個皇帝舊居，成了一個集幾千年文物的博物院，在當時確實引起各界人士的關注，前來參觀人數也絡繹不絕，包括外國著名人員及國內高官，這時王世襄的接待工作也夠繁忙，因他既是古物館科長又是精通英語的翻譯。這時期王世襄的工作真是忙碌不堪，家中日常事務、孩子等，他是完全顧不上了。

儘管分身乏術，但這時期對他一生有一件重要的事，必須著手去做，那就是對一件國寶級文物——《平復帖》，準備進行著錄方面的試點。當時《平復帖》藏在著名收藏家張伯駒先生（西元一八九八至一九八二年）家裡。作為晚輩，王世襄登門拜房，把自己的想法告訴了張先生，希望得到他支持。出乎意料的是，張先生爽快地答應了這件事。

中國的大收藏家，對他都非常關愛。這使他想起一九四五年抗戰勝利後，因美國紐約大都會博物館翟蔭館長來華，他任臨時翻譯，到上海後，翟館長突然提出想見一位收藏家，這時王世襄即想起名噪江南的龐虛齋先生（西元一八六四至一九四九年），名元濟，字萊臣，號虛齋，浙江南潯人，著名收藏家。就冒昧打電話聯繫，結果承龐公允諾，晚上即可到家他家。他們乘車至龐家，客廳甫坐，龐先生就拿出了他收藏的四王山水，供他倆賞析。時隔了六十多年，有一次，已九十多歲的王老，還興味很濃地回憶當年那晚的情景，並對我說：「這就是當年的收藏大家的風格，一如當年學術上的大家，今天，興許已經出不了這樣的大家！」

真的，面對大師的提攜，王世襄總感激萬分。他對《平復帖》也同樣如此，他以虔誠的心態，經過一個多月的反覆觀察、仔細閱讀和認真筆錄，終將《平復帖》上諸家觀款，董其昌以下溥偉、傅沅叔、趙椿年等家題跋，永瑆的《詒晉齋記》及詩等抄錄完畢，並盡可能記下了歷代印章。其間，鈐在貼後的唐代鑒賞家殷浩的印記，方形朱文，十分暗淡，只有「殷」字上半邊和「浩」字右半，隱約可辨。正是經過這樣仔細地著錄，才終於完成了一份對《平復帖》的研究工作。從而為故宮文物的整理與建檔，提供了一份科學鑒賞的範本。

在故宮實際工作一年多以後，王世襄深切地感受到：中國的文博事業源遠流長，公私藏家歷代不衰。但是，由於歷經戰亂，中國文博界對博物館的科學理論與實踐，尚處在感性的經驗認識階段。唯有走出國界去，在諸多的考察與比較中，方能看到自己的差距，進而迎頭趕上。那時，世襄已經不滿足於中國舊有的對博物的管理形式與方法。

無論從小就耳染目濡的西方教育，還是從他父親曾作為一名外交官、以及母親留學英國時所帶回的國外先進的理念，這些，在他進取的心中，已尚不夠用，他必須走向一個新的世界去開闊眼界。

二、出國考察

機遇往往提供給有準備的人。一九四八年五月，美國洛克菲勒基金會贈給故宮一個去美國及加拿大考察博物館的名額，為時一年。時任故宮博物院院長的馬衡，決定派王世襄去。馬衡之所以器重世襄，當然和他們兩家之間的社會淵源，以及王曾參與清損文物都有關聯，再說，從工作性質看，世襄精通英語，與外國交流沒有困難，而且對文物工作摯著熱愛，確是一塊可造之材，這些無疑都是他優先出國考察的條件。

王世襄當得知此訊息時，很興奮，因為他從大學時代起，就想往有出國深造的機會，現終於能得以實現；但此時，他又感到，故宮的工作剛上手在做，再則，他夫人當時正患上肺結核病，孩子尚幼小，所以世襄對去美考察，時有猶豫。可是，馬衡對他出國考察一事，當有更深遠之權衡，作為院長，當時他力勸世襄不要放棄這次機會，因機會難得。那時，夫人荃猷也積極鼓勵他出國，叫他不必掛慮家中瑣事。

當然，王世襄也看到國內局勢之發展，當時在北平的一些高校、學術機構，已因內戰日厲，已經很不景氣，生活已日顯艱困。比如當時以清華這樣有名的大學，在一九四七年末至一九四八年初，已因戰火迫近，經費短絀，冬天已停止了提供暖氣，北平城內最有名的學者，時無錢購煤，只能賣掉自已的藏書度日。我讀《陳寅恪評傳》，就有對北平解放前夕之描述：「燎原戰火燃，斷續炊煙舞；何異又焚書，風教委塵土。」時代急變，陳寅恪在北平生計困頓，只能以賣書渡日。一九四九年，國共內戰激烈，戰火迫近清華園。隨著時局的變遷，陳寅恪對形勢時有悲觀、渺茫與徘徊。「北歸一夢原知短，如此匆匆更可悲」；他終於離開北平清華園，搭機前往南京，輾轉上海，暫住俞大綱家。當時同機離京的還有胡適夫婦。所以，當時的馬衡院長告知王世襄，這可就是他任上能讓他最後一次出國考察的機會了，於是遂決定了下來。

其實，事實也確如此，至一九四八年的十二月，內戰之火已迫近了北平城郊，到了陽曆歲末之際，許多著名學者紛紛南遷。王世襄去國，也算是避過了戰火，當然，北平最後是和平解放，但並非說沒有戰火。

一九四八年六月一日，世襄終於從上海搭乘威爾遜號離京赴美國，作為出國考察的第一站。

那年夏天，他心中終於懷有更大的抱負，同時懷有了祖國對他更高之使命，踏上了赴北美的行程。他先後訪問了美國紐約、波士頓、華盛頓、芝加哥、堪薩斯、聖路易斯和加拿大等地的博物館及美術館，特別留意收藏有中國文物的公私博物館，並對各館藏品考其形制，追其源流，仔細欣賞，認真筆錄。與此同時，他還對博物館建設和管理以及文物修復技術等，表示出了濃厚的興趣。

九月，他來到加拿大的多倫多博物館，利用三個星期的時間，向該館修整部的陶德先生學習壁畫粘布托裱的方法。通過講授和實習，王世襄逐漸掌握了用麻布和木板來代替壁畫背後泥層的「脫胎換骨法」。在華盛頓弗利爾美術館，他還潛心流覽了流傳至此的宋人摹顧愷之的《洛神賦圖卷》、宋郭熙的《溪山秋霽圖卷》、宋龔開的《中山出遊圖卷》、元趙孟頫的《二羊圖卷》、元吳鎮的《漁父圖卷》等十餘幅宋、元繪畫精品。

他對現藏於美國波士頓的唐閻立本的《歷代帝王像圖卷》、五代董源的《平林秋霽圖卷》、宋李成《雪山行旅圖軸》、宋徽宗摹張萱《搗練圖卷》、宋徽宗的《五色鸚鵡圖卷》、宋陳容《九龍圖卷》等佳作，留下了極為深刻的印象。一九四八年冬，他用兩個多月的時間，認真參觀和仔細研究了波士頓美術館的中國書畫作品。這些作品無疑給於他研究中國歷代書畫藝術，拓展了新的審美視野。

芝加哥博物館，是美國聞名的大博物館，臨芝加哥湖，景色優美，建築雄偉，中國文物相當多，尤其是在青銅器方面見長。世襄將它列為收藏我國文物的七大中心之一。該館東方部主任叫凱萊，王世襄到那裡的參觀，由他陪同的時候較多。芝館是王世襄做參觀訪問記錄的第二個館，因該館的重要繪畫並不多，當時的讀畫筆記，也僅記了幾件。在該館考察時，有一天，凱萊和王世襄談起克利夫蘭博物館的情況。事也正巧，那裡的負責人就是李雪曼（Sherman E. Lee）博士，早在日本時，世襄就與他打過交道，當時在日本做清損工作的世襄去看他們編製的日本文物卡片時，他帶著敵意之情，不准他閱讀這些東西。有一次，世襄很友善地想去看他，他都推託不見。還有，當王談起關於要求日本賠償中國的文物損失時，聯合國也用刁難的手段來對付。可凱萊不同意王的說法，認為這不是刁難，而是一切應當按照手續辦事。他們倆在多倫多博物館，為這些往事雙方爭執起來，甚至弄得不歡而散。對於這些往事和趣事，王世襄在幾十年後，筆者還曾聽到他有滋有味地回憶起這雙方之爭，當然，雙方都是為了愛自己的祖國而爭。

在芝加哥待了二十多天，到十月中旬王世襄前往加拿大。在此期間，約用了一半時間寫參觀訪問記錄及讀書筆記，其餘一半時間用於參觀芝加哥的幾個其他的博物館。它們是：菲爾德自然博物館，是美國最大的自然博物館之一；芝加哥大學東方博物館，其中有許多從埃及、敘利亞及中亞細亞其他地方掠奪來的文物；芝加哥科學教育館；芝加哥水族館；西班牙中古文化博物館。王世襄對錢幣博物館，也去參觀了半天，在那裡，他見到了在芝加哥工作的王毓銓、胡先晉夫婦。王毓銓（西元一九一〇至二〇〇二年）是中國歷史學家。一九四八年，任美洲古錢學會博物館遠東部主任，從事先秦貨幣史的研究。一九五〇年出版《中國早期貨幣》（Early Chinese Coinage）。一九五〇年回國，在北平歷史博物館工作。）

在芝加哥時，凱萊還陪王世襄去芝加哥近郊看一個叫邵音香收藏的中國玉器，以及芝加哥市內一家旅館，去看布倫戴奇收藏的中國銅器。布是這家旅館的老闆。

在芝加哥參觀後，當年的十月中旬，就前往加拿大多倫多。按原計劃，王世襄要在多館參觀學習半年，而實際上只待了二十多天。該館的負責人是天主教傳教士懷德，他有個中文名字，叫懷履光，他曾在河南住了多年，也是個中國通。一九四八年十月王去那館時，他已退休，不常到館，只見到他一次。其態度極為傲慢，十分狂妄，看不起中國人，說什麼多倫多館是世界上，唯一有系統地按照中國歷史文化發展來陳列的博物館。王世襄與他見面，和他剛談了幾分鐘，就無法忍耐他的傲慢與偏見，實在聽不下去，原來準備將《故宮書畫集》送給多倫多館，也因此人太傲慢而不送了。此書後來在美售出，王世襄以此書款，為故宮買了一台答錄機。回國後就將這答錄機，交給了故宮博物院。

此館陶俑較多，都是懷德在中國傳教時所得。從山西盜去的約與永樂宮壁畫同時的大幅壁畫，也嵌在一面牆上，懷德也曾有專書講到它。其他文物則真偽雜處，所謂按中國歷史文化發展的有系統陳列，只不過是大體上分朝代的古玩，於該館作為中國文物陳列出來，約佔有了十間陳列室，按時代順序擺放。其中以河南、陝西出土的陶俑為多。

多倫多館，是王世襄做了參觀訪問記錄的第三個博物館。該館除懷德外，接觸到的人還有：費納爾，女，美國人，五十多歲，曾在美國費城大學博物館工作過；湯姆森，女，加拿大人，一個畢業不久的研究生。當時，該館還要王世襄作一次有關中國美術的報告，當時因缺乏材料，所以世襄只能將在納館寫的那篇關於墨竹畫的文章，讀了一遍。

多倫多離美、加交界處的大瀑布不遠，加、美兩國分別在瀑布附近，開闢了維多利亞女王公園和尼亞加拉公園，且都設立了尼亞加拉瀑布城及觀瀑塔。每年前來一睹飛瀑奇觀的遊客，常逾千萬。王在其考察時，曾去遊玩一天。該瀑布除了十分秀美外，其背後具有各式不同風格之建築，也大大增添了其美感。尤其是那白色的大圓球，點綴在那裡，實在是恰到好處一個景觀。一如李白的詩：「飛流直下三千尺，疑是銀河落九天」那般的氣象。

下一段行程，是由加入美，經過勃弗洛（布法羅）到美國的紐約，在那裡，王世襄約待十天，他準備稍稍看一下，前往華盛頓。準備在一九四九年春夏間再到紐約時，可多待一些時間，仔細看看那裡的博物館與中國文物。他在勃弗洛只停留了一天，博物館不大，是一個兼有藝術和自然科學兩個部分的博物館。當夜又上火車，於次日清晨到達紐約。當時王作的筆記，記下的時間是在一九四八年十一月初。到紐約後，王就住在內兄袁桓猷家中。

袁桓猷，於一九三九年燕京大學畢業後去美留學，後與一個華僑商人的女兒結婚居住在美國。曾在紐約經營過中國手工藝品入口，主要是做花邊台布生意。袁桓猷一直未回國。當筆者問到一些軼事時，王世襄從電話告知筆者，說事隔了六十年，如中國農曆紀年，正好一個甲子了，當時有些事大都忘了。但筆者隨後就收到王世老一信，在信中他對內兄袁桓猷，是這樣描述的：

> 內子的祖父，曾將青島一所房子出售後，送燕京畢業的哥哥袁桓猷去美留學，幾十年過去了，嫂嫂是華僑，生二女，二女又各生子女，後寄來闔家照片，不下三十多人。

我們接到照片一看，「這哪是闔家歡，簡直是聯合國成員的合影。」荃猷愛說笑話：「哥哥九十歲了，在美國生活不成問題，不過對國家毫無貢獻，青島賣房換來一個美國居民，似乎意義不大。」這雖是一個玩笑話，但卻說出了王世襄夫人袁荃猷，她內心的一個想法。

在紐約這十來天中，紐約洛克菲勒基金會總辦事處，王世襄見到一九四七年曾到故宮博物院來的艾文斯先生。他邀吃了一次飯，雙方傾談了些參觀博物館的情況。而一九四五年經王陪同由重慶到北平的紐約市博物館副館長翟蔭，在去美之前曾兩次寫信給他，但他都未回信。王世襄到甘城後，從史克門那裡知道翟蔭已離開紐約博物館。這次到紐約，從該館的收發室查詢到翟的住址。他家住在紐約近郊，但平日住在離紐約博物館不遠的一間公寓內。王世襄終於找到了他，他說：「真糟糕，你來參觀紐約博物館，真沒有比現在讓我更無能為力的了，因為我已離開了博物館界。」

紐約博物館，是美國最大的一個博物館，王世襄用了兩天的時間巡視了一下。同時，又用了三、四天時間，將紐約的幾個比較出名的博物館走馬觀花地看了一下。其中有美國的自然博物館，是全美最大的一個自然博物館；紐約市歷史博物館，專門陳列與該市有關的文物，著重表現該市的發展歷史；現代藝術館，專門陳列腐朽沒落、奇形怪狀的資本主義的造型作品。

經史克門的介紹，那時，王世襄還到紐約五十七街去看最大的一個中國古玩商。他名叫盧芹齋，年約七十歲，在法國多年，後來到紐約來開設古玩店。經他的手不知有多少重要中國文物流落到國外去。美國博物館，凡是有中國文物的，幾乎都是他的主顧。當時他有一批比較重要的中國繪畫，王世襄當然主要是為看這批畫去找他的。並向他說明，要將在美的重要繪畫，寫成讀畫筆記，但這次來不及細看，待明年來紐約再細看。盧答應了，並供給照片。他請吃了一次飯，同席的還有普愛倫及盧的店員數人。

一九四八年十一月中旬，王世襄們離開紐約，來到華盛頓。到一九四九年二月初王世襄離開，待了兩個多月。在華盛頓他先在一家租房並包伙食的人家住了兩天，因感到不方便而搬走，後來租了一間樓頂居住，冬天很冷，但房租很便宜。王世襄後來在《老舍先生吃過我做的菜》中，對一九四八年秋和一九四九年春，當時他在紐約的生活，曾有這樣的回憶：

> 當時在那裡旅居的燕京學長有瞿同祖、趙曾玖夫婦。我是走到哪裡都想找地方做菜的，他們兩位又歡迎我去，所以不用事先約好，早晨買到東西便提著包進了瞿家。就在那天中午，老舍先生吃到了我做的菜。

他在文章中描述了自己如何做菜、如何把中菜與西方的菜結合起來而做出美味佳餚：

我還記得那天做的兩個菜是麵包蝦和雞片炒龍鬚菜。美國的麵包品種繁多，只要買切薄片的無糖白麵包，切掉邊，改成四小塊就可以往上堆蝦泥了。蝦用小包的凍蝦仁，化凍後斬成泥，調入打好的雞蛋清和玉米粉，加入蔥，薑末及佐料就行了。往上撒些洋火腿末並粘一片外國香菜葉。炸油是提煉過的棉花籽油。這個菜幾十年前上海就流行，叫蝦仁吐司。蝦仁中可以加一點剁碎的荸薺，那時紐約不好買就免了。

那時的老舍先生原準備回國，但因寫作與翻譯的需要，又申請延展留美六個月，那時老舍家務靠人幫助，所以當吃到獨俱風味的菜肴，感到有點詫異，問起這些知識是從哪裡得到的。王世襄回憶說：

這是因為當年我喜歡八旗子弟的老玩藝兒，用狗到墳圈子去咬獾（俗稱「逛獾」）的緣故。咬獾在夜裡，但白天必須把獾窩和周圍的地形都看好才行，要一連去幾天才能把獾的行蹤摸清，故行家有「勤瞧懶逛」之說。這一下子老舍先生可來了勁兒了，一頓飯的時間和我聊的都是關於養狗捉獾的事。恐怕連我做的菜是什麼滋味他也沒有嚐出來。要不是瞿大嫂在旁誇了我幾句，我還真有點下不來台呢。

在華盛頓期間，主要參觀弗利亞（弗利爾）博物館和美國國立藝術博物館，又名曼倫藝術博物館。前者很小，只有十來間陳列室，但它主要搜集東方文物，尤其是中國文物，而且很精。銅器在全美占第一位，雕刻、繪畫也佔第一或第二位。是當時美國最晚建成的一個館，採光、冷暖、通風等完全電氣化。

王世襄大部分時間用在弗利亞博物館，此館有繪畫一千幾百件，世襄看了全部繪畫的照片，並選看了其中的實物有三、四百件，又選擇其中比較重要的數十件，做了讀畫筆記。該館的館長叫萊文，副館長叫波潑，號稱中國陶瓷「專家」，是一九四五年王世襄在上海都見過面的。

除上述兩館外，王世襄在美期間，參觀了莎士比亞紀念館，專收莎士比亞著作的不同版本及一切和莎翁有關的文物或物品。

同時還參觀了美國最大的一個圖書館——國會圖書館。那裡有不少中國的線裝書，其中有許多與中國的國防、經濟有關的地方誌。音樂書也不少，並經編成專門目錄。其中也有很重要的音樂書。在該館見到中文圖書的負責人赫默爾，他還買了幾部明代古琴譜的縮微膠片帶回來，後來送給中國音樂研究所使用。一九四八年秋和一九四九年春，王世襄還兩度前往紐約，在大都會美術館等多家博物館流連忘返……

當然，在這期間，他雖身在國外，但他之心卻常在掛念著北平芳嘉園內的夫人與他的僅有三歲的小兒敦煌。王世襄隔三差五地詢問家事，此時遠在大洋彼岸的他，每接到家信，真可謂「家書抵萬金」，那時候的國內，似也正值「烽火連三月」之際，國共兩黨之軍隊，已拉開了二大戰場，北平城外也炮聲不斷。這，我們從他夫人袁荃猷的未刊日記，從中可窺。如一九四九年一月一日元旦，她在北平芳嘉園所記日記，就有這般的記載：

今接暢安去年十二月十三日、十二月十四日，各一信，並附枯木龍吟琴照片兩張。大為高興，但願報一年平安。

——《一九四九年一月一日袁荃猷日記》

這正是袁荃猷收到王世襄遠從美國寄來的二封家書，為之欣慰萬分，因已接近年末，她遙祝世襄在外一年平安。

事隔三天，她又接丈夫從遠道郵來的信，她立即回信道：

將孟德取出與松風比長短大小，用尺得細量好，作圖寄暢安，中午接暢安十二月二十一日信，知仍欲找松風。（注：孟德、松風，是兩古琴名。）

——《一九四九年一月四日袁荃猷日記》。

這樣的家書尚有許多，如一月六日她又給世襄寫信：

星期四，晴。上午給暢安寫信，午後瑨中來，談松風事，約明日聽訊。晚彈梅捎月，頓覺味不同。」（注：瑨中，即鄭瑨中先生，古琴家，現為故宮博物院研究館員、故宮博物院學術委員會委員。）

——《一九四九年一月六日袁荃猷日記》

一月八日的日記：

星期六，晴。昨夜炮響未能入睡。上午去寄信、買藥……。接查君轉來暢安信，是十二月二十八日之掛號。晚給暢安寫信。

——《一九四九年一月八日袁荃猷日記》

一月二十三日的日記：

晴。晨起見報，知北平已實現和平協議。聽到此好消息，當即給暢安寫信告知。午後，父親為敦敦買一小箏，二百伍拾元。同接暢安自外國寄來三封家信（一月六日、九日、十三日。）真快慰矣！晚彈琴多時，無睡意。

——《一九四九年一月二十三日袁荃猷日記》

從這幾通筆者所錄王世襄夫人的日記，無不可窺這一年多來，王世襄身在異國他鄉，夫人荃猷在北平芳嘉園內平靜的生活。她每日做些家務瑣事，時彈古琴並有小兒敦煌相伴，王世襄的一封封信，雖時時慰藉著她寂寞的心靈，她的琴友們也時來彈琴遣意；但畢竟遙隔萬千里，那種離愁別緒，時會襲上她的心頭。

今日想來，很可惜的事兒，是那多少鴻雁傳書，後因歷經各種政治運動，一封封多麼珍貴的信紮，早不知去向，令人無不扼腕！可以說，那大時代，兩個年青人，有多少個夢想與現實的故事，卻猶如一場大風似地，把一切都吹了個煙消雲散。北美的考察，使王世襄有一種欲使美夢成真的強烈衝動。他遙望東方，已早歸心似箭。

一九四八年八月，王世襄離開美國返回北平。那時，他堅信新生的共和國，將會把自己多年之夢想變成現實。

一九四九年夏日，正是北平爛漫時光，他斷然謝絕了美國聘他留美工作。終於，懷有巨大的鴻鵠之志，帶著一顆拳拳的報國之心，回到可愛的祖國。

緬懷與期盼，帶著一腔熱血和風華，一種新的生活，將在他面前展開。

第七章 盜寶冤案莫須有

◀ 朱家溍（左一）與王世襄（右一）。

▼ 王世襄收藏的明朱三松竹根老僧。

一、只歎夢想太匆匆

一九四八年八月二十二日，中共中央就國民黨統治區的鬥爭，要有清醒的頭腦和靈活的策略問題，特發出指示：「在城市方面，應堅決實行疏散隱蔽、積蓄力量、以待時機的方針」，以免「將城市中多年積聚的革命領導力量，在解放軍尚未逼近、敵人尚未最後崩潰之前過早地損失掉」。上海、北平以及其他各地黨的地下組織，在中共中央正確方針的指導下，堅持隱蔽鬥爭，為配合解放和接管城市，進行了大量的準備工作。

一九四八年十二月十四日，當共產黨的軍隊已經包圍北平城的時候，時任故宮博物院院長的馬衡，讓人把故宮的四扇大門都給關上了。在這國民黨撤退和共產黨進逼的政治過渡期，馬衡院長的這種舉動是在表明，他決不會聽命於國民黨政府任將國寶運往台灣，也是在告訴故宮上下全體同仁：無論遇到什麼情況，他都會堅守自己的崗位。

正當國內新舊交替，翻天覆地的政治大變動之際，年輕的王世襄，此時正身在海外，一切有關國內的變局，他只能從國外報刊閱讀到一些。的確，美國的考察，讓他受益匪淺，同時，於考察期間，他也結識了不少傾心於文物的同好與海外學人。正當他準備動身回國前夕，兩家美國的博物館，希望他能留任在那裡工作，同時又有國外幾所大學，也擬聘請王世襄能留在美國任教。其中一所，就是他在燕大的同學劉子健任教的匹茲堡大學，劉後又任教普林斯頓大學，是著名的宋史研究專家。當時劉介紹王世襄去匹茲堡大學講授中國美術史，可王世襄對此未予考慮，謝絕了這位同窗的好意。他對劉說：「我不可能留在美國，於公來說我是國家派我出國考察的，於私說，我上有老下有小都在國內；再說，我未有絲毫留在美國的念頭，祖國的一切，正百廢待興著呢！」，此刻，他渴望儘早能回到自己的芳嘉園，特別是他魂牽夢繞的故宮，他多麼想把在國外學到一些先進管理，用於中國文博事業。為此，他離開美國之前，還特意勸說在美國大學專攻化學的堂弟王世儀，也改學文物修復，因國內博物館，正急需要這樣的人才，但堂弟卻傾心化學研究，並未接受王世襄的建議。

一九四九年七月，王世襄毫不猶豫地收拾起行囊，準備離開美國，由於新中國即將誕生，這時的美國海關竟謂中國已經易幟變色，在美國的華人，即可申請留在美國並得到居留證和護照的優待，可那時的學者們，對這般通知，則嗤之以鼻。當筆者聽到王世老對這段去留問題的回憶時，不禁讓我想起清華的老學者何兆武，他在《上學記》中的一段文字，他說：

> 幸福最重要的就在於對未來的美好的希望，一是你覺得整個社會、整個世界會越來越美好，一是你覺得自己的未來會越來越美好。

我想，當時的王世襄，一定是懷有這樣一種美好思想的。

踏著矯健的步子、登上由美飛回自己國家的飛機，那是他當時心中最自豪的東西，無法可取代這一切。他相信戰爭勝利了的新生的中國，一定會有一個非常美好的世界，在向他招手呼喚，在這即到來的新社會，自己的所學所愛，也定能得以施展，而他與他妻子、孩子，在新生的共和國的首都，定能過上非常美滿的生活。當眺望浩渺的太平洋，故國的土地越來越清晰可見時，他和那時許許多多、千方百計從海外返回祖國的年輕知識分子一樣，總懷有這樣的一種幸福感——只是，今天看來，這種幸福感所持續的時間，實在太短了，短得像一竿日頭，猶一場夢境。

世襄由美回國取道香港，但由於香港北上的輪船，恰恰停航，在那裡他等候了一月有餘，才乘上了前往天津的船，回到北平時已是八月中旬，正值新中國成立前夕，半月之後，中華人民共和國便正式成立。

新中國的成立，對王世襄來說無疑是一個巨大的鼓勵，他與馬衡先生一樣從內心對舊社會與國民黨政府腐敗與專制統治是痛恨的，他們真誠地相信未來會是一個光明的、美好的世界，一個自由的、民主的世界，一個繁榮富足的世界。在那個新生時代，作為愛國知識分子的心靈，總是相知相通的。

新中國成立之初，王世襄擔任故宮博物院陳列部主任，仍在古物館上班。正值三十五歲、風華正茂，剛從國外考察遊歷歸來，無論從學識還是實踐經驗，應該說都是一個人的一生最美好的時光。而他也以忘我的工作熱情，投入到故宮恢復與發展的各項事務中去。

當時的故宮博物院，專門成立了文物徵集組，用於鑒定收回文物的真偽，還通過單位及文物組成員的個人關係，召集了一大批從事文物鑒定的藝術史家和訓練有素的工作人員。他們被分為五個小組，對收回故宮的物品進行鑒定，開始重建故宮博物院的館藏。這五個小組是：玉器組，專家是喬有聲；陶瓷組，是孫瀛洲和耿寶昌；銅鼎組，王文昶；書畫組，王以坤和劉九庵以及碑帖組，由馬子雲負責。

作為故宮博物院的陳列部主任，王世襄親自擬定了一九五一年的工作計畫，同時也議決通過了故宮具體陳列計畫。首先是政府發佈徵集文物的行政命令。命令一出，黨、政、軍機關，人民團體和事業單位，紛紛回應，將本單位收藏的物品登記造冊，看其中是否有珍貴的文物，一旦發現就撥交故宮，由文物徵集組進行鑒定。通過這種方法，故宮由政府和非政府部門共同徵集到了十六萬五千零六十一件文物。

事實上，當時的故宮博物院雖名為「博物院」，但實際上各種文物的分類、陳列和保管都與現代博物館的要求相距很遠，只是一個偌大的廢棄的皇家宮殿。解放後，如何讓故宮內已存放了千年的古物，讓人民可以一睹，當時，由王世襄負責的故宮陳列部工作，對如何保護好並能讓群眾觀賞這些難得一見的歷史文物，無疑是故宮博物院一項重頭戲的工作。為此，他設想並實施了一些具體的措施，如陳列部房屋的調配，各陳列室文物的清點核對，陳列展覽貫徹甯精毋雜，陳列精品的集中；口頭講解與文字說明並舉。並多開一些東西交通便門，增辟休息地點；庫房要進行改革，處理非文物，撥出重複文物等等。以上這些，都關係到古代文化藝術的陳列，保持宮廷史跡的重要工作。王世襄的願望是，把故宮這一世界文物的寶庫建成世界第一流的博物院，於是他幾乎放棄了自己一切撰書著文的想法，把所有的時間都投入了他熱愛的文物事業。

這一時期，他將北美考察筆記，遂整理成《遊美讀畫記》，發表於一九五〇年第十一期的《文物參考資料》。這些讀畫記的文章，所涉由中國流入到美國波士頓、華盛頓、紐約、堪薩斯奈爾遜、芝加哥、聖路易斯等地的三十六幅唐、宋、元等時代的中國畫精品。把這些繪畫在形制、內容、技術、風格和收藏源流等一一撰明，以便日後供人研究所用。

然而，那時，儘管故宮上下一片欣欣向榮，蒸蒸日上的氣氛，王世襄還是從他自小視為叔父的馬衡院長日漸沈默的表情和微茫的背影中，觀感到了點點疑惑，心底時泛起難言的隱憂。有兩處細節，也許最能反映當時故宮的政治環境。

一九五一年的一天，時任文物局局長的鄭振鐸（西諦）先生，突來故宮博物院找到了王世襄。鄭先生在抗戰前曾在燕京大學國文系任教，王世襄本有緣成為鄭先生的學生，但一九三六年王世襄從醫預科轉入國文系時，鄭先生已離燕園。而這次鄭先生特地找到王世襄，並鄭重其事地下達任務：於三天內，必須動員古物館全體人員，在故宮的太和殿佈置好「偉大的祖國」文物展，必須把院藏的精品，盡量陳列出來！

王世襄一聽這任務，一時間驚呆了！因為，故宮的太和殿，正在進行著抗美援朝的展覽（那也是一次配合當時政治任務的展覽），光撤陳工作，就要花去一天，而二天之內，要在偌大的太和殿，佈置好一個顯示祖國偉大藝術的展覽，而且要求陳列故宮最好的精品，三天必須完成，簡直是不可思議之事啊。

既然一如德高望重的鄭振鐸（作為局長）都親自下令了，王世襄豈能提出不同意見，當然於他心裡，總是感覺不符合客觀科學態度的。但也只好跟著命令上呵。全部古物館的館員，也只能夜以繼日地幹，花了整整三天三夜時間，終於將這「偉大的祖國」的展覽，佈置完成。太和殿上，一時雲集了商周青銅、玉器，漢唐陶俑、三彩、陶瓷、金銀器，宋元書畫、官窯精品，明清文物。連故宮的鎮庫之寶——雍正琺瑯彩雉雞牡丹紋碗和乾隆仿古銅釉犧耳尊都被從庫中調出，因這兩件文物最珍貴又最嬌嫩，王世襄決定等大體擺好場地，較為妥當時時，然後再將最珍貴文物，入櫃安放。

王世襄在多年後，曾回憶起自己將瓷器安放時，那簡直使他雙腿發軟，心中發慌的情景；因在這麼匆促時間內，萬一誰失手碰壞了，那將是遺恨終生之事。幸虧，展覽佈置順利完成，不久之後，因廣大群眾反而要看皇上坐的金鑾殿，不是這一櫃櫃珍貴的文物，便撤收了這批文物，總算未有一點損壞。王世襄懸著的一顆心終於落下。但他始終覺得這種因長官意志而倉促行事的做法，極容易損傷展品，決非是一向重視文物保護的西諦先生，應有之舉。

不久之後，又有一次突來的事，讓王世襄不勝驚愕。一天，突接到上級佈置一項任務：說蘇聯文化機構，要派專家來京為我院拍紀錄片，通過電影宣傳兩國友誼和中華傳統文化，上級說意義重大，必須全力配合。當時，是王世襄和同在故宮博物院工作的朱家溍，一起接待蘇聯專家一行。專家在拍攝完宮殿建築後，轉向院藏文物，包括瓷器。他們要求把瓷器放在能旋轉的台面上，以便拍到全形和周身紋飾，但他們又並未攜帶任何專用設備而要求故宮提供，這可把王世襄和朱家溍給難住了。

正在這為難之時，總務處從溥儀的遺留物品中找到一具西洋老留聲機，拆掉喇叭，用中心挖洞的木板將機盤墊平，好在上面放瓷器，但王世襄發現木板欠平穩，旋轉又忽快忽慢，無法保證安全，必須改進設備，可無奈專家卻認為可以，領導又指示專家工作不能延誤。於是在不得已的情況下，王世襄和朱家溍商定，由朱坐鎮庫房，只選送有多件重複的官窯並搭配一些晚期瓷器；由王世襄負責拍攝現場，以防不測。因設備欠妥，留聲機上的瓷器，幾次差點傾倒，都被王世襄及時抓住，才得以保全，令他驚得一身冷汗。

正在這時，馬衡院長和當時任文物局副局長的王治秋同志到來。王世襄不禁心中一喜，以為二位目睹此情此景，定會命令暫停，待改進設備後再進行。誰知，馬老卻一言不發，而王治秋局長只說了一句「你們好好配合！」兩人也便匆匆而去。

這兩件事雖小，但可看出王世襄當時在故宮想要放手做一些有科學意義的工作，已非常困難，這些對文物不太負責的怪事，其實在他一九四九年秋由美歸來重回故宮後，便初感端倪。

他回國後，繼續在故宮工作，首先拜見的領導為劉耀山同志，劉耀山是文物局副局長王治秋派來主持故宮工作的，名曰黨代表，而故宮院中大小事兒，事無巨細均須呈送劉代表審閱批示後，方可進行。而這劉耀山同志，本為河北農村塾師，對文物毫無經驗，各部門的工作多受其阻礙，王世襄所擬的工作計畫，也同樣遭劉耀山的阻難。甚至連以著名學者出任故宮長達數十年的院長馬衡先生，如有設想，若不經黨代表同意，也不能付諸實施，當時的院長之職，形同虛設。

筆者寫此，似在我們的生活中均可遇到毛澤東所描繪的「牆上蘆葦，頭重腳輕根底淺；山間竹筍，嘴尖皮厚腹中空。」那樣的人物，如在剛解放以後的故宮，在這樣一個國家級重要文物機構，便是一個典型了。我們讀王世襄的《自珍集》裡，曾有這樣的記載：

入故宮博物院首先拜見之領導即劉耀山同志。當時印象，此君身材矮小，貌及平常，年四十左右，有小髭，著布制服，頗陳舊，手持旱煙袋，每日巡視院中各部門。職稱為黨代表，院務不論巨細，均須向他請示，首肯後始得進行……一九六四年我與劉耀山同志在紅樓重逢，暌違已逾十載，訝其昔何據而今何恭，前後判若兩人，故敢啟齒詢問其經歷及近況。

後從劉自說其因缺乏經驗，調出故宮。十多年後，才「始知為選勞動模範，渠曾弄虛作假，下令院中攝影師為其拍攝緣梯鋸樹，登殿拔草等多幀。被人揭發，成為一場醜劇，自此聲名掃地。可見所謂『因缺乏工作經驗而被調離』，應理解為『因缺乏競選假勞模經驗而丟官』」。

當然，偌大一個故宮，可謂東方一博物重地，請一個外行來掌管一切大權，當然笑話百出，同時給故宮之工作帶來巨大的損失。

當時的王世襄，確想施展其專業之長，一展抱負，但他越認真忘我地的工作，領導越認為他是做給人家看的，還認為他是別有用心。這樣的工作環境，雖然讓原本年輕氣盛、心懷壯志的王世襄，感到憋悶難言，因為，在這樣的環境中，領導不瞭解情況，不研究工作，擅自做出種種不合理的決定，目的只在顯示其個人權威，必阻礙故宮走向現代博物館的進程。

雖然如此，王世襄生性樂觀豁達，還是兢兢業業地做好本職工作。由於對中國傳統文化、對文博之熱愛，他業餘時間則騎著單車，在北平城走街串巷，搜羅那些「人棄我取」的小文物。那個時候，北平城內古玩店中，有不少明清佛像，漆器，竹刻、傢俱等，因其價值不如書畫、瓷器等被收藏者所認識，王世襄常常能用較便宜的價格，買到他心愛之物，他從東直門內羊管故同極樂庵的老居士宋雲普那裡求還了那尊明鎏金雪山大士像，從琉璃廠劉成玉店中購得了明朱三松竹根老僧，還有很多件他之後均收入了自已的《自珍集》中。那些文房清玩，令不少學人雅士，為之銷魂，筆者在今日香港名士董橋先生的許多文章中，不時能讀到這般情趣盎然的妙文。

新中國剛誕生的頭幾年裡，除了在故宮的緊張工作外，雖故宮內的工作環境，已日顯不適應，但對於王世襄來說，只要一回到芳嘉園家中與心心相印的賢妻荃猷，一起賞玩他閒時淘回來的那些小文物，生活也算過得平靜而安逸。可誰也沒有想到，不久之後一場疾風驟雨，將徹底打破了王世襄和這小家的溫暖生活，往後的日子，甚或可說，改變了他整個人生命運的軌跡。

二、無端繫牢獄

一九五一年十一月三十日，中共中央根據同年秋季全國工農業戰線開展的愛國增產運動中，揭發出的大量貪污、浪費和官僚主義問題，向全黨指出：必須嚴重地注意幹部的貪污行為，注意發現、揭發和懲處。十二月一日，中共中央做出《關於實行精兵簡政、增產節約、反對貪污、反對浪費和反對官僚主義的決定》，把反貪污、反浪費、反官僚主義作為貫徹精兵簡政、增產節約這一中心任務的重大措施，要求普遍地檢查貪污、浪費和官僚主義問題。十二月八日，中共中央又發出《關於反貪污鬥爭必須大張旗鼓地去進行的指示》。爾後，一個全國規模的「三反」運動普遍地開展起來。次年，一九五二年一月四日，中共中央發出《關於立即限期發動群眾開展「三反」鬥爭的指示》，要求各單位立即按限期發動群眾開展鬥爭。就這樣，很快在全國出現了一個群眾性的檢查和揭發的熱潮，「三反」運動即刻進入高潮。

在這場全國性的，聲勢浩大的「三反」運動中，藏於紫禁城高牆中的故宮博物院，自然也難以例外。而王世襄因家庭出身官僚，又曾身為國民黨抗戰後的文物清點接收之職，自然成為整改對象之一。一九五〇年王世襄被送至西苑華北革命大學改造一年，華北革命大學對當時的改造對象大多進行「洗腦」式的思想鬥爭教育，一開始就索性宣稱：所有學員之入學動機是不革命的，甚至是反革命的。之後，領導又令王世襄參加廣西南寧土改工作隊，隊長為田漢同志。在南寧約兩個月後，又急電召回包括王世襄在內的全體故宮人員。他本以為回到故宮是改造運動的終結，誰知這卻是剛剛揭開的「三反」運動的序幕。

一列火車到站後，王世襄和故宮的人員即被卡車送往故宮，不准回家暫住一夜，次日清晨全院人員被分送往東嶽廟、白雲觀兩處，開始集中「學習」。王世襄被送往東嶽廟，名曰「學習」實是糾集了一大批「打虎英雄」對改造對象實行「逼、供、信」，勒令其交代盜寶問題。當時，對改造對象的態度是先認定其有罪，然後按罪自己先一一坦白交代。按照早就既定好的犯罪邏輯，你不承認也得承認，因為這是鐵定的罪行。按此邏輯推理，王世襄曾在美國學校讀過書，抗戰後，被國民黨教育部選派為清損會工作，在日本，曾親自收回大量文物，之後又接受美國財團獎學金出國考察一年，在那個階級成分決定一切的年代，這種種經歷，似已鑿鑿確證了他的「盜寶罪行」，無疑完全成立。

於是，王世襄被視為重點之重點，被單獨囚禁一室，周邊圍著十餘個「打虎英雄」，他們輪班對王世襄實施夜以繼日的疲勞轟炸，大聲恐嚇：在人民面前，只有「老實交代、低頭認罪、才有出路」，審訊人員用力拍桌子，勒令其交代問題，要其「竹筒倒豆子」撤底說清自己對人民的罪行。可對王世襄來說，實在是無問題可交代，他接收的三批重要文物故宮均有清單列出，且當時經參與各方負責人共同簽署，之前王世襄雖奔走聯繫，等文物運到故宮後會同各方清點編目時他才得以見到實物，怎麼可能在未見實物的情況下一手遮天將文物盜走呢？另有四批他經手的文物，一批是直接由海關送交故宮的，另三批因沒有撥給故宮，根本連實物都未曾見過。可這種簡單調查便能確證的道理，在被革命熱情沖昏理智和頭腦的「打虎英雄」們看來，則全是「盜寶犯」的花言巧語。他們的主觀邏輯是：王世襄是坐飛機來的接收大員，副代表都沒有來（指唐蘭、傅振倫兩位都不在身邊），你能單獨行動，四處調查，獨來獨往，有這樣難得的機會，你怎麼可能不渾水摸魚一把；短短兩年內收回七批文物，不僅多次往返平津，還從東京運回這麼多的善本書，如果沒有好處，豈肯如此日夜操勞盡心盡力呢？

面對這一形勢，如此的詰問，王世襄真是無可奈何，百口莫辯，他怎麼也不曾預料到自己費盡心力為祖國追回的那幾批無價之寶，今日卻成為了最有力的呈堂證供，如此戲劇化的情節，竟然活生生地在他面前上演了。可那時，他對這場運動性質的認識仍非常天真，他錯誤地相信「三反」確實是為了糾出一些盜寶犯，以使社會國家更健康地發展，所以當看到故宮同事李連鏜先生，本人工資就低，卻喜歡收集些小玩意兒，寧將將自己花錢買的絲織刺繡小品，如荷包、煙囊、扇套等，上交隊部，卻因運動逼迫，聲稱自己是偷自故宮的。他認為應實事求是，如人人以假亂真，真盜寶犯，豈不反能蒙混過關，因此，王世襄卻認認真真地到隊部說明此事。

可第二天，整個東嶽廟停止了一切活動，特別針對王世襄召開了一個全體大會，大殿前神道正中擺一張桌子，設宣判者席，命王世襄跪在神道正中方磚地上，兩旁士兵持槍排列。隨即宣佈王世襄罪大惡極，不僅自己拒不交代坦白認罪，還破壞他人交代，當批鬥大全召開之時，千人舉拳，高喊口號，聲震殿瓦。面對這從未見過的陣勢，王世襄未免恐慌，後又聽宣佈已呈報上級，批示後，立即要進行槍決他。

這消息一度使王世襄萬念俱灰，還曾萌生輕生之念。可那天夜裡，他輾轉反側，回想白天驚心動魄的場面，憶起往昔的種種，悠忽間發自內心靈魂深處的真實認知，同一聲音的坦誠對白自問，忽然想通了。自己並沒有任何隱瞞和欺騙，倘若真因此被處死，政府勢必將承擔誤判之錯，若自殺，無形中等於承認了自己有罪，還被背上了個「自絕於人民」的罪行。那晚，他一夜沒有合攏眼皮，待天邊泛起微微的魚肚白時，王世襄經過思想的鬥爭，終於完全放棄了自殺的想法，非但如此，他還真下定決心要更堅強些，以應對所有無中生有的誣衊、恐嚇與逼供，只要堅信真理，所有的黑暗終會消融殆盡。這，也成為了王世襄日後重要的人生信條，之後的歲月也終如他堅信的一樣，還了他人生歷史以清明的面目，但在當年以及更長的日子裡，那令人寒慄的綿長之痛苦，在那些年卻似永無終結。但他因有了一個堅強的人生信念，當他轉自棄為堅生時，就在那晚的一瞬間，他彷彿又看到了住了幾十年的芳嘉園，又是小園一片芳草綠，太平花開，楊柳依依；可是那老式玻璃窗內，卻悄無人語。

在東嶽廟改造終於在四個月的後晝下句點，宣佈解散，多數人員，包括交代偷盜行為但坦白得好的留用故宮，而王世襄則一件也交代不出來，他已預感到這場運動絕不會就這樣輕易結束，自己的命運恐仍難測。

果然，他回家僅兩天後，派出所通知他去問話。而王世襄剛踏入大門，便被已準備在那裡的公安人員一把抓住，立刻銬上鋥亮的手銬被帶走，隨即雇了輛三輪車，把他押送到了前門內路東朱紅門的公安局，儼然是一付對待重犯的架勢。之後，王世襄則被關押在公安局的看守所內，開始了他生平唯一的一次無妄牢獄之災。

三、故宮退食

一條黑黝黝的走廊，唯有盡頭的受審室裡透出點燈光，一切是那麼的黑暗與恐怖。只聽見一聲刺耳尖厲的喊聲，「三十八號！」回蕩在陰沉的空氣中，「有！」一個聲音應到，吱呀一聲，牢門打開了，隨即伴著「銑鐺，銑鐺」的鐐銬聲，一個高大的青年，前頭走著一名公安，緩緩地從牢房走向受審室。這頗有點兒像老電影《紅岩》渣滓洞中一幕幕的鏡頭。這也便是王世襄當時在公安局的親身經歷，「三十八號」便是當年他在獄中的編號。這個冷漠的數字，讓看守所裡所有的人，沒有了人，沒有了格，沒有了尊嚴。這一幕，雖早已流水般逝去了，但在將近五十多年後，老人仍對這個數字記憶猶新。那年他已是九十三歲，但他仍說了這樣的話：「我今年九十三歲了，希望在有生之年得到一個公正的結論。」

自從被關進看守所以來，王世襄已受到多次的提審，但審訊來審問去，問題也大同小異，無非是他在清損會工作時，接收了哪些文物，並要他交代盜寶經過？馬衡院長是否指使其為盜寶或潛移了院外？對此，王世襄與在東嶽廟時的態度始終如一，即以實事求是來回答，對知道的問題，如實回答，而對莫須有的指控，堅決否認。

當時王世襄蹲的看守所條件非常差，一個牢房裡關了幾十號人，沒有床都打地鋪，牢房盡頭擱著尿桶，初到者的鋪蓋，只能放在尿桶旁的地面上。若再進一個新號，才能上移一位，大都用此法來折磨新進來的囚犯。這與他想像中，認為解放了的新中國，必已把封建的舊監獄制度改革換新，但卻依然老樣。

王世襄剛進牢中時，便睡在尿桶旁，夜夜聞著刺鼻的臊味還不能有絲毫的挪動移位，直到一個多月後，新犯人進來了，才得以上移鋪蓋。飯食只有早晚兩餐，飯為窩頭、饅頭，菜食往往是熬白菜或一點點鹹菜，全部盛在面盆內，大家伸筷去夾，非常容易傳染疾病。關進牢中後，王世襄日夜手銬未除又被戴上沉重的腳鐐，對一介手無寸鐵的書生，竟使用如此如臨大敵的手段，不禁讓王世襄感到驚恐也有些可笑。牢獄中的生活除了提審外，還需進行勞動改造，主要是糊火柴盒，倒並不勞累，只是日復一日的關押著，他不知道何時是盡頭？而此時芳嘉園的家中，既被監控又經歷了公安局的抄家，把王世襄歷年購買的文房雜玩、漆器標本等等，連同他隨手記錄的購物登記清單，也全部抄走。

看守所內關了不少人，提審時必先叫號，被叫者答應後再出去受審。一日，王世襄忽聽喊「五十六」號，應聲者的聲音頗為熟悉，似是他的老友、同在故宮工作的朱家溍。王世襄被封閉於東嶽廟「學習」時，朱家溍被送往白雲觀，已是數月未見，卻不期竟在此同囿一地，心中自然感到親切和會心。之後，又幾次聽到叫「五十六」號審訊的應聲，確認無疑，到底是多年之交的老友，朱家溍也認出了王世襄的聲音。爾後，兩人在出獄後，交換說出彼此的編號，也算都是文博大家，當年同坐監獄時的一段情緣。兩位文博家之間無言的默契，當然，也反映了當年朋友見面不敢言，那個醜陋的時代。

寫此，我們應提一下多年是王世襄好友的朱家溍先生（西元一九一四至二〇〇三年），字季黃，浙江蕭山人，宋代理學家朱熹的第二十五代世孫。在「三反」中的遭遇。原來，當王世襄在東嶽廟裡被批鬥、逼供時，朱家溍則在白雲觀被逼供交代盜寶問題；王世襄在公安局看守所被關押了十個月，朱家溍則關押了長達一年半之久。只是到多年後，他們兩人才知道了千方百計對他們逼供，進而使他們身陷囹圄的真正原因，實由於他們兩人都被認為是故宮馬衡院長的親信，關押逼供王世襄和朱家溍，實際上是企圖揭發馬院長的「罪行」，以便揪出更大的「老虎」。

說來不幸的是，同一時間，馬衡先生也被單獨關在一個院內，也配備「打虎英雄」逼問，他被視為主要盜寶嫌疑對象。作為一位中國的知名學者，早在一九二二年，他就被聘為北平大學研究所國學門考古研究室主任兼導師，同時在一九二八年被當年國學重地的清華國學院特聘。他畢生致力於金石學的研究，上承清代乾嘉學派的訓詁考據傳統，又注重對文物發掘考古的現場考察，主持過燕下都遺址的發掘，對中國考古學由金石考證向田野發掘過渡，於學術上有篳路藍縷之功，遂使其學術水平領先於時代，被譽為「中國近代考古學的前驅」。其主要著作有《中國金石學概要》、《凡將齋金石叢稿》等。如此一位德高望重的學界泰斗人物，卻也免遭其殃，最後也因查不出什麼問題，這位從一九三四年就任故宮博物院院長，但卻於一九五二年，被無辜調離了他長期服務熱愛的故宮博物院，於此，鬱鬱而病，不幸於一九五五年病逝，使這位著名學者、對中國博物有傑出貢獻的院長，過早地離逝了人間。

對於這位前輩，王世襄在其《錦灰二堆》一書中，深深地懷有哀傷，回憶道：

馬衡先生以著名學者出任故宮院長長達數十年。北平解放前夕，南京派飛機在東單操場降落，接回文化機構諸領導。北平圖書館館長袁同禮即乘之南下。馬院長匿身一地，故意延誤行期。蓋早已決定追隨共產黨，不再為國民黨反動派服務。不意此後在故宮院長任期中，竟有一冬烘先生凌駕其上，豈非咄咄怪事！馬老心情，不問可知。「三反」後，馬院長調任一閒散單位文物整理委員會任主任委員，不久即患肝癌逝世。先生嗜煙酒，不免傷身。唯其罹鬱悒之疾，與其晚年遭遇，恐不無干係也。

我們從今日之眼，觀昔日歷史，無不噓唏矣。

王世襄，在看守所裡長達十個月的關押，無休止的提審逼問，沒有摧毀其意志，因為他畢竟是坦誠的。但獄中惡劣的環境卻拖垮了他的身體，本來非常強健的體質，連感冒也很少的他，竟染上了肺病。而此時，公安局始終也無法找到王世襄「盜寶」的所謂證據，只好將他釋放。那些經與出售者一一核對，沒有發現任何違法問題，於此，只好將查抄物品及清單也送還。

於是，從國外回到北平，一年多後，未獲自由的王世襄，也終於拿著一紙「取保釋放」通知，夾鋪蓋回家。可尚未走出公安局大門，他已虛弱得氣喘吁吁，之後，去醫院檢查，才知得了結核性肋膜炎，趕緊回家臥床休養。病床上的王世襄，滿以為既然調查結束、無罪釋放，等病好後必然能重回故宮任職。不久，他竟接到文物局通知，告知他「已開除故宮公職，可去勞動局登記，自謀出路」。這對王世襄來說無疑猶如晴天霹靂，當年他全力以赴，收回文物，自始自終，廉潔無私，追寶、護寶反被誣為盜寶……。這使他清白的人生受到玷污，人格遭受極大的屈辱；現既經反覆調查、水落石出，證明無辜，便應是無罪有功，他盼望能因此得到世人的理解，理應得到公證的結論。

天啊，誰知，他如此熱切發誓獻身的故宮，竟如此輕飄飄地就用這樣一紙薄文，這麼幾句冰冷的話語，就將王世襄拒隔於故宮的高牆之外了！這般的通知，頓時令他痛徹心扉，心灰意冷。就在這無可奈何之下，他只能在家養病，爾後，身體總算逐漸恢復，王世襄當時總不明其因。

某日，還持著開除通知，去當時在團城辦公的文物局，詢問處理原因，恰好在辦公室遇見他一向敬仰的鄭振鐸先生，王世襄便將通知給鄭先生看，誰知身為文物局長的鄭先生，見到這張通知，竟一時無語，只望著窗外的白皮松，表情沉悶，難過而無奈。見到此情境，王世襄已明白他的除名，未必是鄭先生的決定，甚至他可能也並不知悉此事，因此要撤銷或收回開除的決定，鄭先生可能也是有心無力，王世襄也不願再為難於人，便取回通知，匆匆離去這心愛的故宮，這段時間，一個國外返回的專業人才，便成了一位失業者。這年，正是王世襄進入「不惑之年」，但他對目前經歷的一切卻是大惑不解！

無可奈何之下，王世襄在家休養了一年，這可說是他人生的最低谷，他困惑、憤懣、失望、灰心，從兒時起便多少次眺望的故宮，如今卻永遠向他關上了大門。我們可以說王世襄的人生命運「總是在坎坷上行走，總是讓命運穿過激流」。當然，儘管夢碎了，也不得不把冤屈的苦澀，暫深埋心頭。但生活還得要繼續，幸運的是王世襄有一位永遠理解他、支持他的妻子袁荃猷。在那樣的逆境之中，無論外界的境地如何，但她義無反顧，甘願和他榮辱與共。

她時時鼓勵世襄要堅強，並說：「堅強要有本錢，本錢就是自己必須清清白白，沒有違法行為，否則一旦被揭發，身敗名裂，怎麼還能堅持？！你有功無罪，竟被開除公職，處理不公，問題在上級。因此，我們完全具備堅強的條件。」如此明晰條理，如此溫暖有力的鼓勵，彷彿為王世襄在黑暗的海流上，點亮了燈塔裡星星亮光，使被浪濤風暴襲擊而帆損棹斷的船隻，能得以駛入那避風的港灣。王世襄始終是一個負有使命感的知識分子，他對中國文化的熱愛，決不會因挫折和否定而消滅；雖然對他一生的命運確是一個沉重的打擊，於他年青生命的最重要時期，便凋謝終結了。這便是那個時代被擺佈的歷史，也是整個與王世襄一代人的命運。

但王世襄以後的人生命運，在他夫人荃猷的鼓勵下，又重拾起生活的希望，正如他八十歲時所做的詩中所言——開始了「化淚為苦學」的航帆，靠他的智慧與頑強，重又找到了熱愛生活的起點。

一九五四年，民族音樂研究所的所長李元慶、楊蔭瀏先生邀請王世襄到中央音樂學院民族音樂研究所工作。李元慶（西元一九一四至一九七九年）是知名的大提琴家，一九三二年入北平京華美術學院音樂系，曾同聶耳等一起組織北平左翼音樂家聯盟。同時從事對西洋音樂理論的介紹與研究。楊蔭瀏（西元一八九九至一九八四年）是我國著名的音樂教育家，一九三二年在北平期間，他曾在燕京大學音樂系旁聽作曲、西洋音樂史和音樂欣賞課。一九五〇年，他曾專程回故鄉無錫，搶救錄製阿炳的六首名曲，並整理編成《阿炳曲集》出版，其中有著名的二胡獨奏曲《二泉映月》，就是靠他記譜的。他用三十多年時間和畢生心血編著了《中國古代音樂史稿》。完成專著二十多種、論文近百篇。

當時的音研所，正著手開展對我國古代音樂的發掘、搶救、搜集、整理、研究工作，兩位所長知道王世襄古文根底扎實，能看懂古代典籍，覺得正缺乏像王世襄這樣的人才。而此時的王世襄，正也渴望能重回工作崗位，儘管不是與文物相關的工作，但只要能學有所用，總能向社會證明自我的價值，他便欣然應允，從此直到退休便一直在音樂研究所工作。

事實上，這一過程中，王世襄還曾有一絲重回故宮的機會，那是在一九五六年。當時已由吳仲超（西元一九〇二至一九八四年）出任故宮博物院院長。吳仲超青年時期，即投入上海工人運動，一九二八年正當中國革命處於低潮時，他加入了中國共產黨。中華人民共和國成立後，任華東黨校副校長兼華東人民革命大學副校長，中華人民共和國文化部部長助理。當時的吳院長非常熱愛文物，而且明白要把故宮的文物工作發展下去，專業人才是必備的。知人善用的他，希望能把王世襄從音樂研究所調回故宮，已通過文化部和音研所兩位領導協商此事。但音樂研究所的領導不同意，因為音樂人才，不論中西，都容易找；可是能讀綫裝古籍，有歷史、考古知識，又可以從事中國音樂研究的人材，卻很難找到，而王世襄恰正是這種人才。所以，當故宮博物院吳院長來徵求王世襄個人意見時，王世襄憶起「三反」時被批鬥、逼供時的屈辱情景，仍感心有餘悸，從而沒有明確表明想調回故宮的念頭，所以最終他沒有像與他經歷類似的老友朱家溍先生一樣重回故宮複職。但吳院長還是特地三次送來故宮不同委員會的委員聘書，特聘王世襄為故宮博物院歷代藝術專門委員和文物修復委員會委員，並在御花園，專門安排了供王世襄工作午休的地方。在那段時間裡，王世襄每週都到故宮協助工作，並曾向故宮建議收購市面上出現的明代傢俱精品。

可是，好景不長，不久一九五七年年底「反右」運動開始，王世襄被錯劃為「右派」，無法再去故宮，而吳院長本人在「文革」中，也被列為牛鬼蛇神，遭到批鬥後，派他做勤雜工作，直到後來因周總理出面，才重新恢復院長職務。

人生的際運啊，是如此的無常，但不論如何曲折蜿蜒、坎坷崎嶇，在這個世界上，有一些人的精神，總會在亂石污泥之中曲折地生長；這樣的人，當會穿透歲月的迷霧，閃爍其無比的光芒。在文物界，王世襄就是這樣的人。

第八章

「五七」生涯事如煙

▲ 王世襄與郁風在芳嘉園內。

▲ 王世襄和黃苗子於芳嘉園中。

▲ 王世襄所臨《高松竹譜》。

◀ 王世襄自費刻印的《髹飾錄解說》。

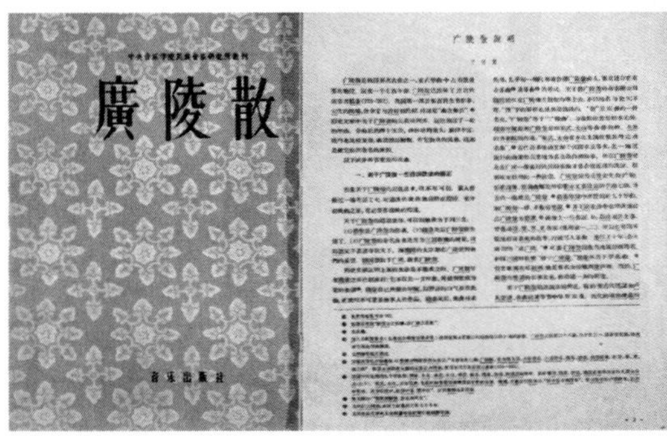

◀ 王世襄入音研所後參加編寫的《廣陵散》。

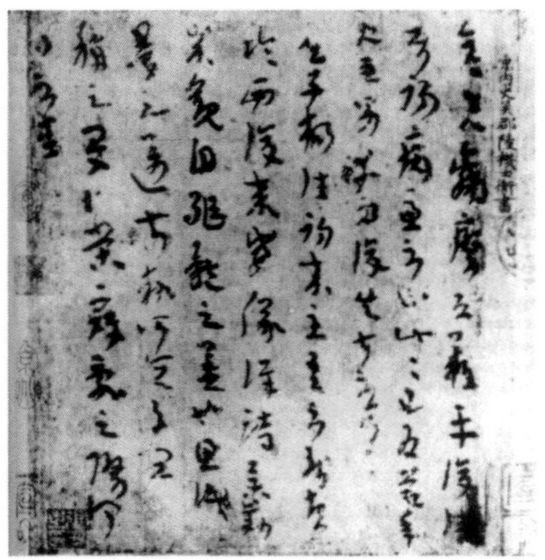

◀ 平復帖。

一、初入音研所

從故宮開除到音樂研究所聘為副研究員，王世襄終於重新獲得了工作和學術研究的機會。王世襄進入音研所的第二年，妻子袁荃猷也到音研所工作，夫妻二人在工作和生活上互幫互助。王世襄很快擺脫了被開除後消沉的陰影，用工作的實績來證明自己存在。他先從整理、注釋與音樂有關的古籍入手，因其從小的古文優勢且對古代文物典籍比較熟悉，他在古代音樂研究方面獲得了不少成果。

一九五六年四月王世襄寫的〈古琴名曲廣陵散〉一文，發表於《人民音樂》雜誌，該文是他著力研究了我國著名古曲《廣陵散》以及戰國以來兩千年與該曲有關的文獻而寫成，詳細而系統地考證了這絕世古曲的流傳過程。《廣陵散》原是古代一首大型琴曲，它至少在漢代已經出觀。其內容向來說法不一，但一般的看法是將它與《聶政刺韓王》琴曲聯繫起來。主要描寫了戰國時代，鑄劍工匠之子聶政為報殺父之仇，刺死韓王，然後自殺的悲壯故事。

《廣陵散》在歷史上曾絕響一時，建國後我國著名古琴家管平湖先生根據《神奇秘譜》所載曲調，進行了整理、打譜，使這首奇妙絕倫的古琴曲音樂又回到了人間。《神奇秘譜》成書於明初洪熙乙巳（西元一四二五年），是現存最早的琴曲專集。書中所收六十四首琴曲，是編者從當時「琴譜數家所裁者千有餘曲」中精選出來的，其中頗有一些歷史上很有影響的名作。由於古代音樂，不如其他文物那樣便於保存，許多古曲不是失傳了，就是面目全非。所以古琴譜中保存的古曲，被唐人認為「唯彈琴家猶傳楚漢舊聲」。王世襄後將〈古琴名曲廣陵散〉一文，經多次修改補充後與管先生用數年時間才發掘出來的《廣陵散》曲譜一起，交由人民音樂出版社印成《廣陵散》單行本，一九五八年問世後，可稱得上是我國現代第一部關於此古曲的專門論著。

一九五六年九月，王世襄還在人民音樂出版社出版的《民族音樂研究論文集》（第一集）中發表了題目為〈傅毅《舞賦》與般鼓舞〉一文，通過漢代詞賦和畫像磚石來考證當時流行的一種歌舞。這兩篇文章，都顯示出了王世襄在學術研究上旁徵博引、融會貫通的扎實功底。

可王世襄也並不單純埋首於古籍堆中，一九五六年，一九五七年他兩次去外地進行實地考察。一九五六年四月底時，他與音樂研究所的同事們來到湖南長沙，和當地文化局的同志們組成了十八人的湖南音樂採訪隊。他們一行人從五月八日由長沙出發，跑遍了湖南大半個省，調查了四十四個地方，歷時五十天，直到六月二十五日結束。這一過程中，王世襄接觸到了四百五十一種不同的音樂形式，搜集到的音樂材料大體可分為歌曲、風俗音樂、宗教音樂、歌舞、說唱、戲曲、器樂等八大類，他漫遊在這充滿清新、純樸的民族音樂的鄉間，感受從未領略過的風土人情，令大多數時間都住在北平城的王世襄眼界大開。

那裡純淨的山水、樸實的村民，似乎未受到任何污染，那裡沒有爭鬥，沒有思想專政，這讓王世襄心情舒暢，活力頓生。回到北平後他在《光明日報》上發表了〈普查民族音樂的開端——記湖南音樂的普查工作〉一文，不久他又在《旅行家》雜誌中發表了〈我愛江華〉一文，描述了他在湘南江華瑤族自治縣的音樂采風之旅：

黎明的時候，山鳥叫醒了我，披衣走出房門，不禁大叫起來。看吧，面前是茫茫的雲海，吞吐著無數峰巒，一陣山風吹過，白雲飛來了，山峰露了面。又一會，忽又飄來一幅輕紗，緩緩地舒展、舒展，在山邊邊上繞了一個圈子，而後和山峰下升起來的去霧連成一片，整個山空，又給籠罩了起來。雲霧的動盪使人覺得峰巒也在搖晃，一切都彷彿是幻景，然而卻是大自然的真實。

這段如詩如畫的描繪可以看出，當時的王世襄將曾經遭受的屈辱和不公漸漸塵封，生活的情趣慢慢恢復，樂觀明淨的心靈重新開放。一九五七年六月，王世襄又接受音樂所的指派，前往鄭州與同事合作，利用十天時間對河南信陽戰國楚墓出土的樂器進行考察、測音和錄音，回來後他撰寫了〈信陽戰國楚墓出土樂器初步調查記〉一文，發表在《文物》第一期總結了這次考察的成果。

除了在本職工作上投入了很大的熱情外，業餘時間王世襄也不浪費，全部圍繞著研究和收藏進行。一九五七年第一期的《文物參考資料》上發表了他撰寫的〈西晉陸機《平復帖》流傳考略〉一文；一九五七年第一期的《中國畫》創刊號上又發表了〈談展子虔《遊春圖》〉一文。

王世襄因其母親金章（又稱陶陶女史）和大舅金北樓先生的關係，自幼年便與書畫結緣，之後又撰寫論中國畫的研究生論文，對畫論的研究始終是他情之所鍾。有關《平復帖》的研究，實際上早在王世襄一九四七年初入故宮時便開始了，他很想在書畫著錄方面做一些工作，尤其希望將書畫的質地、尺寸、裝裱、引首、題簽、本文、款識、印章、題跋、收藏印、前人著錄等有關文獻分欄詳列，並記其保存情況，考其流傳經過。但這一設想，必須得有一件流傳有緒的烜赫名跡，試行著錄，而流傳長達一千七百年之久的《平復帖》，無疑是最為理想之選。

但是，張伯駒先生乃一代收藏大家和文化奇人，更是民國時代的「民國四公子」之一，《平復帖》是他一九三七年，花四萬元由溥心畬處購得，此後多年亂離跋涉，伯駒先生藏此帖於衣被中，未嘗離身，連一九四一年時伯駒先生遭人綁架，向張伯駒夫人潘素索要三百萬（偽幣），否則撕票，可這種命懸一線的時刻，他卻偷偷告訴潘素，家裡那些字畫千萬不能動，尤其那幅《平復帖》，可見其珍視之甚。王世襄與張伯駒先生相識在一九四五年清理戰時文物損失工作時，之後又經常應伯駒先生之邀，參加古琴雅集和押詩條聚會，但要向伯駒先生提出閱讀和抄寫他珍之如目的《平復帖》，王世襄也感不好意思啟口。那知，王世襄一提是作研究之用，伯駒先生便爽快地對他說：「你一次次到我家來看《平復帖》太麻煩了，不如拿回家去仔仔細細地看。」竟將這無價之寶，隨手就交由王世襄帶回家中研究。王世襄於是小心翼翼地觀看記錄，將諸家觀款全部抄錄完畢，一個多月後終於將《平復帖》物歸原主，王世襄也如釋重負。正是這次難得的著錄，使王世襄的文章得以成文，只是發表之時，他卻已被故宮除名。書畫研究，其實是王世襄的強項，也是最早涉足的學術研究領域，更是他畢生之愛，可與他日後得到豐碩成果的傢俱、髹飾、竹刻等研究領域相比，似乎顯得單薄。我想，這與王世襄被故宮開除，無法再近距離觀察故宮館藏書畫精品不無關係。

在音研所上班，業餘時間王世襄完成的最有意義的事當屬撰寫成了《髹飾錄解說》一書。王世襄與這本奇書結緣早在一九四九年，當時朱桂老親自將他從日本幾經周折錄得的《髹飾錄》一書授給剛從美國考察歸來的王世襄。

《髹飾錄》由明代黃成撰寫，楊明注釋的我國僅存的古代漆工的專著，到二十世紀上半葉只有孤本藏於日本。就這樣，王世襄開始這本書的注釋工作，只是注釋工作並不容易，初讀之下，王世襄便發現儘管《髹飾錄》只有薄薄的兩卷，但名詞、術語甚多，加之成書於三百多年前的明代，書中提到的漆器究竟為哪一類，所講的技法具體如何操作，它們現在如何稱呼，如果不仔細考察清楚再與實物相結合，勢必使讀者如閱天書，會感覺雲山霧罩、不知所云。於是王世襄決定從觀察實物、訪求匠師和閱讀文獻記載三個方面入手，通過編輯索引找出其專門術語，然後再以上述三方面的材料與之對照印證，用「對號入座」的方法來求解，以讓今人能夠明白其正確含義。

在故宮時，王世襄便立志開展注釋工作，並常與老友朱家溍聊起這一方面的思考。但由於建國之初，故宮編目、陳列、開闢庫房等基礎性的工作，需耗費大量精力，而王世襄那時也立志全身心奉獻給故宮事業，從不考慮個人的著書立說。所以，在故宮工作時，他只利用午休時間對這《髹飾錄》圈圈點點，或觀看一些院藏漆器，只是為著書注釋，積累感性認識，進展較為緩慢。而待一九五三年王世襄因莫須有的「盜寶」罪，被開除故宮公職，在家養病後，他才真正著手開始注釋工作，到他進入民族音樂研究所後，王世襄白天忙於本職工作，晚上和休息時間則全力以赴進行《髹飾錄》的注釋工作。儘管，因被迫離開故宮，讓他喪失了手把手觀察故宮大量院藏珍貴漆器的機會，可這並不能難倒有心人。他一方面逛古董店、掛貨鋪、曉市、冷攤和收藏者的家中反覆觀摩各種漆器實物，另一方面他遍訪北平城的髹漆匠師，向其中技術好的老師傅虛心拜師求教，聽他們講述漆器的各種做法和具體操作過程，王世襄都仔細認真地從中觀察、記錄，收穫良多。為了更好的注釋《髹飾錄》，他還注意搜集古代的髹漆實物，特別是可以看見胎骨層次的殘缺標本。

一九五七年，《文物》第七期，發表了王世襄和夫人袁荃猷合作撰寫的〈揚州名漆工盧葵生〉一文，文章勾畫了十八世紀末葉，揚州漆工匠師們的技藝傳承，論述了這位匠師在鑲嵌、雕刻和造像上的工藝特徵和藝術特點。這應是王世襄公開刊出的第一篇關於髹漆方面的專門論述。之後，一九五八年，王世襄終於將它傾注滿腔心力的《髹飾錄解說》的初稿完成，可當時已是「反右」運動方興未艾之時，要想公開出版多半被視為「毒草」之書根本是無望的。但王世襄想到授他《髹飾錄》的朱桂老年事已高，而且朱桂老非常掛心他的注釋工作，一再囑咐「願見其成」，並早已許諾待世襄書稿完成為之撰序、題簽。王世襄左思右想，決不能辜負桂老之拳拳心意和囑託，於是將手稿送到音樂研究所門口的謄印社，自費刻蠟版油印。可此舉今日想來十分平常，但在當時卻也冒著一定的風險。

謄印社將王世襄之手稿送交音研所黨委審查，恰好被王世襄遇上，直驚得他一身冷汗，感到這次又要大難臨頭了，直到之後李元慶所長找他談話，李所長表示理解和支持的一席話，才讓他放寬了心。原來，李所長看了謄印社送來的手稿，認為《髹飾錄解說》是一本有用的著作，值得印出，還出面說服了所內中層領導取消了本來打算召開的「右派放毒」批判會，於此，《髹飾錄解說》一書才最終得以有驚無險地印出。

就這樣，《髹飾錄解說》的初版本印成了，線裝一厚冊，磁青紙書衣，宣紙木刻浮水印朱桂老的題簽。全書寫刻小楷，秀勁醒目，前附朱桂老撰寫之序言。《髹飾錄解說》油印本共兩百部，王世襄將此書分贈博物館、圖書館、漆器廠和師友，不久便引起了反響。福建名匠師李卓卿將《髹飾錄解說》列為漆器廠的教材，揚州的漆器廠聞迅派人赴京索取，可是音研所中層領導不同意會見，也不許贈書，揚州的廠方人員，無奈只好空手而回；杭州漆器廠便不得不去圖書館，花數周抄錄全書。

更值得注意的是，在五十、六十年代我國幾乎閉關鎖國的時代，這本書還真飄洋過海引起了海外學人的關注。一九五九年故宮研究員陶瓷專家陳萬里與英國Sir Perecival David交換資料時，寄去一冊《髹飾錄解說》，對方如獲至寶；被《格古要論》、《琉球漆器》、《中國漆器》等海外研究漆器的專著，反覆引用；美國弗利爾美術館的梁獻璋女士獲此書後，曾試作英譯，但因僅成初稿未能出版。

由此可見，王世襄於《髹飾錄解說》上的意義和價值，而這也成為他學術生涯中一個重要的里程碑。歷時九載的注釋過程，使王世襄三為一體的治學方法得以形成，那就是遍覽實物，或自已收藏或結交玩家；探尋工藝，尋訪名匠，注重記錄製作方法技藝；旁徵博引，遍閱典籍，考其歷史和流傳。這一治學方法，在王世襄涉足的眾多研究領域都有效應用，往往取得了與眾不同的成果。

二、整風為引出洞蛇

一九五七年五月一日，新中國成立後的第九個年頭，那天正是國際「五一」勞動節。清晨，王世襄照例早起，推著單車從東廂房牆根經過，走出芳嘉園大門，旭日淡紅色的光輝，灑滿安靜的街道。王世襄先到朝陽門大街文化部大樓前打太極拳。就在這樣的時刻，他想起去年黨的「八大」提出的以經濟建設為中心的指導思想，和毛主度文藝戰線要「百花齊放、百家爭鳴」的雙百方針，之後，全國各項事業呈現一片難得的欣欣向榮的景象。此時，確使他心裡一禁一熱，很多已過往事，又在心頭重現。待到早晨七點，對面朝陽菜市場開門了，他提著籃子率先衝進去，買了新鮮的嫩菜、鮮魚，滿載而歸；後他又繞到賣早點的攤上去買老北平最常吃的早飯，豆汁。一旁的報攤上，已擺上了今天剛出版的報紙，只見《人民日報》頭版上，醒目的黑色鉛字印著《中共中央關於整風運動的指示》。王世襄在等豆汁的當口，瞥了報紙一眼，可並沒有放在心上，他生性對政治並不敏感，從攤主手裡接過滿滿一大漱口缸的熱騰騰的豆汁後，他便一手端著，一手扶著車把，騎回了芳嘉園。

此時，荃猷和小敦煌也已起床，王世襄放下豆汁，一家三口樂呵呵地圍坐一起共進早餐。窗外是陽春三月澄藍而明淨的天空，還時時傳來幾聲如仙樂般悠揚的鴿哨，沒有人預料到，暴風的中心已經形成，一次浩浩蕩蕩、淒風苦雨，顛覆無數中國人命運的運動，即拉開簾幕。

一九五七年四月二十七日，中共中央發出《關於整風運動的指示》，要在全黨進行一次普遍、深入的反對官僚主義、宗派主義和主觀主義的整風運動。一九五七年五月一日，《人民日報》全文刊登了該指示。為了幫助黨整風，號召黨外人士向黨提意見，要求「知無不言、言無不盡」。

五月，音樂研究所也不例外，院黨委邀請研究所各民主黨派負責人等參加整風座談會，黨委講了第一批整風的計畫和黨委開展整風的決心，要求大家對黨委領導幹部的思想作風及研究所各方面的工作提出意見。同時，黨委又分別向研究所工作人員進行了傳達動員，號召「大鳴大放」。研究所不少工作人員，積極回應黨的號召，在各種座談會上，對各方面的工作和各級領導幹部的思想作風等，提出了大量的批評和建議。大多數民主人士積極回應黨的號召，提出了很多中肯的意見。許多會上發表的意見，都通過《人民日報》發表了。

王世襄此時也真誠地想要幫助黨整風，於是在整風座談會上，他十分中肯地提出了「三反」中不該在完全沒有確鑿證據的情況下，便對他實施長期拘禁關押，不應違反黨的政策而採用「逼、供、信」，更不應該查明他沒有問題後，仍然將他開除公職，表示殷切希望政府能改正對他的不適當處理。

發表完意見後，王世襄心裡十分舒坦，一直如鯁在喉的話語終於一吐為快。誰知，他又無意中犯了如「三反」中一樣天真率直的老毛病。一九五七年六月，當他從河南考察信陽古墓回到北平時，便已感受了陰影的來臨。歷時一個月的大鳴大放後，形勢忽然來了個一百八十度的大轉彎。

一九五七年六月八日，中央發出組織力量反擊右派分子進攻的黨內指示。同日，《人民日報》發表了〈這是為什麼？〉的社論，一場全國規模的急風暴雨式的反右派運動猛烈地開展起來。音樂研究所也立即在職工中分別開展了「反右派鬥爭」，既在黨外，又在黨內，對所謂「右派言論」進行揭發批判和鬥爭。運動持續到九月份才基本告一段落，對所劃的「右派」進行組織處理；對與「右派」有牽連或劃不清界限的同志進行了批判、批評或黨團組織處分。王世襄本不應被劃為「右派」，可因他在整風座談會上的一席話，便因言禍罪，戴上了一頂右派的帽子。

而正是「反右」運動正酣之時，王世襄世居的芳嘉園老宅卻熱鬧起來，先後搬進了黃苗子、郁風一家，張光宇一家。當時北平市開始實施沒收私人房產的政策，凡出租在十五間以上的房產由北平市管理。於是，房管局、派出所、居委會聯合起來一再動員王世襄家出租芳嘉園的東西廂房，否則便要在王世襄家裡辦街道托兒所或街道食堂。正在王世襄十分無奈，左右為難之時，他偶爾去盛家倫處串門，盛家倫是有名的音樂家，住在東單棲鳳樓一座小院裡，王世襄時常來到棲鳳樓拜訪他。當時，在這座小院裡與盛家倫同住的，先後有吳祖光一家，黃苗子郁風一家，北平電影製片廠製片主任戴浩一家。樓下的一間大廳和兩間側室，曾由吳祖光介紹，成為上海《新民報晚刊》駐北平辦事處，這樣，《新民報晚刊》的總經理陳銘德、鄧季惺夫婦，也經常來此旅居。

在「反右」開始之後，吳祖光、黃苗子先後因「二流堂」獲罪。這座小院自然被視為不可容忍的、讓人生疑的「右派」文人相聚的場所。一位文化部主持「反右」運動的副部長，曾直接明確地說不能讓這樣一批人再住在一起。於是，黃苗子正準備搬走，卻一時間找不到合適的地方，恰王世襄來此後，知道此事後，爽快地說自己那裡有地方，便邀請苗子郁風一家搬進去。之後，當時住在中央工藝美術學院宿舍的張光宇教授（西元一九〇〇至一九六五年）江蘇無錫人。傑出的老一輩漫畫家、裝飾畫家、工藝美術教育家。創立對現代美術影響深遠的「裝飾」派藝術。他那時，也正因出入不甚方便想換個地方住，王世襄便請他也搬進了芳嘉園。

王世襄此舉，當時曾被一位音研所的朋友說為「犯傻」。因為，開展反右之時，大家對「二流堂」的人都避之不及，可王卻還往家請。但王世襄對這話，並不以為然，他說：「我是個書呆子，從不問政治。我到西觀音寺去串門，看看盛家倫。聽說黃苗子他們正想找地方住，我說我有，他們就到我這兒來了。」其實，當時已經開始「反右」了，王世襄情況也不妙，之後，他只是說：「但我沒有想到這些，這說明我這個人頭腦簡單。不過，物以類聚，其實沒有別的什麼。」

就這樣，黃苗子、郁風帶著三個孩子住進了芳嘉園的東廂房，張光宇一家住西廂房，這一來他們兩家加上王世襄一家的朋友便常常來串門。當時可也熱鬧一陣子，如聶紺弩、啟功、葉淺予、沈從文、張正宇、黃永玉等等書畫文藝界的朋友，可謂絡繹不絕。更有意思的是，朋友中也大多都是右派，對無故被劃為右派的王世襄來說，無疑找到了同類；更何況他們都彼此心靈相契、志趣相投。

芳嘉園小院，在北平不算大，一進門是一道刷綠油的竹柵欄，那裡爬滿了粉色的薔薇花、加之翠竹，似有詩意；東廂房前一架藤蘿，老幹走龍蛇，饒有畫意；三間正房，左右兩棵百年以上的海棠樹，東邊一棵枯死後，王世襄索性把樹幹鋸成二尺多高的椿子，還從山貨店買了一塊徑一米的青石板，像滾車輪般運回園中，擺在海棠樹椿上，遂成了個圓桌，這裡成了友朋們喝茶閒聊的最佳場所。試想，在這靜逸古雅的小園中，這些來自不同職業的文化人，相聚一起，談文說藝、吟詩作畫，在當時的時代，倒也稱得上自得其樂。

看王世襄的傢俱，賞黃苗子的書法，聽袁荃猷的古琴；到飯點時，世襄還會捧出一碗碗美味的家常菜，時留客品嚐。芳嘉園儼然成了北平城裡知識分子相聚的「世外桃源」，儘管他們都因時代各懷有自已的憂患與傷痛，可在小園相聚的一刻，他們獲得了難得的幸福和自由。雖然，如今這處充滿歷史人文情懷的小園已被拆毀，可我相信，那滿園花草樹木，晚風中飄散著的太平、玉簪花陣陣幽芳，甚或那民國的流風遺韻，將永遠留存於人們的記憶中。正如張光宇教授贈予王世襄詩中所言：

芳嘉園中宅，分得一邊住。
綠竹生新意，牽牛入庭戶。
余生也何幸，得此清境駐。
何當謝一人，適我娛老暮。

三、心存自珍難磨滅

人總是依靠希望活著的，如失去了希望，再優越的環境，再富足的金錢，人生也只能是一潭死水。這希望之於王世襄，便是自珍的信念。

一九五七年，王世襄因言禍罪，被錯劃為「右派」，當時，音研所已打算派王世襄和夫人袁荃猷去敦煌工作一年，因為，袁荃猷具高超的摹繪技能，王世襄對那裡的藝術也非常熱愛。但這本應令他們兩人和音研所，都能受益的計畫，卻因王世襄被劃為右派，經黨員開會，作為懲罰，取消了他們的敦煌之行，王世襄也從研究室降到資料室工作。同時，所中還派一位中層領導，負責王世襄的思想改造，指定王每週或十天必須交一篇思想彙報。這對在音樂研究所剛開始恢復學術研究的王世襄來說，應是又一次打擊。可這次，他並沒有如「三反」時那樣萬念俱灰，甚至絕望到輕生，而是更堅強和自信了些。正如王世襄在《自珍集序》中所言：

> 大凡受極不公正待遇者，可能自尋短見，可能鋌而走險，罪名同為「自絕於人民」，故萬萬不可。我則與荃猷相濡以沫，共同決定堅守自珍。自珍者，更加嚴於律己，規規矩矩，堂堂正正做人。唯僅此方可獨善其身，卻無補於世，終將虛度此生。故更當平心靜氣，不亢不卑，對一己作客觀之剖析，以期發現有何對國家、對人民有益之工作而尚能勝任者，全力以赴，不辭十倍之艱苦、辛勞，達到妥善完成之目的。自信行之十年、二十年、三十年，當可得到世人公正、正確之理解與承認。

如果說，《髹飾錄解說》是王世襄學術研究的里程碑的話，那「自珍」思想的形成，則標誌著他的人生觀、世界觀的成熟。他從一個滿懷一團熱情和純真的青年，轉變為一個清晰釐定人生意義和方向的成熟男子，生命中熟輕熟重，該銘刻下什麼印跡，該一笑置之什麼？那時，王世襄已了然於胸。

在那運動一波接著一波的時代，當王世襄這代人堅持的尊嚴和信仰，完全被否定，甚至遭受極端殘踏，從精神到肉體，都接受著沉重的改造。我們看到，許多知識分子，過不了這一令他們失去尊嚴與人格的改造，其中有人選擇了背叛與出賣靈魂，有人選擇了死亡，也有人有沈默，接受著精神的幻滅。而王世襄卻選擇了走「自珍」的人生之路，這一時期，他並沒有因「右派」的壓力而停止工作，相反他投入了更多的時間，照樣埋頭苦讀，照常撰文著述。當時，搬進芳嘉園小院的黃苗子，作了這樣的回憶：「那時我一般早上五點起來讀書寫字，但四點多，暢安書房的台燈，就已早透出亮光來了」，他還特地賦七絕一首：

尤愆如山負藐躬，
逡巡書硯豈途窮，
鄰窗燈火君家早，
慚愧先生苦用功。

這足見王世襄當時決心走自珍之道，其勤勉可見一斑，隨之而來的是，他的筆耕也結出一串串豐碩的果實。

一九五八年五月，王世襄臨摹、整理的《高松竹譜》由人民美術出版社出版，《高松竹譜》刊印於明代，是一本頗有價值的畫譜，與《芥子園畫譜》同為中國畫歷史上的經典之作。一九五九年，他又自費刻印了《畫學彙編》、《雕刻集影》兩本書稿；緊接著一九六〇年，他撰寫了〈宋陳暘《樂書》——我國第一部音樂百科全書〉一文；一九六一年，他編著的《中國古代音樂書目》由人民音樂出版社推出。儘管，當時全國上下已處在熱火朝天的「大躍進」運動中，在生產發展上追求高速度，以實現工農業生產高指標為目標。要求工農業主要產品的產量成倍、幾倍、甚至幾十倍地增長。全國各地大煉鋼鐵，大辦人民公社，北平的各大機構地欣喜若狂地憧憬著「趕英超美」的美好藍圖。王世襄只埋頭著書，不關心政治，更不參與運動的行為常被污為「一本書主義」、「走白專道路」、「右派放毒」等，可他並不在乎，他活在他的世界中，自足而自樂。

一九六二年全國形勢如陰雲中忽透出一絲微光，不少「右派」得以摘帽，王世襄也在那時被摘掉「右派」帽子，並通知他可調回文物部門工作。也許「三反」時痛苦不堪的回憶還索繞在他的腦中，也許故宮對那時的他來說猶如一個美麗而遙不可及的夢想。所以，王世襄選擇了文物局直屬的文物博物館研究所。文物博物館研究所前身可追溯到一九三五年成立的「舊都文物整理委員會」；一九四五年改名「北平文物整理委員會」；一九四九年成為新中國第一個文物保護管理機構——「北平文物整理委員會」；一九五六年更名「古代建築修整所」；一九六二年保留原所名，增名「文物博物館研究所」。

於是，王世襄離開了音樂研究所，重回了他熱愛的文物部門，每天騎著單車，來到北平大學紅樓，開始一天充實的工作。這一時期，完成了《髹飾錄解說》後，王世襄決定把精力投入到古建築上，這是他抗戰時在李莊參加中國營造學社時就培養的興趣，何況當時對中國古建築的研究還十分貧弱。王世襄認為可首先從年代最近，留有建築實物較為豐富的清代起步，先分析清楚清代部院衙署纂修的有關營建製造的各作工匠的成規定例，再結合實物與匠師經驗，對研究我國清代建築是至關重要的。只要確定目標，又是自己有興趣覺得有意義的工作，王世襄便立刻全心全意地投入，發揮他的「傻勁」和「狠勁」。這以後，午休時間，大小假日，都可以看到他騎著單車，奔忙於北平圖書館、北平大學圖書館、故宮博物院圖書館、中國科學院圖書館和文物博物研究所等單位間，通過翻閱館藏典籍和自藏之書，王世襄共搜集到清代匠作則例七十多種，其中包括建築和工藝美術的「作」（即工種）四十多個，估計有兩三百萬字。接著，他從七十多種則例中輯錄出漆作、油作、泥金作、佛作、門神作、石作、小木作、鐵作、畫作、銅作等十多項條款。為了示範，王世襄先將佛作、門神做部分彙編完成，專門作序來講明意圖，並於一九六三年六月自費刻印問世。這是王世襄自一九五四年以來自費刻印的第四本書，這些當年的油印本如今都以出版，甚至一再印刷再版，引起世人的關注，可見其價值，當然這只是後話。這一時期，王世襄還撰寫了多篇有關古代建築的文章：山西永濟的元代建築永樂宮，因修水庫整體搬遷到芮城，他在欣賞完永樂宮精美的元代壁畫複製展覽後，專門撰門介紹純陽殿、重陽殿的壁畫，刊於一九六三年第八期的《文物》雜誌，後還撰寫了《趙州大石橋題記彙編》。

一九六三年秋，王世襄將擬定的《清代匠作則例彙編》的編纂計畫正式呈送文物博物館研究所，計畫將《彙編》一書編成十冊，還打算對每作，結合實物及做法詳加注釋與插圖。他的計畫得到了文物博物研究所的批准，正當他將這一研究專題列入自己的工作項目，並準備放手來大幹一場之時，史無前例的「文化大革命」開始了，他的人生也只能是雨打風吹去，零落碾作塵了。

第九章

十年浩劫，磨難歲月

▲ 一九七〇年代，王世襄在咸寧幹校勞動。

▲ 王世襄在黃苗子所書對聯前。

▲ 作為一個「吃主兒」的美食家，王世襄正在烹調。

一、浩劫磨難

一九六六年秋，北平城東的芳嘉園小院，一片和諧寧靜，沿牆一窄畦一排寬葉矮竹，蒼翠欲滴。牆下正放著一、二十盆蘭草，葳蕤嫵媚，最為生氣盎然的，無疑是園中一架葫蘆，長勢甚佳，經秋霜所染，剛結出了一個個青嫩的小葫蘆，風過處輕輕搖曳，剎是玲瓏可愛。

那些時日，內雖有寧靜的小園，外面一條條街道上，大多是塵土喧囂，人們也都是遑遑終日。有一天，一隊街道紅衛兵，東走西串，不知是早有計劃還是臨時突擊，終於氣勢洶洶地沖進芳嘉園內。總有一、二十人，進得園就先高喊：「毛主席萬歲！」、「打倒反動學術權威！」等口號，同時，革命歌曲即刻唱響起來，高音直沖雲霄。這時，園中各家、包括王世襄在內，似沒弄清事情就理，究竟是誰家惹著了他們？只見這群紅衛兵小將，由一小頭目指揮，便以迅雷不及掩耳之勢，開始了抄家和破四舊、打砸搶。乒乒乓乓，不一會兒，園中已是葉落枝折，各家廊屋窗前下，已是一片狼籍，大家臉上呈現的是驚恐萬狀，幸好紅衛兵小將們砸抄了一會，像是累了，帶頭的小平頭隊長一招手，發出一陣勝利的呼哨，革命小將們便揚長而去。小將們雖走了，一片靜寂，大家一下子還是有點驚魂未定，直到完全聽不到紅衛兵叫囂聲，方才回過神來，紛紛收拾家中被翻亂和砸碎的物品。

王世襄走到園中，看到被紅衛兵推倒扯斷的那架葫蘆，看到滿地被揪落的嫩葫蘆，被連根拔出扔進垃圾桶的一盆盆蘭花，不免心痛難當。這是北平城破四舊的第一天。

一九六六年六月一日，《人民日報》發表了陳伯達炮製的〈橫掃一切牛鬼蛇神〉的社論，第一次明確提出「要徹底破除幾千年來一切剝削階級所造成的毒害人民的舊思想、舊文化、舊風俗、舊習慣」。一九六六年八月一日至八月十二日，召開了中共八屆十一中全會，通過了《關於文化大革命的決定》（簡稱《十六條》），進一步肯定了破「四舊」的提法。但如何破「四舊」還尚無樣板條文，中央沒有說明。

一九六六年八月十八日，召開「慶祝文化大革命大會」，並舉行大規模的遊行。這一天，毛澤東第一次接見了紅衛兵。從這天起，受毛澤東接見的三十萬北平紅衛兵小將們，紛紛走向街頭，張貼傳單和大字報，集會演說，開始了所謂的「破四舊」運動，他們的目光，從店鋪轉向包括歷史文物在內的更加廣泛的目標。紅色的風暴席捲了北平的千家萬戶，在二十天左右的時間裡，就有數萬戶人家被抄了家。一切外來的和中國古代的文化，都是封建的、資產階級的、修正主義的，都是革命造反派橫掃一切的目標。中學紅衛兵（加上少數大學生）殺向街頭，以打爛一切「四舊」物品為宗旨，把北平城內外砸了個遍。當時北京各報的新聞輿論，對紅衛兵的革命行動，給予了大力支持。

一九六六年八月二十三日，《人民日報》發表了社論〈好得很〉，社論指出：「紅衛兵小將們以毛澤東思想為武器，正在橫掃一切剝削階級的舊思想、舊文化、舊風俗、舊習慣的灰塵……」在紅衛兵抄家高潮中，《人民日報》又發表社論〈不准抹殺紅衛兵的功勳〉，號召紅衛兵對「那些吸血鬼、寄生蟲」動手吧，以「把他們的金銀財寶、殺人武器、變天賬都拿出來展覽……」

「文化大革命」風暴席捲之初，王世襄雖於一九六二年被摘「右派」之帽，可依然被視為地、富、反、壞、右的「黑五類」一群，遭受大字報批鬥，當眾開批判大會等，正接受著「革命」的洗禮。王世襄對運動中的一切荒唐、顛倒是非的行為，在那時已慢慢學會平靜對待，學會了放寬自己心境的舉措，運用理性和智慧，儘量做到「無故加之而不怒」，使他所熱愛的傳統文化，儘量減少在革命中被毀滅。

王世襄那時目睹了紅衛兵在北京城「破四舊」的壯舉，短短幾天時間內，北京市便有十多萬戶人家被抄。六千八百四十三處文物，竟有四千九百二十二處被毀。大量學者名人所藏的珍貴文物，均被毀滅殆盡，梁漱溟先生曾回憶說：

> 他們撕字畫，砸古玩，還一面撕一面唾 是「封建主義的玩意兒」。最後是一聲號令，把我曾祖、祖父和我父親在清朝三代為官購置的書籍和字畫，還有我自己保存的……統統堆到院裡付之一炬。

據不完全的統計數字來看，從「文化大革命」發端之一九六六年十一月九日至十二月七日，紅衛兵共毀壞各類文物六千餘件，燒毀稀有古籍兩千七百餘冊，各種字畫九百多軸，歷代石碑一千餘座，其中包括國家一級保護文物的國寶七十餘件，宋元珍版書籍一千多冊。

當然，當時的王世襄，作為本人自然無法知曉這些數字。但他從破「四舊」開始，便已經預感到家裡多年來自己一點一滴、辛辛苦苦所收藏的明式傢俱、佛像、銅器、字畫、漆器、鴿哨等心愛之物，以及王家祖傳的古籍善本和自己的手稿，都將毫無疑問會被劃為「四舊」之列，極有可能在再抄家中，遭到滅頂之災。尤其是那些革命小將，大都年幼無知。這又一次使憶及「三反」時那些年月的光景，那時他面對一群打虎英雄時，也是縮手無策，當他言及朱桂老這樣有名的人物時，對方是茫然不知其人，還以為朱桂老是唱戲的人。如今，又要經歷文革，在這般亂哄哄情況下，如跟這些革命小將，說及文物的珍貴價值，無異比對牛彈琴更可笑。

這時期，王世襄一直焦急地思考著，心想目前在中國大地上，已不可能力挽狂瀾地去阻攔這場革命的發生，誰也無此能力；瘋狂的抄家，既然已不可能從這大潮中倖免，那麼，唯有想法使損失盡可能減少到最小程度，才是一次選擇。

為此，他即主動地跟國家文物局聯繫，請接管國家文物局的大學紅衛兵們，主動請當時的紅衛兵前來「破四舊」抄家，並說明家中一些文物的價值，以及在此形勢下交給國家保管的必要性。當然，對王世襄這樣一個愛好文物成癖的人來說，要告別與之朝夕相處、時常把玩的那一件件心愛之物，自然是心酸難忍、難捨難忘，但他更不忍心看到它們被無端毀於無知之手，理智告訴他，在那個史無前例的特殊的政治風潮下，將自己心愛的文物，交給國家有關部門完好地保存，使中國寶貴的文物，在這場浩劫以後，繼續傳承供後人欣賞，可謂是最為明智之舉了。

也許是文物局的紅衛兵們看王世襄「自我革命」的態度誠懇，又看到他主動請纓並有文化知識和素養，他們終於認同了王世襄的說法，在進入王家抄家和將所抄之物搬上車時，都還算客氣也非常小心，並將大多數東西完璧無損地封存到了規定的地方。當然，在那個狂熱的革命時期，王世襄「主動」申請「抄家」可謂是一步險棋，但卻收到了非常好的效果。這樣明智的舉措，還影響了同院為鄰的黃苗子、郁風夫婦。他們也效仿王世襄主動請纓的做法，請所在單位的造反派來抄家，還雇來七輛三輪車，將所藏之明清善本連同書櫥和其他書畫藏品，都一起送到單位，其中包括自己多年來摘錄的美術史讀書卡片兩萬多張。

「文革」浩劫中無數的文化瑰寶化為灰燼，而王世襄卻能在「文革」結束、撥亂反正後，因落實政策，重新收回了絕大多數自己的心愛之物，包括他闊別多年的手稿、書信。而黃苗子、郁風近千種明清刻本，於劫後也同樣回到了他們身邊。真的，我們現在已無法得知，那時的王世襄，能作出這樣明智的決定，究是什麼在啟示著他，是經歷了「三反」、「反右」諸多運動的磨難，讓他處變不驚，還是年輕時的追寶經歷提示了他？甚或是中國文化自強不息的信念驅使了他，總之，這是一個有頭腦的中國知識分子，在「文革」時代，難得的幸運了。我曾就這事與有同樣經歷的黃裳先生，談起王世襄的不幸之幸，他說，「我就沒有這樣的機會與幸運，至今我還有些善本未被歸還呢！」

一九六七年至一九六八年，文化大革命初期破四舊的疾風暴雨過後，北京城稍顯得平靜了一些，但所有單位從科研機構、學校、工廠等，都停止了正常的工作運轉，每個角落裡，都貼著鋪天蓋地的大字報，王世襄每天去單位便是去接受批鬥、寫檢查。他「文革」前正著手進行的著書立說，自然也無疾而終，家裡的藏書都被抄走了，也無書可讀，更別說寫東西了。唯一可讀的，只有《毛主席語錄》和《毛澤東選集》。

那時，王世襄經常還得從事繁重的勞動，經常蹬著三輪車，從大郊亭，（大郊亭與同區的小郊亭從地名上看是孿生兄弟，而在歷史上，確實有過兩座相距不遠的亭子。）每天要運五袋水泥，回沙灘的紅樓，往返足有三十餘里地。何況那時，被打成「右派」的王世襄，早剝奪了全部的工資收入，每月只發一個人的生活費。家中只有夫人袁荃猷是領全薪的，所以一人工資，當時卻要供王世襄、兒子敦煌，還有兩位老人的吃穿用度，生活上自然是捉襟見肘。加之六十年代初開始的「三年自然災害」，造成糧食、物資供應的普遍緊張，每天要幹體力重活，因而導致王世襄在「三反」時，於公安局看守所感染的肺結核，又在一九六九年時，開始復發起來，且發展到有空洞；醫生囑咐要臥床休息。然而此時，全國又發起了知識分子下放勞動的大潮，文物局系統當然也不例外，開始了所有人員下放「五七幹校」，接受思想改造的運動。

一九六八年九月十四日，毛澤東主席發出「知識青年到農村去，接受貧下中農再教育，很有必要」和「我們也有兩隻手，不在城裡吃閒飯」的號召，頓時這一切就像颶風一樣，掀起了知識青年上山下鄉和幹部下放的高潮。

中共中央、國務院等大批中華人民共和國國家機關，均在河南、湖北、江西等十八個省市縣區，創辦了一百零五所五七幹校，先後遣送、安置了十多萬名下放幹部、三萬家屬和五千名知識青年（子女）。而其他各省、市地縣辦的五七幹校，更是數以萬計，在那裡接受改造的學員，多達數十萬人，也許還不止這個數字。

王世襄感染肺結核，本應靜養，可軍宣隊勒令他必須於十月一日前隨同文物局系統人員下放湖北咸寧，當時形勢所逼，他也只得無奈地拖著孱弱的病體，背上簡單的行李，隨下放大軍離開北平城。而夫人袁荃猷所屬的音樂研究所，人員下放至天津團泊窪靜海幹校，她也在王世襄出發後幾天隨單位下放了。而唯一的一個兒子敦煌，也響應知識青年上山下鄉的號召到寧夏兵團。從此，溫馨和美滿的一家三口，傾刻間天各一方、各不相見。

王世襄終帶著病體，心中藏著無限的傷痛，在咸寧開始了他人生中第二次較長時間離開北平的漂泊歲月。遙想起第一次，他離開北平城，那是戰爭歲月、動盪年代，他作為一個有志的年青人，是不願在日偽統治下苟且生活而去；而這一次，令他不安與百思難解的，則是因為狂熱的群眾運動，而去接受勞動改造的。這時的他，年近五十五歲，兩鬢日顯斑白，卻又在社會主義形勢下，再一次背井離鄉、流浪異地；真可謂人生命運，如此多舛、反覆無常矣。

二、咸寧歲月

咸寧市位於湖北省東南部，長江中游南岸，湘鄂贛三省交界處，是南下北上的主要通道，有「湖北南大門」之稱，文化部五七幹部學校正選建於咸寧的向陽湖。一九六八年至一九七二年間，六千餘名文化部高級領導幹部，著名的作家、翻譯家、出版家、藝術家、文博專家、學者及其家屬，陸續下放來到了這向陽湖畔，經歷了為期三年左右的勞動改造。下放向陽湖的知名人士包括：作家有沈從文、馮雪峰、冰心、樓適夷、張天翼、孟超、陳白塵、蕭乾、臧克家、張光年等；出版家有陳翰伯、陳原、范用等；學者有宋雲彬、周汝昌、周紹良等；文博專家則有吳仲超、王世襄、徐邦達、朱家溍等。當時的向陽湖，真可謂「六千文化人，同一塊土地」，感覺還真與王世襄抗戰時期投奔的四川李莊相似，那時的李莊也是彙集了各類的文化精英。可不同的是，在當年戰火紛飛的歲月裡，那些文化人雖飽經顛沛流離，卻在愁苦中拾起了無限的希望，依然能孜孜不倦地開展各項文化學術研究和交流；而如今，是政治壓倒一切的時代，只有一個中心，別無他想；在咸寧沒有了學術與文化的交流與追求，只能是老老實實背語錄、默默的生存；況且，如今在咸寧下放勞動的知識分子，大多在前數年各項運動的狂潮中，飽受過煎熬。如今他們只在彷徨驚恐中，謹言慎行，小心求生，最大的希望只祈求平靜的生活，唯等待到什麼時候能夠早日回家。真的，在那樣特殊的年代，一年年逝去的無情歲月，沒有時間做出任何公正的答復，每個個體的生靈，只是在記錄著那史無前例的光榮的豐碑。

在咸寧的五七幹校，王世襄最初被分配看守菜地，隨即參加開畦種菜。當年的五七幹校，是在咸寧市郊位於向陽湖一帶，原屬咸寧地區咸寧市（縣），現屬咸安區。當時，農村的生活條件是非常艱苦的，住房破敗而窄小，而且咸寧氣候潮濕，大雨襲來，房子裡幾乎是在下著小雨，大風刮時，房子更是搖搖欲墜。

王世襄和幹校裡的知識分子，每天的生活是早起幹農活，從小便出身官宦世家的他，在那裡幾乎幹遍了農村裡每一項農活；如犁地、種菜、放牛、養鴨、餵豬、栽水稻，除了體力勞動外，還得開會、自我檢查、寫交代材料，並時常要接受軍宣隊的思想教育。

王世襄至今還記得，有一天，一個軍宣隊幹部，在一個高坡上對全校學員講話，結尾時還加重語氣、嚴辭對他們說：「你們死了心吧，別想回北平去，把老骨頭就扔在此地吧！」這個當時代表最高權力機構的發號司令，竟出於一個喜怒無常之徒，穿著黃色的軍裝，上裝口袋上別了一枚紅色的像章，盛氣凌人、甚或冷酷無情。可是，這些發自上面使人絕望的語言，以及當時艱苦的生活條件，每天繁重的體力勞動，卻沒把王世襄嚇倒，也沒有使這個懷著肺空洞的病號折騰到只剩下一把老骨頭，而恰恰相反，隨著時日的一天天過去，卻讓王世襄戰勝了病魔，體格反而比離開北平時更健壯了。

在那裡，雖度日如年，但至一九七一年，王每天已能從低窪水塘中，挑一百多斤水，走上坡去澆灌菜園子了。當然，也有一次，他拖著肺病虛弱的身子來菜園挑水，一下子竟暈到在地，但當抬頭張眼時，不期竟看到一株倒在地上的油菜花，看著那折斷的枝頭，依然金燦燦的花朵，王世襄仿佛看到了自己在「文革」中的命運，他為此特地寫了一首《畦邊偶成》的詩：

風雨摧園蔬，
根出莖半死，
昂首猶作花，
誓結豐碩子。

這首借物喻人小詩，後來被王世襄稱為「菜花精神」的體現。當然，這種精神可謂在鼓勵著他在向命運抗鬥。

天生的樂觀性格，和歷經磨難挫折而形成的自珍信念，讓王世襄決心頑強面對現實，不僅要生存下去，而且要活得更好，活得比否定他、摧殘他的人更要有價值。一種千百年來在中國卓越知識分子身上所體現的傳承與堅忍的精神，確在支持著王世襄對一切惡劣環境的抗爭。

這是一種看不見的但強大無比的文化力量，這麼股文化力量，在看似封閉而一潭死水的五七幹校裡，一如石縫裡的野草、畦邊的菜花，生生不息、並默默積蓄力量以待重生。「什麼地方有文化的存在，暴力就不可能在什麼地方長期作威作福」，這句話，如形容文革中之咸寧幹校，也非常貼切。今日我們從文化人在咸寧幹校中寫下的大量詩文中，猶可窺其一斑：如沈從文（西元一九〇二至一九八八年）在漏雨的屋中，從容地寫下了不少詩，破了他解放後十年乃至二十年的紀錄；陳白塵（西元一九〇八至一九九四年）我國傑出戲劇家、文學家、教育家，偷偷地記下了《牛棚日記》；陳羽綸在蚊帳之油燈下，竊讀英語文學名著，當時被工宣隊誤診弄得缺了一條腿的大翻譯家，作過胃大切除手術、「老弱病殘四條他都占全了」（文潔若語），而楊絳後來寫出的《幹校六記》，均可作為這句名言的經典注解。

王世襄在幹校歲月中，同樣寫下了不少觀景、抒情、言志的詩，如在咸寧道中有兩首詩，就頗值我們今天的讀者去一讀：

一路山村不記名，
村村人盡備春耕，
雨餘先貯秧田水，
黃菜花中一鏡明。

丹桂誰栽大合園，
夾衢雙闕勢巍巍，
輕車馳過爭回首，
金色凝眸香滿衣。

詩中一派生氣盎然的田園風景，樸實的農耕景像，絲毫不見愁苦和一點自怨自艾，且在心靈之中貯存一腔的詩情畫意。真可用得上顧城當年寫的詩：「黑夜給了我黑色的眼睛，我卻用它尋找光明。」當然，那時的王世襄，不太會知道這首年青詩人所寫的詩。

在咸寧期間，那時，鄉間勞作，再加上他已遠離北平，遠離煩囂，那山水清遠美好的大自然的陽光與空氣，真似乎給了他恢復元氣的天然條件。慢慢的，在這樣的情境下，他的身體也遂漸戰勝了病魔，心情也越來越開朗，久居北平城的王世襄，思忖著全國大形勢的走向，只能在無可奈何之中度過，於是，他也便漸漸地陶醉和熱愛著咸寧的田園風光，況且，那時的北平城，大街小巷充塞著鋪天蓋地的大字報，周圍都是情緒激昂高喊造反口號的造反派，相比之下，咸寧在當時的情景下，成了安逸的一隅。他後來在一篇題為〈百靈〉的散文中，曾動情地回憶了當時的生活情景：

我被安排住在圍湖造田的工棚裡，放了兩年牛。勞動之餘。躺在堤坡上小憩，聽到大自然中的百靈，妙音來自天際。極目層雲，只見遙星一點，飄忽閃爍，運行無礙，鳴聲卻清晰而不間歇，總是一句重複上百十次，然後換一句又重複上百十次。如此半晌時刻，驀地一抿翅，像流星一般下墜千百仞，直落草叢中，這時我也好像從九天韶樂中醒來，回到人間，發現自己還是躺在草坡上，不禁嗒然若失。這片刻可以說是當時最高享受，把什麼抓「五一六」等大字報上的烏七八糟語言忘個一乾二淨，真是快哉快哉！

讀著王世襄的這些天人合一的文字，他在讀者心中透出的，是一個豁達的、恰猶如千年前在海南被貶的蘇東坡形象。不是嗎，東坡當年也曾有詩說：「天其以我為箕子，要使此意留要荒。他年誰作地輿志，海南萬里真吾鄉。」歷史有時好像也在重複著，只是一在海南天涯，一在湖北咸寧；一是官，一是民而已。但是，前後卻相隔了近千年之久！

王世襄，當時處在這般艱苦複雜文革環境下，能俱有這樣的心態，筆者真為之驚奇！我們不妨再讀一讀他那靈動的詩句。如他在邊放鴨邊在心中構思的一幅幅美麗的景象：

蒙茸乳鴨戲新禾，
恍若黃鸝佛柳過，
今日不思柑與酒，
但攜一竹踏汀莎。

又如，他照料的鴨子產下的鴨蛋，竟大如孩子的小拳頭；那時，王世襄又快樂地記入了詩中：

浴罷春波淺草眠，
又緣堤曲下湖田，
往來莫笑蹣跚甚，
生卵皆如稚子拳。

身處豬官的王世襄，卻仍妙想連篇：

池塘一片水浮蓮，
日日豬餐日日鮮，
自笑當年缸裡種，
只知掬月照無眠。

說真的，如今筆者在《錦灰堆》裡讀到這一首首寫於動亂年代的詩句、那陶淵明式的「悠然見南山」之田園詩句，真讓人備感溫暖。

幹校勞動之餘，從小便是「吃主兒」的王世襄，竟然在物資相對匱乏的幹校，在寂寞與孤獨裡，無窮的美食韻味始終陪伴著他。一九七一年之後，幹校的戒律，稍見鬆懈，王世襄便經常抽空跟當地的老鄉求教，有段時間他著迷於調查、採集、品嚐野生蘑。經過瞭解和實地採集，他知道了當地的食用菌有長在樹林裡，呈綠色，其味甚佳，不易找到的綠豆菇；有呈黃色，味道稍差的黃豆菇；有體大色紅，須經灶火熏才能吃的胭脂菇；還有味佳難得的冬菇和絲茅菇。當時，他從幹校「四五二」高地，進入湖區牧牛時，還在溝渠邊上發現了一種呈紫色的平片磨菇。起初見如此色澤鮮豔的磨菇，王世襄生怕有毒不敢吃，後請教同在幹校的畫家秦雲嶺先生後，才放心把它與魚同煮，結果發現這種磨菇味鮮質嫩，與眾不同。除了採磨菇烹製外，王世襄還對漁家打魚，樂而不疲。

那時，離幹校不遠處，就是咸寧的西湖，南北長百里，魚場密佈，他便常常跑到西湖邊的專家灣，向當地的一位漁夫叫韓祖祥的求教捕魚之術。老韓家世代居住西湖旁，以打魚為生。王世襄起初是找韓祖祥買魚相識，韓一聽口音，就知買魚人是從「五七」幹校來的。王世襄看到韓家有青魚、草魚、鯉魚、鯿魚、箭魚等好幾個品種時，不由眼睛一亮，好奇地問長問短起來。韓祖祥見這讀書人雖不知魚性，卻能旁徵博引，大有學問，也熱情地有問必答。此後，韓祖祥選了一條一斤多重的鱖魚和一條一斤多重的鯿魚稱給買魚人。買魚人臨走時依依不捨地說：「我姓王，是『五七』幹校的，以後我每個星期天都來你家玩，中午就在你家做飯吃。」韓祖祥當即高興地應承說：「好事！好事！」當分手時，雙方似有說不完的話要說。

就這樣，第二天天沒亮，王世襄就帶著醬油、生薑、大蒜等佐料來到韓家。由於來得太早，他同韓家父子在船艙裡又睡了一覺。當韓祖祥泛舟載著他一起出湖捕魚時，王世襄激動不已，立即賦詩兩首：

西行斜月照人懷，
三裡村蹊獨自來。
拂面馨風渾欲醉，
金銀花正遍山開。

專家灣下是漁家，
半住茅廬半泛槎。
多謝打漁將我去，
頓時歡喜放心花。

真的，這一天的捕魚讓王世襄大開眼界，老韓施展了各種捕魚技巧，什麼放鉤粑、下黏網、收「花籃」、下卡子，看得王世襄眼花繚亂，他詩性大發，一連寫了十首詩，一一記錄了他所觀察到的每一種捕魚情景。那日，天色漸晚，韓祖祥駕舟返岸。王世襄又賦詩一首：

斑斑白髮我猶童，
捉鳥張魚興尚濃。
此夕中宵拼不寐，
西湖學作老漁翁。

返岸後，韓祖祥要送魚給王世襄，但他堅決不受，韓只好收了六角錢，賣給王一條近二斤重的鱖魚。王世襄回到住處，用野竹根當柴，架起臉盆，白水煮魚，僅放了鹽和蔥，吃著卻感到鮮美無比。

如此享受著觀魚、買魚、食魚之樂的王世襄，卻不時想到同樣酷愛食魚、畫魚的老伴袁荃猷，此時她不能在他身旁，卻遠在河北省團泊窪幹校，此情此景，王世襄不由生出幾許感歎：「花鱖提歸一尺長，清泉鳴釜竹煙香。和鹽煮就鮮如許，只惜無由寄與嚐。」王世襄寫完之後，又將觀魚前後所寫的十首詩，工工整整重新抄寫一遍，以《觀魚十首寄荃猷並序》一起寄給了袁荃猷。這應是王世襄在幹校，融人生之情與大自然之愛的難得的人生樂事。

也許是王世襄的好廚藝、愛美食，在幹校內傳開了，到咸寧後的第三年，王世襄被從幹農活的崗位提到了廚房裡，這在當年的咸寧幹校，可是個肥差，不久他就成了那兒的頭把好手。

那時幹校裡紛紛上調，人越來越少，而油和糖都攢了整缸，豬還剩下十幾頭，他便大展廚藝，變著方法烹製美食。寫此，我曾記得有一次，王老曾在飯桌上與筆者得意洋洋地談起他在幹校廚房裡的那些日子，他說：

剛到咸寧很苦，天天吃南瓜，鹹菜是北平帶去的，都長紅黴了。後來，經我自己的努力，熟悉環境利用環境，就慢慢苦中找樂開始逍遙了，當幹校食堂宰完一頭豬，頭兩天溜肝尖啊，炒腰花啊，什麼糖醋裡脊，都我做；然後第二步，就是吃紅燒肉了，最後一步就是吃餡，吃餃子了，呵呵！

說到幹校裡他如何做美食，總見他眉開眼笑、津津樂道：

我當年做過的一個菜，現在任何飯館也做不出來。也是我做過的一次最得意的香糟菜，那叫「糟溜鱖魚白加蒲菜」。我剛到幹校時候，鮮鱖魚和野生鱖魚，四毛錢一斤，等到我走的時候，（離開幹校回北平的日子）就漲到快一塊了。我特地到湖邊，去買了十四條鱖魚，全要公的，一條母的也不要。母的肚子大，這可以區分公母。十四條魚白，也就是公魚的生殖器官，非常嫩，跟豆腐一樣。蒲菜就是湖裡頭拿的，餵牛的，叫茭白草，挖一大捆，剝出嫩心，就成為蒲菜，每根兩寸來長，比濟南大明湖產的毫不遜色。香糟酒是我從北平帶去的。三者合一，做成後，魚白柔軟鮮美，腴而不膩，蒲菜脆嫩清香，加上香糟，奇妙無比。當時吃的人都大叫好吃。試想，現在，一個飯館哪裡會找出十四條活鱖魚來做一個菜？不可能啊。然後這一桌都是鱖魚，炒鱖魚片啊，炸鱖魚排啊，糖醋鱖魚啊，還有乾燒鱖魚、清蒸鱖魚和清湯魚丸。我們叫它「鱖魚宴」。

真的，聽了王老說的那些往日趣事，我總想，如果我們把他在幹校的那些事，編成一本書的話，那就叫它《十四條鱖魚的故事》，興許，真是個多味人生的好故事。

儘管在幹校後期，王世襄的生活過得逍遙自在，有熱愛的大自然美景和美食伴著他度日，可是他畢竟有自己的事業要做，而如今蹉跎歲月，每日過的是空耗時光的日子，只讓他備感憂愁。對於那段日子，他曾有詩寫道：

春搴蘭草秋芝草，
朝啖團魚暮鱖魚，
日日逍遙無一事，
咸寧雖好卻愁予！

中國千百年來知識分子的文化傳播使命感和社會責任感，總讓王世襄渴望能早日結束這份在湖北咸寧的「逍遙」，以儘快回北平，重新拾起他未盡的事業。

一九七一年九月十三日，林彪乘飛機外逃叛國，途中機毀人亡的事件發生了，當年，人稱「林彪叛逃事件」。一九七一年十月三日，中央決定撤銷軍委辦事組，成立軍委辦公會議，由葉劍英主持。同時，決定成立以周恩來為首的由十人組成的中央專案組，徹底審查林彪反革命集團問題。「九一三事件」是「文化大革命」推翻黨的一系列基本原則的結果，於客觀上宣告了「文化大革命」的理論和實踐的失敗。

自一九七二年起，咸寧幹校便紛紛開始了幹部上調，但率先上調的大多是階級成分過硬、出身貧困的一群人，王世襄當然沒有挨到前面，直到一九七三年的夏天，才得以上調。闊別了三年，王世襄終於從咸寧回到了北平城，那時老伴袁荃猷也從靜海幹校上調回來了，已近六十花甲的老漢，與夫人終於又重新聚首芳嘉園。

回到北平，那幾乎荒蕪的芳嘉園，也隨之返還了，那時刻，真讓他恍如化鶴歸來的丁令威，但見城廓依然，芳嘉卻非。那時的王世襄，經三年的農村勞動，確也像一個老農之身影，出現在芳嘉園內。而就在那同樣的時間裡，曾同院居住的黃苗子、郁風一家，也剛從秦城監獄裡釋放回到家中。當時，整個「文革」雖尚未完全結束，互相之間往來尚少，但對於劫後餘生的知識分子來說，自然額手相慶。說來也巧，即同樣在一九七三年，居住在王世襄母親家鄉南潯的有名詞人，文人畫家吳藕汀先生，正有一闋《煙雨樓慢》填於農曆癸丑年，是自度曲，曲曰：

化鶴歸來日。丁令威、有鳥無端悲戚。真同蝴蝶夢莊周，不是千年華表客。飄零我、淚濕遍青衫，底事他鄉寄跡。黃門痛悼十餘春，歎雙鬢，易成霜白。
別時煙雲瞬息。喜故友新交，情同膠漆。連朝秋雨酒樽中，難舍深宵燈火熄。但得意、晝緒作清娛，贏得重翻舊拍。驪歌再度話離分，陽關曲，數聲風笛。

那年，吳比王大三歲，但同樣是知識分子，命運相同，靈犀也相通，反映出了一樣的心情。（見中

華書局《十年鴻跡》，吳藕汀著）

王世襄調回北平後，「文化大革命」的政治狂熱，已在日漸消散，可中央機構與各大單位，還尚未恢復原氣。屢遭運動批鬥的知識分子們，對未來形勢走向，也不甚明朗，所以，只能暗中偷偷地重新讀書著述，但從大的政治氣候看，當時的工作環境已相對寬鬆。於是，王世襄便先著手開始了《髹飾錄解說》的修訂工作。那時，文物局開始落實政策，將抄走的部份傢俱、文物，也發還給了王世襄。可那時芳嘉園小院，卻又被居委會安排進了好幾家住戶，不大的四合院裡住了七、八戶人家，王世襄原來放傢俱的房子，也被人占了，只好把傢俱堆入臥室，成對的大櫃，卸掉櫃方能放入，屋中連支張床的地方也沒有。只能如啟功先生所言，把那些個明代家俱「就拆開捆起，疊高存放」著。

但是，就是在這樣的環境裡，一如火鳳凰的他，卻在一場巨大悲哀的劫後新生了；不論當時還處於怎樣困難的逆境之中，他重新又一切從頭做起；在王世襄心靈深處，總懷有一顆不滅的火焰，這種精神，我們從黃苗子後來於一九七六年，專為他寫的一付盈聯中，就可感知：「移門好教櫥當榻；漏屋還防雨濕書。」

那靜寂中的火焰，照亮了一切纏繞著他的陰霾與苦難，他總用一枝筆，重鑄出思想的結晶。雖然，他所寫並非是哲學般的論理精神，也不是文學式的內心體驗，但卻正是屬於王世襄自己所親歷的，爾後，被荷蘭親王命名為「生存與創新」的另一種體系。

第十章

生存與創新——《髹飾錄解說》

▲ 元代張成造剔犀雲紋漆盒。

▲ 明犀皮漆盒。

▲ 王世襄鑒定漆器。

▲ 朱桂老像。

▲《髹飾錄》封面。

一、結緣《髹飾錄》

我國傳統髹飾工藝歷史悠久，技藝高超。古代勞動人民在漆器這方面積累了極其豐富的經驗，給燦爛的中國傳統文化增添了不少光彩。如果追溯其源，直可溯源到新石器時代的河姆渡文化。我們留意到在浙江餘姚河姆渡遺址中，曾出土過一隻朱漆的木碗，其造型精美，朱漆髹飾技藝高超，埋在地下已七千餘年，重見天日時，仍然鮮豔奪目，這只被發現的最早的漆器製品，使目睹者甚或驚歎不已，在人類文明之創造上，在某些工藝水平的創造上，興許還不如古人。

從上古時代一直到明清時期，飾漆傢俱和漆器工藝品，在我國古代物質文明史上，都一一寫下了輝煌燦爛的篇章。春秋戰國時，楚國本胎漆器胎體的製作，最富藝術特色的是那些採用透雕、圓雕及浮雕工藝加工成型或再進行拼合的器物。如虎座飛鳥、彩繪木雕座屏等。迄今為止，在我國考古發現的最早的夾苧胎漆器實物，大都出自楚墓之中。湖北江陵馬山一號楚墓出土的一件彩繪漆盤，為夾苧胎漆器，器內外均黑地朱繪各種雲紋和鳳鳥等花紋圖案。江陵望山楚墓出土的彩繪漆鞘，也是一件十分輕巧的夾苧胎漆器，漆鞘全身裸黑漆，朱繪花紋，在鞘的一端繪有雲紋和鳳紋。此外，還有皮胎、竹胎、金屬胎、陶胎以及絲麻織品髹漆物等，無一不顯示了中國古代文化之燦爛多姿。

又如江陵藤店一號墓出土的皮甲、江陵拍馬山五號墓出土皮甲漆片、長沙戰國墓出土的黑漆彩繪漆盾等，大都是楚國皮胎漆器的實物。皮胎皮革具有輕巧、柔軟、易於成型、不易開裂等優點，因此是製造甲胄的好原料；但皮革又有怕潮濕、外表不美觀的特點，所以楚國人在製作甲胄時往往要進行髹漆。

所以，我們可以說，人類的生存與發展，從來離不開髹漆工藝漫長的歷史發展。當然，從古迄今，人們在觀念意識中始終是離不開漆的，甚或連死也離不開。比如，人們生著時使用的日常生活的實用器具、娛樂用品，直到死後的喪葬用品，無不與漆器有著千絲萬縷的關係。當然，隨著現代科技之發展，沿襲到了今日，待有了化工製品的出現，人們才開始稍稍遠離了它。

漆器的髹飾技術，從古代沿用至今，已日臻完善，品類也日益齊備。然而，幾千年來勞動人民積累的豐富的漆工經驗，至今失傳的卻很多。如五代朱遵度撰寫的《漆經》惜已失傳。現在我們唯能看到的，也僅是一部古代漆工的專著《髹飾錄》。然而，這本專著國內沒有，卻流傳到了日本。三、四百年來，也僅有手寫的孤本存世，藏日本的蒹葭堂，世稱蒹葭本。但這樣一部重要的科技著作和它的作者、注者，在封建統治者的心目中，卻都如同腳下的小草一樣不屑一顧，不但《四庫全書》中未收此書，就連這書的作者在《明史》裡也並未列傳，這兩人對漆器工業有巨大貢獻，然他們生平的一切事績，甚至連當地的地方誌，也都未予任何的記載，當然，更無人關心此書的刊刻付梓。

直到一九二六年，《髹飾錄》才受到朱啟鈐先生的注意，他幾經周折，寫信給日本一位知名的學者大村西崖請他抄錄副本，自己為其撰寫了弁言，還在體例上加以整理，才得以讓原本是中國的東西刊刻行世，世稱丁卯本。因為有了朱桂老的努力，才使國內讀者開始對此書有了一個大概的瞭解，大家才知道有這麼一部古代漆工的專書。爾後，朱桂老又將此刻本連同新刻的《營造法式》，一同送至商務印刷館，準備大量印刷。但當時遇上日本轟炸上海商務印刷館，所以還沒開始印刷，兩書刻板就被毀壞了。

《髹飾錄》是明代隆慶（西元一五六七至一五七二年）前後的一名漆工所著，作者是安徽新安平沙人，名黃成，號大成。此書全面地敘述了有關中國髹飾藝術方面的技術與經驗。爾後，又在明代天啟五年（西元一六二五年）經嘉興西塘人楊明（號清仲）為它逐條注釋，並撰寫了序言，遂使其內容更顯翔實。《髹飾錄》一書分乾、坤兩集，共十八章，一百八十六條。上集《乾集》，講漆器工藝的製造方法、原料、工具及漆工的禁忌；同時列舉了各種漆器在製作中可能產生的毛病和原因；下集《坤集》，講漆器分類及各個品種的形態。也就是各種漆器的幾十種裝飾手法。這是一部專業性很強的工具書，為古代漆器的定名和分類提供了可靠的依據。《髹飾錄》極為典型地反映了我國古代手工制造物的獨到思想：天人合一的哲學觀，精緻尚古的審美觀和敬業、敏求的工匠精神，反映的是中晚明裝飾風與復古風彌漫之產物，也反映出中晚明理論研究注重實證的成果，其中還蘊籍有西方的人文復興、科技革命在中國的反響。

由於《髹飾錄》雖然是一部有價值的古籍，但行文隱晦難懂，內容上也有不少遺漏，如果不對它進行整理、解說，《髹飾錄》不可能在現代社會進行流傳，它只能作為博物館裡的古物，而無法發揮它的實際效用的價值。為此，朱桂老一直在尋覓能夠找到一個人，將這本流傳幾百年之久的「漆經」作重新的解說。一九四五年，王世襄從重慶回到北平，朱桂老就把《髹飾錄》交給了他，並希望讀懂此書。到了一九四九年，王世襄從美國考察博物歸來，前往拜謁，朱桂又鼓勵他對此書進行重釋、解說的工作。

在中國能對《髹飾錄》做研究並解說的，當然得必備幾個條件。一是須精通我國古代典籍，因為要作研究必讀通以之相關的類書、筆記雜著等文獻資料。二是須具有對我國古代博物藝術的知識，因為研究的要門，必須取博物院所藏的歷代傳世漆器，以及出土文物（包括發掘報告或簡報）與《髹飾錄》中所講述的東西作相互印證。三是為了把《髹飾錄》研究解說好，還要向在世的老漆工藝人們，面對面、手把手地請教髹飾技法，以及有關工具、原料的一切實踐經驗。的確，在我國能夠具備這方面的研究人材，可謂鳳毛麟角。但當年王世襄卻具備這幾方面的條件，而且他對我國古代工藝美術本身，就有著濃厚而廣泛的興趣。因此，當朱桂老物色到了這方面的人材，在心中是很高興的。有一天，朱桂老無不鄭重地、近似囑託地對王世襄說：「啊，你現在仍回到故宮工作了，是個有利條件，應該下些工夫來注釋此書。」王世襄對朱桂老能把此重任交與他，也心懷感激，那時的知識分子，有前輩之信任，也深感自豪。對此，王世襄曾說：

> 《髹飾錄》是中國現存唯一一本古代漆工專著。但全書文字簡略晦澀，且類比失當，所以極難解讀。過去此書唯一抄本遠在日本，後經曾任北洋政府代總理的著名學者朱啟鈐先生刊刻印行。他知道我有這方面的志趣，遂將此書交給我詮釋解說。

對此，我想，一個曾擔任過北洋政府代總理，又是一個著名的學者，能對王世襄那麼看重，這完全取決於朱桂老對王世襄身上所具備的那種與之相關的教養和學識的欣賞是分不開的。

時至一九四九年冬，王世襄便開始著手解說這本世間孤本。但因當時他剛進故宮工作，滿腔熱情投入百廢待興的博物事業的管理與建設之中，時間對他是那麼地不夠用，因此王世襄也只能利用工作間隙，看些故宮院所藏漆器，增加感性認識，為解說這部《髹飾錄》做必要的準備。

當時與王世襄一起在故宮工作的老友朱家溍先生，對王開展這項研究，曾有一段回憶：

記得一九四九年秋，世襄剛從美國考察博物館歸來，仍回故宮博物館工作。當時古物館的館址是壽康宮後牆外的三所，我和世襄都在東所的北房。這所房子的內部都還保留著舊裝修，我在八方罩的裡面靠北窗，他在罩外靠南窗，每天見面。有一天他說：「你看過《髹飾錄》沒有？」我說：「只知道有這個書名，沒見過。」他拿起一本仿宋精刻的線裝書給我看，說是朱桂老給他的。他說打算用通俗的語言注釋，使研究漆器的人都能看懂。我到他的桌子旁邊，看見他在一疊紅格毛邊紙上已經瑄了幾行字。這就是他對於《髹飾錄》解說工作的開始。自此以後，古物館的工作雖然很忙，他每天都要利用中午休息時間翻弄這本書，圈圈點點，抄抄寫寫。

從那時候開始，王世襄與這部古代「漆經」，便結下了三十年之緣。這確是一段長長的孤獨的時光，也是一個真正的學人，甘坐冷板凳的寂寞的時光。

二、傾力解說稿終成

髹飾這門學問，中國自古至今已有幾千年之久的積累，再加上出土文物中不斷有古代漆器的發現。這從王世襄的一篇〈楚瑟漆畫小記〉中我們也可略知一二。一九五七年六月，當王世襄有幸去觀察河南信陽長台關戰國墓中發掘出來的彩繪楚瑟，這些出土文物漆瑟的殘片上，有嶽山（頭部將弦架起的一根木條）以外的一窄條，繪著的是鬥獸花紋，另有嶽山內畫著的龍蛇神怪及狩獵圖像。這些畫的留存，無不關係到中國已存在有幾千年歷史的漆畫。因為由於漆畫的產生，如古人在木胎上的直接髹漆，使漆畫運筆勁挺而流暢，無疑使古代藝術表現得更為豐富更形象了。

王世襄通過出土文物的再現，認為戰國時代楚瑟漆畫其用色，至少已達到鮮紅、暗紅、淺黃、黃、褐、綠、藍、白、金等九種顏色。證明了韓非子當年寓言中就講到的「望見其狀畫成龍、蛇、禽、獸、車、馬、萬物之狀備具。周君大悅。此策之功，非不微難也，然其用與素髹策同。」這則寓言非空穴來風，因為從出土文物，說明當時的現實生活中，確已有了古代髹飾工藝的出現。

隨著王世襄年復一年的對古代髹飾藝術的深入研究，就越使他感到這古代漆畫，簡直是一種神奇的藝術珍寶，無論從人物藝術形象來看，還是從一件件漆器的光彩色澤上來觀察，它們都是那麼的傳神而生動，而且都蘊蓄著一個個非常生動有趣的神話故事。

「高余冠之岌岌兮，長余佩之陸離」，「麾蛟龍以梁津兮，詔西皇使涉予」，當我們讀著楚國大臣屈原的詩，眼前我們尚能看到的這些漆畫，不就是《離騷》中那些詩的象徵嗎？這些畫富於生命力、又賦予了我們無限的想像力，真是非曠代高手所莫能及。至今使人難於想像的是，這些漆畫某些漆的顏色，至今雖科技已很發達，但卻難於調出如此金碧輝煌的色彩來了。也許「前人不知後事，故其所記，未必一一有當於後人之所欲知。」但是，後人欲知漆器知識，必從前人所傳髹飾知識中去尋尋覓覓。我們讀王世襄的《解說》，也就是為了能獲得前後融通的漆器工藝知識之傳承。「為了研究我國髹漆工藝在歷史上的輝煌成就，同時為了使這門工藝美術能更加發展，並推陳出新地為社會服務。」這便是王世襄重視研究這部古代唯一留存於世的《髹飾錄》的目的。

王世襄為了把《髹飾錄》解說好，對在世的漆器匠一些師傅常向他們請教，特別向北平的老藝人名漆工多寶臣先生虛心學習。在兩三年內，他幾乎每星期日都去多老先生家，看他在漆工藝上操作示範，並不厭其詳地提問題，寫筆記。王世襄還多次把多老請到自已家中，請求修復殘器，在旁幫助操作，其真誠之情令老漆工也多深為感動。這裡還有一個插曲，上世紀五〇年代初，就連他夫人袁荃猷也參與了有關髹飾錄解說的實踐中去。她曾對崇文門外蒜市口煙袋桿生產合作社的桂茂栲老師博，進行了採訪，並寫成〈談犀皮漆器〉一文，對髹飾藝術中的犀皮的做法，記錄頗詳，這是我國第一次對犀皮的製作工藝作了詳盡闡述，故此學術文章，一再被國內外學者所引用。

另一方面，王世襄還堅持實物與文獻記載相結合，他除了在故宮觀摩館藏漆器外，有空便到古董店、掛貨鋪、曉市、冷攤和收藏者的家裡觀摩實物。至今，在王世襄著的《自珍集》中，我們尚可看到漆器一章，共收物十九種。書中所收多寶臣當年二種漆器的示範之作，為當代之漆珍，可謂彌足珍貴。

而在文獻方面，面對這樣一本難讀的古籍，王世襄是如何化功夫把它解讀的呢？他的老友朱家溍先生於一九八三曾說：「世襄是先把《髹飾錄》中的名字、術語摘錄出來，編成索引，這樣就能知道每一詞語在書中出現若干次，通過綜合比較來探索其意義。我國著術末附索引的為數不多，而世襄研讀此書卻是從編索引入手的。」

這無疑是王世襄解讀《髹飾錄》的一種獨特方法，在有涉《髹飾錄》文獻的閱讀上，他更是下了死功夫的。為了盡可能把解說做實弄細、融會貫通，他查閱了大量古今圖籍，包括各種國外的文獻。所以朱家溍的評說是：「從王世襄的《解說》可以看出他的工作態度和研究方法是嚴謹的、不惜力的，方法是科學的。」（〈王世襄和他的髹飾錄〉，《讀書》一九八三年第三期）

我們知道，對一部古籍，注藝術、注詞句易，可注專用技術極難。王世襄這部《髹飾錄解說》不但開闢了藝術書注解的先河，同時也是許多古書注解專用技術所不能及的：

> 如果有人懷疑這話，便要問他，《詩經》的詩怎麼唱？《儀禮》的儀節什麼樣？周鼎商彝在案上哪裡放？古人所睡是多長多寬的炕？而《髹飾錄》的注解者，卻可以盎然自得地傲視鄭康成。

我想，有人如此評解很對，因大家對王世襄注《髹飾錄》之成就的肯定，絕不是偶然的，那是他一生之追求的結果。我們說，王世襄對這《髹飾錄》的解說，是他著書立說上可謂用力最多所用時間最長一個研究。就在他完成此書的油印本時，已花了將近五年的時間。

《髹飾錄》解說的初稿在一九五八年完成，王世襄知在當時的政治環境下，這本書自然無法公開出版。雖說當時連郭沫若也曾致涵科學出版社建議出版此書。然而依然未能公開出版，但王世襄想到朱桂老這時已八十八歲高齡，迫切希望能看到《髹飾錄》解說的成果。想起朱桂老對自己的期望，看著他為《髹飾錄》解說所題之書簽，王世襄決定自掏腰包油印兩百部，讓朱桂老在九十大壽前一償平生之心願。因無法公開出版，王世襄便將油印本分送親友和漆器廠等。朱家溍的後人朱傳榮，曾對王世襄當年自費出油印本感慨地說：

過去常有人許願，出錢印經，印幾百冊，放在廟裡，供人自取。作為一種善行，這種經書叫「善書」。書的最末一頁，或是扉頁的背面，差不多都印著這麼一句話「如不看轉送人」，有時還有「版存某處，敬希翻印」的話。王伯伯印的書，就差這一句了。我們家原來還有一本油印的，也是王伯伯送的，抄家以後就沒再看見。

之後王世襄一直想要對書稿進行完善和修訂，一九六二年他調到文物部門後就曾著手開始，但無奈「文革」爆發，書稿修訂工作被束之高閣。

現在回憶往事，有說由於一九五七年王世襄被錯劃為右派，這倒使他有了較多的時間，從而加速了對這部《髹飾錄》的解說工作。一年後即完成初稿，便引起朱桂老極大的興奮，不顧年老為此書作序，並用毛筆親題書簽。而那時意識形態嚴緊把關，連學術著作都屬於是封資修的產物。王世襄一面要節衣縮食，一面還得冒著政治風險，偷偷把辛苦完成的《解說》送到一家謄印社，好不容易自費刻印了兩百冊，署名「王暢安」，尚不能署大名。這二百冊被王世襄作為個人分送了圖書館、博物館、漆器廠及他認為需要這書的一些學人朋友。

寫此，筆者不禁生出一種感歎：我們的思維定勢老習慣於「壞事變好事」，似乎因王世襄正由於被打成了右派，才成全了他對《髹飾錄》完成，當然，我們說這也是當時的事實。但是，我們看到的也只是苦難對他之激勵，殊不知如果王世襄不被人強加於罪，那麼，王世襄被浪費的時間，將會做出更大更有用的成績。一句話：「我們只看到這種『苦難哲學』對人的激勵作用，而看不到這種苦難對於人身心的摧殘。」

當然，我們可以說，王世襄研究《髹飾錄》，他之所以花去這麼多年寶貴時間，還出於他旨在研究祖國偉大的工藝美術史。但王世襄的研究，並不是純粹對漆工在技術層面上的興趣，他主要是還把《髹飾錄》，作為一部中國工藝美術史以及作為一門古典文獻學來深入研究。這就是使他花了三十年之心血，才完成了對此項工作的研究。從某種意義上說，這也是他自己選擇的唯一的一條路——走自珍自愛的人生之路。當然，這是處在一個被扭曲之時代，他必須付出的代價。

三、文章千古為求索

湖南長沙馬王堆漢墓在挖掘中出土了大批精美的漆器，這也促使王世襄不滿足於已有的研究成果，而開始走上新的探索求知之路。王世襄曾憶起多次修訂該書的過程，他不無感慨地寫道：「在那些年月裡，我是多麼想能外出採記，核實材料呀，可那是不可能的。拉上窗簾，圍好燈罩，像做「賊」似地閉門寫作，還生怕被發現或扣上「白專道路」的帽子，或開批判會，夫復何言！夫復何言！」的確，在當年要寫好這部著作，連大環境也沒有。

王世襄常說起，他認為做的最有意義的事情有兩件，第一件事情是日本投降後為人民收回幾千件國寶，現在都藏在故宮博物院了。第二件是文物研究著作《髹飾錄解說》的編寫工作。其實，對於他所從事的有意義的事當然多多，此話只不過說明他對三十年用功研究《髹飾錄》這部書，在其心目中是非常看重的。王世襄編寫此書前後這麼多年，除寫作本身艱難外，又迭遭政治坎坷，但初衷不改，善始善終，這確是常人難於設想的。

歷經艱辛曲折，《髹飾錄解說》終於一九八三年正式出版，篇幅為原書的二十倍。該書成為文物工作者、美術學院師生的重要參考書，成為漆器製造企業的主要教材，亦深受海外學人的重視，被廣泛引述。朱家溍之女朱傳榮在回憶文章中說：

> 作為正式出版物的《髹飾錄解說》，黑色封面，朱紅色作書名，使人聯想到古代漆器中最常見的兩種顏色。設計裝幀出自仇德虎先生之手，典雅又切題，給人留下很深印象。但是由於當時出版社為計成本，取消了所有的彩色插圖，使絢麗多彩的漆器黯然無色。讀者越是驚歎注解的詳盡和精確，也就越是為此遺憾。

這之後，王世襄在《髹飾錄解說》的基礎上，又陸續出版了一系列有關漆器的著作：一九八五年十月，王世襄參加編選的《故宮博物院藏雕漆》一書由文物出版社出版。在這本大型圖錄中王世襄對故宮所藏雕漆進行了重點研究，親自撰寫了元、明部分的兩百六十六條圖版說明。

一九八七年十二月，王世襄編著的八開精裝本圖錄《中國古代漆器》問世。此書由文物出版社與外文出版社同時推出中、英文兩種版本。該書可說是系統展示中國古代漆器源流的第一部大型圖錄。

一九八九年七月，王世襄又領銜主編《中國美術全集・漆器》一書，向國內外學術界第一次全面展示了中國古代漆器研究的整體水平。在該書中，第一次明確地把中國古代漆工藝的發展過程，劃分為六個階段：新石器時代，上溯七千年，尚未找到用漆的起源，興許還可追溯更古遠的年代。商、西周、春秋，鑲嵌、螺鈿、彩繪漆器已達到高度水平；戰國、秦、西漢，是髹漆的繁盛時期；東漢、魏晉、南北朝，漆工業的衰微並未影響漆器工藝的發展；唐、宋、元，主要髹飾品種已基本齊備，從而使雕漆登上歷史的頂峰；明、清，不同髹飾的變化結合，迎來漆器的千文萬華。這些系列專著的問世，可說是對我國漆工藝研究、漆器研究的這一獨特領域，作了更大的繼承與發揚。

一九九八年十一月，《髹飾錄解說》一書第二次印刷，終於配上了彩圖。而且王世襄還在該版中將何豪亮教授提出的九十多條意見，全部收入修訂本中，並表示了衷心感謝，可見他虛懷若谷的嚴謹治學態度。這時距一九八三年王世襄《髹飾錄解說》第一版問世已經十五年了，距一九五八年油印本的《髹飾錄解說》已經過去了二十五個年頭，幸運的是王世襄高壽，能看到自己全力傾心的成果終於得到世人的肯定。

所有讀過王先生文章的人，該慶幸自己生正逢時，讀這樣的文字，感受這樣的人生。我們不一定學習漆工，不一定會彈古琴，也不用特地準備一輛傳說中的加重自行車，到遠郊區縣去淘換古舊器物，我們可以踏踏實實做好我們自己，成就我們本來可以成就的事情。世界之可留戀，不就在於它的參差多樣嗎？當然，不會有很多的朱桂老，知人善任，如稱職的園丁。但遇見別人在做有益無害的事情的時候，能幫助就幫助，不能幫助，不要作別人的苦寒，總可以的。儘管說梅花香自苦寒來。

讀朱家溍兒子朱傳榮上述之評說，真的使筆者眼前似又看到了他的父輩與王世襄同在故宮工作之情景，同時又看到了朱家溍和王世襄同罹「三反」之罪時之情景，直到文革中，他們倆同在咸寧幹校所受之苦……那種種不堪回首之往事與生死般交誼，時會浮上了我的腦際。

一九八三年七月發表於《人民日報》上的〈讀《髹飾錄解說》〉一文中，作者李一氓先生為王世襄的研究成果很高興。李一氓（西元一九〇三至一九九〇年）是老革命家，又是文學家，出生於四川省彭州市，一九二五年加入中國共產黨。李一氓先生是和郭沫若一起早期的創造社成員，從事文學活動，還是一位諳熟版本目錄學的學者。他對王世襄在這方面的成就，曾作了這樣的評論：

《髹飾錄》就是這些實物的工藝總結，而王世襄同志的解說，就是對這個專著和實物的兩者相聯繫的、實事求是的、道出了一個所以然的精湛說明。他沒有空話，沒有疑似之詞，沒有牽強附會之說。

同時李一氓還說「要說馬克思主義的話，這就是馬克思主義。」這便是李一氓先生對王世襄實事求是、踏踏實實做學問的充分肯定。

筆者讀此亦深有同感。因為我也是至今年早春，才認真仔細地把《髹飾錄解說》讀了一遍，讀完後，雖不想當漆工，但似乎對漆工有了一種特殊之愛。似乎明代的漆工黃成、楊明之名字，因經了王世襄的解說，兩人的名字才高高地站起來了！那怕明代至今幾百年來，史書，地方誌沒有為他們作記載，但今天照樣活在了我們的心理。當然，他們的名字如沒有朱桂老、王世襄所作的貢獻，那可早就淹沒於人世間了。

香港的董橋先生，在他的隨筆裡也說到：

王世襄先生說他五十年代買到一件明代紅面犀皮圓盒，當時覺得十分難得，修訂本《髹飾錄解說》和《錦灰堆》裡都收了彩照。過了半個世紀，他碰見一件比圓盒更精美的犀皮器，是個小箱子，皮胎，斑紋紅、黑、黃、綠四色相間，圖案非常流暢，像有規律又像沒有規律。王老先生高興極了，寫了一篇〈一件珍貴的明犀皮漆箱〉刊在北平《收藏家》月刊，彩照印得又大又清楚。憑我漫漶的記憶，愛蓮榭小箱子的斑紋跟王老半個世紀前買到的那件圓盒的斑紋很像；我手上這個筆筒的犀皮倒比較接近王老半個世紀後找到的那個小箱子了。犀皮的斑紋不是畫出來的。王世襄研究明代黃成《髹飾錄》成就博大，連黃成、楊明沒有在書上細說的犀皮做法他都考核得清清楚楚。黃成說：「文有片雲、圓花、松鱗諸斑，近有紅面者，以光滑為美」。楊明注釋說：「摩窳諸斑，黑面紅中黃底為原法。紅面者黑為中，黃為底。黃面赤、黑互為中、為底。」我完全讀不進腦子；老中文這些地方太欺負人了。王老說，製作犀皮必須先用調色漆灰堆出一顆顆或者一條條高起的地子，那是「底」；在底上再刷不同顏色的漆，刷到一定的厚度，那是「中」和「面」了；乾透了再磨平拋光，光滑的表面於是浮現細密和多層次的色漆斑紋！王世襄說，五十年代他找到了做犀皮漆煙袋杆的桂茂考師傅，經他講解、示範，終於推斷出《髹飾錄》裡那幾句話背後的工序。我記得程先生那一陣子常常慨歎中國漆器工藝中犀皮製作過程十分詭譎，文字材料尚待系統整理。那是一九六九年。那年，王世襄帶著肺結核病進了幹校，分配到菜地做些輕微勞動。那年，他的《髹飾錄解說》油印本刊行了十一年，印數一定很少，讀過的人不多。那年，距離一九四九年朱啟鈐把《髹飾錄》刻本交給王世襄鼓勵他撰寫《解說》也二十年了。那年，相隔楊明為《髹飾錄》加注寫序都三百四十四年。歲月長長短短，求知磕磕絆絆，心香久久遠遠，張成、楊明、朱啟鈐、王世襄，他們誰都放不下心也放不下手……

——〈胡適的掛牽〉，《讀書》二〇〇七年四月二十九日

筆者寫此，也要在此舉一小例，可窺其一斑：

上月（二〇〇八年六月）某日，我和王老通電話，他在電話中還特地管照，在寫到他平生對

學術上之研究，如在章節上之安排，第一就應撰寫他對《髹飾錄》的解說這一節。後來，我又收到王世老對整部書在章節安排上他自擬之目錄，他在「試擬章回名稱」上，把《髹飾錄》解說這一章，改放在他的《明式傢俱研究》之前。我想，從他這樣的安排上，便足可看出王世襄對這部明代所留下來的唯一的一部漆器之作，是多麼的重視。當然，從另方面看，王世襄對朱桂老把這部奇書交與他，他也必得拿出最好的答卷，以不枉朱桂老對他之信任。

歷史是人民創造的，人們常說。比如這長達幾千年的髹飾藝術的歷史，便就是人民創造的。但有時歷史也會開政治的倒車，當然，一段被強行扭曲的歷史，終究是要重新走上它的正道。培根曾經說：「當人們憎恨一種舊迷信時，往往會矯枉過正，其結果卻是陷入了一種相反的新迷信。所以在反對一種迷信時，應當慎重不要搞得過頭。」這位英國哲學家在四百年前的一段話，似尚有啟示。往事回惜，文革中革命小將、造反派群眾們，那些僅憑衝動和狂熱，似乎在創一新舉--推翻舊秩序，但卻沒有能帶來一個有生命的新秩序。這倒行逆施，自然不得人心。一九七三年至一九七六年，中國的轟轟烈烈的「文化大革命」已經到了尾聲，人們也漸獲得了相對寬鬆的生活環境。王世襄與夫人袁荃猷都各自從咸寧與團泊窪兩地的幹校返回了北平，他們倆終於能在自己的芳嘉園內安寧地生活，朝夕相處，也有了讀書與寫作的小天地。王世襄回京後在學術上的第一件事，就是把重點放到《髹飾錄解說》的修訂工作上來。正因於有了這段相對寬鬆的歷史氛圍，王世襄才能如願以嘗地完成了對這麼部沉甸甸的古書的注解和解說。

蠖公授漆經，命箋髹飾錄。
兩集分乾坤，字句讀往復。
為繫物與名，古器廣求索。
為明藝與工，求師示操作。

夫人袁荃猷特為王世襄八十大壽所作《大樹歌》圖，世襄因罹目疾，靜坐時賦得一百三十六韻之長詩，其中有朱桂老命箋《髹飾錄》的過程，而今讀之，僅四十字的詩，似是一個充滿詩意的勞動過程，這恰似「輕舟已過萬重山」了，但遙想這位艄公，當年可經歷了多少艱辛曲折，才有了今天我們讀《髹飾錄解說》的受益之匪淺。

我想，當我們把這段歷史，如再回頭一看，王世襄撰此書時所歷經的每一個坎坎坷坷的過程，漸又會清晰起來，鑒此，那「文章千古事」才有了歷史的真實！

第十一章

生存與創新

——中國明式傢俱研究

▲ 王世襄在自己設計的仿明代大桌前。

▲ 王世襄赴美鑒定傢俱。

▲ 王世襄在觀看明代家俱。

▲ 與韓德樂談明式家俱。

▲ 美國的梅先生英譯《明式傢俱研究》時來中國在王世襄家合影。

▲ 陳夢家照片。

▲ 仿明大畫案題詞。

▲ 王世襄擺放明式傢俱。

▲ 明代黃花梨透雕麒麟紋圈椅。

▲ 明代宋牧仲紫檀大畫案。

▲ 《明式傢俱研究》各版本圖書。

一、搶救和保護

王世襄鍾愛明式傢俱，對明式傢俱的研究，是他眾多文物研究領域中最為豐碩的一支奇葩。木器傢俱與日常生活息息相關。明式傢俱大多結構簡練、造型質樸、線條俐落、木質精良、雕飾優美。中國傢俱的發展，我們看到元以前的傢俱，大抵說不上「木質精良、雕飾優美」這八個字，這是因受到工具的限制，大多做不出精美之作，而材質局限也是一個制約因素。當然，自木工匠的工具——鉋子發明後，硬木才有可能刨得平整光滑。而鉋子在宋代似尚未普及使用，我們如仔細觀察，在《清明上河圖》畫中，便有木匠一人，他身背的工具，有鋸而無刨，這也可作一佐證。

漢代時傢俱更是簡陋，一張席子解決問題，更遑論「木質精良、雕飾優美」之傢俱了。直至明末清初，傢俱的製造才進入了黃金時期，具有極高的藝術和歷史價值。古代傢俱的收藏、保護和研究，可說是是文物保護與研究的重要內容，然而，遺憾的是，古代傢俱的價值，長久以來從未得到足夠的認識，大量精美的古代傢俱流落海外，抑或在國內被木材商拆散當作木材出售；而對古代傢俱文化的學術研究，更是乏人問津，鮮有人涉足這一領域。至今，有些人涉足收藏古代家俱，還是作為一種投資行為而進行，而作為古代文化研究者少。

王世襄對古代傢俱，特別是明式傢俱作了系統的研究，可說是開了我國古代傢俱研究的先河，挽救了這一式微的重要文化遺產。王世襄對明式傢俱的關注，緣起於他抗戰時在中國營造學社工作的那段歲月。當時他在李莊讀到了《營造法式》和《清代匠作則例》，這兩書中關於中國古代小木器製造精巧的描寫，激發了他對古代傢俱的興趣。抗戰結束回到北平後，他又讀到德國人艾克（G. Ecke）於二十世紀三十年代所著的《中國花梨傢俱圖考》，從這本書中描繪的一件件精美絕倫的代表中國文化的藝術品流落海外，無不使他感慨良多，想不到中國古代藝術瑰寶的研究，卻被一個外國人捷足先登了，驚歎之餘，這一事情在他心中，無不留下深深的刺痛，在一種愛國心之驅使下，他便暗暗下決心要趕超其水平。就這樣，王世襄便開始了他斷斷續續有四十餘載光陰的對中國明式傢俱的收藏和研究。

一九五七年，王世襄便在《文物參考資料》上發表了名為〈呼籲搶救古代傢俱〉的文章，文中歷數了解放前、解放後將近二、三十年中國古代傢俱的命運。解放前，我國數以千計的古代傢俱跟銅器、繪畫、瓷器等文物一樣，被外國人捆載而去；解放後，古代傢俱禁止出口，卻給其帶來了另一場浩劫，因無法出口，再加上古代傢俱在當時的意識形態領域裡，是被人們視作為封建主義、資產階級之範疇，所以成件的古代傢俱，在國內無銷路，傢俱商為謀生獲利之需，便無奈將一件件珍稀的傢俱拆散、鋸毀，然後只當作硬木材賣。當年，成件的鐵梨大案、紫檀雕龍大床，被身斷肢分，對王世襄這樣懂行的人來說，真可謂慘不忍睹。面對這一狀況，王世襄大聲疾呼政府機關應將古代傢俱列為文物保護，責成地方文物單位、博物館、公園等儘快搶救古代傢俱，這一工作刻不容緩！

然而，在那個一切圍繞著政治運動轉的年代，一個知識分子發自肺腑的呼籲，也只能是石沉大海、無人理睬，更激不起絲毫波瀾，不久，王世襄自己也和中國眾多知識分子一樣，被錯戴上了「右派」的帽子，自然也就被剝奪了他對中國古代家俱深愛的發言權。

事實上，古代傢俱只有經過保護、收集才能談得上整理研究，直至上升到文化傳播。王世襄的明式傢俱研究也正是從保護、收集開始的。他的傢俱收藏，自抗戰結束由渝返京後便開始了。一九四五年他就購得一黃花梨平頭案，後此案經中國著名琴師管平湖先生設計改製成琴案，這琴案之後便於芳嘉園儷松居內，日夜陪伴著世襄和夫人袁荃猷達半個世紀之久。王世襄在閒暇之時，便愛足登一輛輪車，走街串巷，叩故家門、逛鬼市攤，尋覓古代傢俱的蹤影，足跡幾乎遍佈京城各個角落，甚至京郊通州等地。這正如他的老朋友，同在故宮工作的朱家溍所說：「一九四九年他從美國回來，一有時間便騎著車到處去看傢俱，從著名的收藏家到一般的住戶，從古玩鋪、掛貨屋到打鼓人的家，從魯班館木器店到曉市的舊木料攤，無不有他的足跡。」（載一九八五年第三期《讀書》）

王世襄收藏明式傢俱，憑其獨具慧眼，往往人棄我取，巧遇偶得。這也確如香港董橋所說「從無聲無息的角落裡，發掘出有聲的霸業，幾經寒暑，幾經磨難。」這確要功底與識見，同時得有艱苦的精神。當時的北平城，他還到處去拍攝古舊傢俱的照片。

說起在整個北京城收古代傢俱，當然不能不說到與他同好的陳夢家先生（西元一九一一至一九六六年）陳夢家，既是詩人，又是現代著名古文字學家、考古學家，但又是一位深愛中國古代傢俱的專家。他是聞一多先生的弟子，是王瑤的老師；且是王世襄的好朋友。但為了收藏明代傢俱，他們倆又是友好的競爭者。

有一次，王世襄淘到並以低價購得一件明式傢俱，時與他同樣愛好古代傢俱收藏的陳夢家先生一見此物，便十分心愛，恨不能讓王世襄割愛讓給他。筆者曾多次聽王世襄談起他與陳夢家的件件往事，一說起陳當年與他同好明代家俱的那情那景，王老發自肺腑之言，真叫我感動不已。他說，那年代他們有時甚至為了一件明代傢俱，雙方爭執好幾個小時，互相逗趣，互挑毛病；甚至還競爭般地比試著對明代家俱識見之高低。比如，陳夢家收藏了一件黃花梨透空後背架格，夢家自認為是得意之物，而王世襄在他面前，偏說那件東西不值，且是「搊飭貨」，直弄得陳夢家心神不定、好不安寧！

當我們讀王世襄的〈懷念夢家〉一文，那文曾說到：

我們既已相識多年，現在又有了同好，故無拘無束，不講形式，有時開玩笑，有時發生爭論，爭得面紅耳赤。夢家此時已有鴻篇巨著問世，稿酬收入比我多，可以買我買不起的傢俱。例如那對明紫檀直欞架格，當時在魯班館南口路東的家俱店裡擺了一兩年，我去看過多次，力不能致，終為夢家所得。但我當年不像他那樣把大量精力傾注到學術研究中去，我只是經常騎輛破車，叩故家門，逛鬼市攤，不惜工夫，所以能買到夢家未能見到的東西。

那文寫得真切，按當時的經濟條件，陳夢家已經是大學者，比王收藏和研究明代傢俱更有優勢。但王世襄也有其獨到的優勢，那就是他勤勞、執著、不惜功夫、持之以恆的作風，十多年如一日，甚至他與夢家兩人，在一九五七年都被劃成了右派時，也從未中斷。當然，王世襄對這位年長他三歲、於古代傢俱上的收藏大哥，是非常敬佩的。王世襄曾說：

夢家比我更愛惜傢俱。在我家，傢俱亂堆亂放，來人可以隨便搬隨便坐。夢家則十分嚴肅認真，交椅前攔上紅頭繩不許碰，更不許坐。我曾笑他「比博物館還博物館」。

從王的這番話，看到了夢家做事的認真嚴謹，更說明了陳夢家先生，確具有一代學人之姿質。

但是不幸的是，陳夢家先生這樣一位我國現代著名的詩人、古文字學家和考古學家，卻在一九六六年九月，「文革」剛始時，終被迫害致死，享年僅五十五歲。對於這位與他一樣搶救與保護過明代傢俱的中國著名學者，王世襄是永遠不會忘記他的，並為他之英年早逝悲痛不已。

有一次在京時，他又一次地對我說起陳夢家先生：

如果天假其年，幸逃劫難，夢家能活到今天，我相信他早已寫成了明代傢俱的煌煌巨著了。而這個題目就輪不到我去寫了，就是想寫也不敢寫了。

筆者聽到王世老如是說，真為他之真誠坦率而感動。我曾對他說，你懷念之夢家，我也非常喜歡他的作品，我曾讀過他撰寫的《尚書通論》，家中還藏有他一本初版本的詩集《夢家的詩》。我還告知王世老，陳夢家的夫人——趙蘿蕤的紀念館，已在你慈母的家鄉，高高地矗立了起來，人們為永遠深深的懷念他們的。

他聽後為之動容，並對共同收藏研究過明代傢俱的朋友與前輩，無不為他們倆人多年之交情，而深為陳夢家驕傲。一如他〈懷念夢家〉一文中，那最後的二句文字：「夢家！夢家！嗚呼尚饗！」讀了這樣的文字，使我又想起了夢家的詩，那愛與哀之音。

類似這樣的收藏經歷在王世襄身上可謂不勝枚舉，建國初期至五十年代中期，應是王世襄傢俱收藏最豐盛的階段，那時新中國剛剛成立，國家政治經濟尚處平穩，階級鬥爭運動尚未掀起，久歷戰亂的知識分子們的生活過得平靜而自得。而那時的北平城，古玩店、鬼市的藏品還頗多，王世襄所藏之古代傢俱大多在那一時期購得。

五十年代後期，琉璃廠某古玩店將歇業，王世襄於玻璃櫃中此一紫檀台座式小幾，風格細緻嚴謹，欲購之，店東知意後說：「你拿走吧，可別看不起它，當年在上面放過成化斗彩和琺瑯彩，現在時勢變了，用不上了。」

還有一次，王世襄去一經營珠寶玉器的商場青山居串門，看見樓梯下放著一具鐵力五足大香幾，獨木面，特別厚重，頗為稀有。他見眾人並不把此幾當回事，只用於尋常家用，便希望能夠出讓，問了幾位負責人，都說此物為集體所有，做不了主，王世襄只得失望離去。誰知兩年後，王世襄偶在地安門橋頭古玩鋪曹書田處看到這件香幾，價錢不高，他便立刻買下，一個人將沉重的香幾抬上三輪車，兩手把著牙子，兩腳墊在托下面，運回家中。這次有意載花花不發、無心插柳柳成蔭的偶然收穫，讓王世襄歡喜無狀，連腳面被托泥硌出兩道溝都沒有感覺疼痛。

但有時王世襄遇索價甚昂之銘心之物，則不惜傾囊以購之，甚至輾轉不得者，仍堅持追尋到底。如五十年代初，王世襄在北平通州鼓樓北小巷一個回民老太太家中，看到一對黃花梨杌登，無束腰，直根，四足外圓內方，用材粗碩，十分簡練質樸，儘管藤編屜殘存不多，但總體上沒有傷筋動骨，他一見便十分喜歡，便向老太太表示了購買之意。老太太說：「我兒子要賣二十元，打鼓的只給十五元，所以未賣成。」王世襄掏出二十元遞過去，老太太說：「價給夠了也得等我兒子來辦，不然他會埋怨我。」誰知王世襄等到快天黑，還不見老太兒子之面，他只好騎車回北平，準備過兩三天再去。不料兩天後，王世襄在東四牌樓掛貨鋪門口，看見打鼓的王四正坐在那對杌登上。王世襄上前詢問價錢，他說：「四十。」王世襄當即決定買下，但不巧的是忘了帶錢包，沒法付款，便轉而回去取錢，待他返回此杌登已被紅橋經營硬木材料的梁家兄弟買走了，王世襄與這對杌登又再次失之交臂。若換一般人，兩次無功而返肯定作罷，心想與此物無緣，肯定也就作罷。但王世襄不是，他依舊鍥而不捨，之後他每隔些天去梁家一趟，但梁家兩兄弟就是不肯出讓，王世襄自然不死心，仍然隔幾天總去一次，這樣一直持續了有一年多，去了將近二十次，最後終於不負有心人，終花了四百元買到手，恰好是最初通州那位老太太要價的二十倍。

令人慶幸的是，後雖歷經時代變遷、運動紛繁，藏品得失皆有，但在他的不懈努力下，其所藏明式傢俱已達七十九件之多，其中傳世的重器有：明代宋牧仲紫檀大畫案、明紫檀黑髹面裏王棖畫桌、明代黃花梨獨板面心大平案、明代紫檀牡丹紋扇面形南官帽大椅四具成堂、明代黃花梨圓後北交椅成對、明黃花梨透雕麒麟紋圈椅成對、清前期條環板圍子紫檀羅漢床，而其他的櫃、架、幾、杌、鏡台等亦不乏精品。

頗費苦心的淘換、收集過程中，王世襄不僅保護了不少古代傢俱，還在對一些破損古傢俱的修補中結識了不少傢俱匠師，跟他們手把手地學習如何拆裝明式傢俱。古代傢俱結構精巧，全部部件由榫頭連接，不經過反復仔細地實物觀察，難以掌握其中的奧妙，這也為王世襄日後詳細剖析古代傢俱的結構打下了實踐基礎。

同時，廣泛地接觸大量明式傢俱精品也是王世襄治學研究的前期準備。他常常細緻地揣摩自己的傢俱藏品，對其進行考據、拍照和繪圖。除此之外，王世襄還廣泛接觸個人珍藏和國內館藏的明式傢俱精品，從木質、年代、造型、美感等方面作對比研究，並通過各類圖書資料深入分析了故宮博物院等文博單位的傢俱藏品，還通過自己的社會關係，逐一拜訪和觀摩了二十世紀前期京城傢俱收藏名家，如「定興齋」郭世五（西元一八七九至一九四二年），保定市定興人，字葆昌，號觶齋，室名愛吾廬，清宣統年間，為順德府京吏，辛亥革命後追隨袁世凱，籌畫實業。「蒼梧三秋閣」關冕鈞（西元一八七一至一九三三年），字耀芹，號伯衡，廣西梧州市長洲島人，清朝光緒進士，二十四歲為翰林院編修。「蕭山翼盦」朱文均（字幼平）和滿族大收藏家慶小山等的佳作珍品。所以有人說，王世襄能「玩出世紀絕學」，但想，這絕學假如沒有愛的傾注，沒有真功夫的研究精神，那是絕對做不成的。

二、開研究之先河

廣泛的接觸投入和揣摩鑽研，王世襄在明式傢俱之研究上已積累了豐厚知識的底蘊，已具備了在這一領域厚積薄發的基礎。但文革「十年浩劫」讓他的治學路程被迫中斷，否則，他的明代傢俱研究成果，可能更早地為世人所知，幸好天假以年，只要有鍥而不捨的精神，放在任何地方都會出成果。這正如二〇〇五年，王世襄在接受中央電視台「大家」欄目時，他曾直率而坦城地說：「做成一件事情，第一要有機會；第二要有恒心；第三還要壽命活得長。」這的確是肺腑之言，王世襄的許多大部頭著述，何不在八十歲以後撰寫乃或最後完成的。如果，王世襄沒有當年堅選自珍自愛的人生之旅，沒有平生健康長壽的體質保障，那麼他的四十多部對人類有全新價值的著作，也許就默默地被掩沒於人世。對此，筆者曾看到許多有作為有才學之人，在他們的生命裡，是完全可為世人留下專業的或非專業的著作，有的甚至積稿數十年，書稿盈篋，但是生命之樹過早地凋謝因而未能留下任何果實。中國有才華的人物何知多少，可看到這幾十年中，由於歷經無數運動，許多優秀之成果，沒有得以發揚而被掩埋，聞之，令人扼腕歎息。

一九七九年，「文革」剛結束，王世襄便率先在《故宮博物院院刊》發表了〈略談明、清傢俱款識及作偽舉例〉一文，可說是他由收藏、觀摩轉變為治學研究的開始。之後一九八〇年三月，他又在《故宮博物院院刊》發表了〈《魯班經匠家鏡》傢俱條款初釋〉，兩文觀點獨特、見解頗深，引起了社會各界的關注，文物研究界開始認識到明代傢俱這一過去被忽視的領域的研究價值。接連兩篇有份量的文章經發表後，王世襄又撰寫了〈明式傢俱的「品」與「病」〉一文，對明式傢俱的美學價值進行了深入探討。

如果我們今天去追溯明式傢俱形成的歷史溯源的話，那麼我們可以這樣說，任何一門藝術，到了某一時期，它都會呈現出前所未有的燦爛光輝。因而被稱為黃金時代，都是從它的前一時期的成就繼承、發展而來的。被推崇為中國古代傢俱頂峰的明至清前期傢俱，在這二、三百年間，當然也不例外，迎來了中國傳統傢俱歷史長河裡發展而來的黃金時期。它所繼承的，主要是宋代傢俱（包括遼、金、元），至明代又有了長足的發展和提高。明式傢俱的藝術價值，即明及清前期傢俱之所以能有如此之高的成就，除了繼承宋代的優良傳統外，主要有兩個原因：一是由於城市鄉鎮的繁榮，商品經濟的發展，不僅大大增加了傢俱的需求，而且由於歷史經濟之轉型，改變了原有的社會生活的習俗，中國漫長的二千年歷史，發展至明代，興起了普遍講求傢俱陳設的風氣。二是海禁開放，大量輸入硬木，使工匠有可能製造出精美堅實並超越時代的傢俱。這便是市民生活由傳統與現代並存發展之結果。我們可以說，明代傢俱黃金時代之產生，也可佐證隨海禁之開放，中國手工業向近代工商業之嬗變，準備了一個前所未有的有利的條件。

再就江南一帶新興市鎮而言，據《烏青鎮志》記載：

> 烏鎮與桐鄉之青鎮，東西相望。昇平既久，戶口日繁。十里以內，居民相接，煙火萬家……地大戶繁，百工之屬，無所不備。

以絲織為中心行業，兼具貨物聚散地的震澤、平望、雙楊、嚴墓、檀丘、梅堰等鎮，到嘉靖與萬曆年間，居民和商業比過去都數倍或十倍地增長。地方誌雖沒有提到當時當地的傢俱製造，但傢俱既然是生活必需品，必然屬百工之一，和其他手工業一樣，也有很大的發展。

范濂，生於明嘉靖九年，他在《雲間據目抄》中說：

細木傢伙，如書桌禪椅之類，余少年曾不一見。民間止用銀杏金漆方桌。自莫廷韓與顧、宋兩家公子，用細木數件，亦從吳門購之。隆、萬以來，雖奴隸快甲之家，皆用細木器，而徽之小木匠，爭列肆於郡治中，即嫁裝雜器，但屬之矣。紈絝豪奢，又以椐木不足貴，凡床廚幾桌皆用花梨、瘿木、烏木、相思木與黃楊木，極其貴巧，動之萬錢……

我們今天從明代的一些著作記載，不難看出中國傢俱之歷史發展至明代，隨著江南市鎮經濟歷史的發展，已達到了前所未有的水平。許多富家，動輒不惜化費數萬錢，購置硬木傢俱，成為了一種普遍的社會時尚。如果我們有機會到幾部小說名著中去尋找我國傢俱黃金時代的影子，卻發現《紅樓夢》小說之中有所提及，但只是提及牙床、春凳、交椅等名稱。《西遊記》中有兩三處提到「戧金交椅」（第七十回）和「金交椅」（第五十四回），算是交代了傢俱的式樣和製作工藝。而元末明初成書的《水滸》寫有明代傢俱的，有閻婆惜臥房一處：「原來是一間六椽樓屋，前半間安一副春台、桌凳；後半間鋪著臥房，貼裡安一張三面棱花的床，兩邊都是欄干，上掛著一頂紅羅幔帳；側首放個衣架，搭著手巾，這邊放著個洗手盆；一張金漆桌子上放個錫燈檯；邊廂兩個杌子，正面壁上掛了一幅仕女，對床排著四把一字交椅。」（《第二十一回》）閻婆惜是個能唱「諸般耍令」的東京歌妓，移居鄆城仍想廁身「風流宴樂」場中，只因鄆城風氣未開，沒有她施展才華的地方，這才勉強隨了宋江。宋江把閻婆惜打扮得「滿頭珠翠，遍體金玉」，臥房的陳設自然也應不俗，而那張「金漆桌子」該是件值錢的傢俱了。由於這種「風流宴樂」之社會風氣，不斷增長，無疑推動了明代傢俱的生產水平，無論在其數量上或在其質量上（工藝的精益求精上）均達到了前所未有之水平。筆者近讀有關中國近代手工業以及其行會制度發展之歷史，從明至清，在行會的分類上，大致有紡織業、綢緞業、油酒醋醬業、皮貨業、國藥業、木業等等，我想，王世襄所精心研究的傢俱業，在明至清代應歸屬於木業。如於此看，我們看一部王世襄的關於明代傢俱之研究，無疑是為我們大家提供了一部中國木業史及其中國近千年的生活史，讓我們更可窺測了明清以來中國人在經濟社會生活上之演變。

一九八二年，香港三聯書店看到王世襄撰寫的多篇明式傢俱的文章後，希望能請王世襄編寫一本以明式傢俱為題的專著。這一邀請令王世襄興奮不已，與明式傢俱結緣四十多年，他自然希望將自己的心得與更多的人分享，自然希望明式傢俱的價值能為世人所珍，於是他捧出了自己持續三十年歲月筆耕而成的《明式傢俱研究》一書。但香港三聯書店作為成熟運作了多年的出版機構，考慮到市場需求，認為《明式傢俱研究》一書，內容翔實豐富，但論述過於學術和專業了，不太瞭解明式傢俱的讀者恐看不下去，如若先出一本全部彩圖的，著重欣賞價值而不是學術價值的圖錄，讓普通的讀者瞭解明式傢俱的藝術價值，必然會讓讀者非常歡迎，以引起他們的關注和探究熱情，下一步再推出側重學術分析的《明式傢俱研究》一書，想必能獲得更好的市場效應和口碑。王世襄聽後欣然同意，之後年近七旬的他，開始了為圖錄奔忙並全力以赴拼著老命幹。他延聘名匠，如與他合作多年祖連朋師傅，將家中所藏傢俱全部修飾整理停當，又親自一件件地搬到照相拍攝成彩色照片，爾後又忙碌著一件件地搬回，王世襄又到故宮博物院、京城私人收藏家處，尋訪有價值的珍品拍攝照片，花了將近兩年時間，終於編成《明式傢俱珍賞》一書，終於在一九八五年由香港三聯書店與大陸文物出版社合作出版。

《珍賞》一書中共收錄；詳細介紹了明式傢俱的用料、源流、藝術特色和實用價值，並精選一百六十二件明式傢俱珍品。我們無不看到圖片中一件件明式傢俱，散發出如古玉般細膩靜穆的光澤，優美的線條、玲瓏的雕飾一覽無遺。果然，這本精美的圖錄一經上市便受到好評，引起大陸、港、澳、台和歐美熱衷中國傳統文化的學術界、收藏家們的廣泛關注。隨即在一九八五年至一九八八年，《明式傢俱珍賞》又相繼有台灣中文版、英、美、泰等國不同出版社的英文本、法文本、德文本等九個版本問世。

隨著《明式傢俱珍賞》一書，在海外掀起熱潮後，王世襄又快馬加鞭、夜以繼日地將《明式傢俱研究》一書補充完整，又將妻子袁荃猷深夜伏案多年繪成的八百幅傢俱線圖插入書中，令此書圖文並茂。王世襄要麼不幹，一旦幹了則總想把它做得完美和極致，他還不惜功夫，從工匠口中和則例等古籍中，收集成的將近一千多條傢俱名詞、術語依中文拼音的次序編成一部名為《名詞、術語簡釋》的小詞典，置於卷末，以便於讀者的瞭解與研究。

王世襄的《明式傢俱研究》於一九八九年在港、台兩地同時推出後，不久又出版了英文本。值得一提的是，《明式傢俱珍賞》與《明式傢俱研究》兩書的英文本的翻譯，王世襄也都親自參與，由他用英文口授書中內容給《珍賞》的譯者韓德樂女士和《研究》的譯者梅先生，再由他們完成整理撰寫，正是由於他扎實的英文功底，兩本著作迅速翻譯成英文本出版。王世襄先後在國內外出版的二大專著，影響頗為深遠。對於明代傢俱研究的重要性，作者在二書之前言以及序中，已開宗明義，說得很清楚，在此已不必重述。王世襄兩部重量級著作的出版，可說是開了海內外明式傢俱研究的先河，因其以披閱古籍歷史資料和實踐考察走訪相結合的方式完成，這確是他的一種科學的治學態度，從而奠定了這一學科門類的研究基礎，也是別人無法替代的一種研究，王世襄其貢獻之獨特性也在於此。整本《明式傢俱研究》方法，足見王世襄已掌握近代西方對考證研究之要旨，故作者對明代傢俱分門別類、以及每一細處的解釋，從不作空泛的論說，總以豐富的社會生活史料，輔之以謹嚴的考據方法一一道出，從而猶如取燭照幽，使明代傢俱在其工藝發展史上之謬誤處，經他之手，立見其病處。故王世襄著作一出世，即能引起國內外有識之士的廣泛關注與深遠影響。這無不使人有耳目一新，又重新讓中國的明代傢俱熠熠生輝起來。故王世襄的《明式傢俱研究》、《明式傢俱珍賞》，在國內外引起之反響亦頗為強烈。

為了說明這一強烈影響，筆者在這裡要一提美國著名歷史學家費正清的夫人費慰梅女士（Wilma Canon Fairbank，一九〇九至二〇〇二年），她於一九九一年從美國致王世襄的一封信，她對王的明代家俱研究，非常欽佩與盛讚，這從一個側面看出明式傢俱在海外的影響。為饗讀者，譯錄如下：

親愛的王世襄：

你的兩大冊漂亮而壯觀的《明式傢俱研究》之於我，可真是珍貴的聖誕禮物啊！幾天前你的一位好心的朋友，將這兩冊書送來給我。我真無法想像你為你畢生追求之事業造就了如此非凡的成果，而且將它翻譯成了英文，讓中國之外的全世界國家都能瞭解到，真是全世界的傢俱愛好者們的幸事。他們中還有一些從未聽說過中國的古傢俱工匠。

書中你太太所繪的線圖，真是太不可思議了，如此細緻而明晰，再加上我之前並不知道她一直從事音樂領域的研究，因而更感了不起。實際上正如你所看到的，跟你這位我早年在中國認識的好朋友，我已經很久都未聯繫了。而今年秋天你在這裡時我們又沒能見上面，這讓我只得繼續感到遺憾了。

多年前，你曾將我寫的有關武梁祠的文章譯成中文，我一直對此非常感激。如今我已八十一歲了，收到你如此珍貴的禮物，我真是又欠了你一次情。因為你這本精美之作也為了紀念拉里（Larry，他該怎樣珍愛這份禮物），我想將一份小小的紀念品贈上。那是我在拉里去世後寫的傳略，代表了我們對自三十年代認識他以來這麼多年友情的紀念，以及對他畢生成就的讚賞。我可以想像得到，那時你在坎薩斯城時，你和他是怎樣熱切地交流和分享，儘管那已經是很久之前的事了。

約翰（John）和我如今都已八十有餘，年歲不饒人，可我倆依然忙碌著。他同時忙著三本書的寫作，而我則忙著修改我寫的有關思成和徽因的稿子，希望今年或者明年能夠找到一家出版社將它出版成書。

真誠的祝福並非常感謝。

慰梅

費慰梅，享年九十二歲，她是一位研究中國古代藝術的學者。其父是美國哈佛醫學院的著名生理學家。一九三一年她從大學畢業後即來中國，後在北平與正在中國做博士論文的費正清結婚。抗戰時曾任重慶美國大使館文化參贊。是梁思成、林徽因最好的朋友，她的〈武梁祠建築原型考〉被王世襄翻譯發表於一九四五年出版的最後一期（第七卷二期）《中國營造學社彙刊》上。

三、從傳承走向世界

王世襄的《明式傢俱研究》與《明式傢俱珍賞》兩大書，筆者差不多已翻了幾遍，越看越有味，無論是每一張圖片，每一件傢俱之局部、乃至細部，無不令人看之神往，讀之盎然。如果，我們的讀者，對中國明代傢俱有一種熱愛的話，想必定能去珍賞一番，當然我們並不要求讀懂那裡面很專業的文字。我們從書中均可讀到王世襄多年積累下來的實物照片，以及鑒賞到長期流落於海外的一些器物的圖片，以及由王世襄夫人描得的線圖，無疑都給研究與珍賞者更多的補充，從而使明式傢俱在門類品種上更臻完備。尤其王世襄在書中對各類明代傢俱之品種，作了精細的排列，對我國古代傢俱從古至今發展概貌，均作了論述，讓讀者有了更清晰的瞭解。在對古代傢俱之造型上，分列了無腰束與有腰束兩大體系，且通過對上溯其源來解釋古代傢俱在造型上何以各具特徵。

王世襄從明代傢俱之剖析上，無疑還為我們提供了中國資本主義萌芽時期，那明代當時的生活風俗習慣，同時為我們傳遞了明代承載的文化資訊。王世襄站在歷史、考古、文學繪畫等學科的結合上來審視與研究明代傢俱，他把中國明代傢俱形象上之變化，提升到了理論的高度來認識，從而探索了中國古典家俱的造型規律，這都體現了他無可比擬的獨創性及其它研究人員不可到達之高峰。自王世襄為世人貢獻了這些藏品，並為此撰寫成大著後，明式傢俱很快便成為收藏家和海外博物館的重點收購文物，正是由於他的研究，從而使中國古典傢俱，走出了傳統，走向了世界，步入了科學研究的殿堂。

令王世老始料不及的是，他的每一部著作一出世，都會引起海內外對明式傢俱之收藏熱。由此，一件件明代傢俱被從全國各地發掘出來，價格增長也有一日千里之勢。當王世老看到這樣的情況後，他特地還為美國加州中國古典傢俱博物館藏品，編了一本圖錄——《明式傢俱萃珍》。該館在短短幾年內，便收集到一百多件有價值的明式傢俱，這正說明它適逢其時，大量實物湧現出來。當然，明式傢俱發展到了今天，特別是王世襄先生化了幾十年之辛苦勞動，現在已經出現了一個前所未有的高潮發展期。筆者在與王世老多次的電話中，他非常高興地說，由於他的呼籲傳承，可以說在全世界帶動了一個收藏、傳承之群體的出現，更值得他高興的是，在中國幾乎帶動了一個製造明代傢俱的產業。可以說為我們整個社會解決了幾千萬人的就業機會，真是功莫大矣！

但是，在掀起明代傢俱熱的同時，也同時出現了令人憂慮之處，此後不久，國內的明式傢俱，很快就被倒賣完了。明式硬木傢俱被倒賣殆盡之後，又轉到倒賣民間雜木傢俱。大量的實物從山西、陝西、河南等省運到北平。除被國內商家或收藏者購買外，也大量出口。現在國內民間的舊傢俱，也快被從各種途徑賣完了。以上都可以說明一件事物的發展變化是多麼的迅速和出其不意，筆者想這其中一個重要原因，大概是在一個人口眾多的中國，從眾心理與一陣驅利、起哄風帶來的問題所造成。從而使收藏文物包括古舊傢俱的購買力，在一個非常短的時間中大增起來。這就直接影響到傢俱的用材、修復、仿製，甚或造偽等各個方面的問題。

王世襄雖已是一介衰翁，但他對中國人用聰明智慧創造的明式傢俱，如何保護與更好地傳承，用心良苦。因為，在近年他看到了隨著中國經濟社會的發展，在傢俱行業生產加工與品種類型上，存在著許多令人憂慮之處。為此，他在為我們寫的〈求知有途徑，無奈老難行〉一文中，諄諄告知我們：

由於中國經濟的發展，近幾年來，很多木材從東南亞輸入，有些木材的品種我根本不認識，從來沒見過。如果連原料都說不上，做成傢俱，刷點色，上點蠟，就更看不出來了。因此，現在搞傢俱研究的人首先要研究新的進口材料，把木料來源、不同類型或同一類中不同名稱都弄清楚。現在有好些像紫檀又不是紫檀的木材，說不出它的名稱。不像從前傢俱的用材比較容易分辨。傢俱擺在那裡，離我二三十米，我就知道是黃花梨還是紫檀，大致不會錯。因為從它的造型、它的作法就能看出它是什麼木材。現在傢俱市場已經亂了套，加上仿製品，更說不清用什麼木材，所以只有敬謝不敏了。現在研究傢俱，一定要先辨認木材的種類，特別是新出現的品種及其產地。如認真研究需要向木材行業請教。不僅是國內的，還有國外的，向他們索取木樣。如能出國考察則更好。至於科學的分類、辨認則需求助於木材學的專業人員。技法和設備都要經過專門的訓練才能掌握和使用。研究傢俱要深入到木材學這一區

> 域就更難了。目前仿古傢俱的製作和修復，好壞差異非常大，作坊遍地開花。古典傢俱的鑒定有時候就和判斷瓷器、玉器一樣，初看認為不錯，仔細觀察就不對了！

上述王世老切中時弊的話，無論對目前正在生產傢俱行業的人，還是從事明式傢俱研究乃或收藏者，真可謂是金玉良言。

由於國內目前黃花梨、紫檀等這些材質的傢俱，已越來越少，古典傢俱的經營也遂轉向雜木傢俱。如果從一個整體來看，人民生活必需的民間傢俱顯然已十分重要。其重要性可能超過只有少數人才能使用的珍貴硬木傢俱。我國的傢俱研究者們，豈能不把民間傢俱研究作為一個重要的課題呢？

王世襄從事了有四十多年的傢俱研究，對於時代的發展，他總是能以敏銳的眼光、謙虛的態度去學習，他說對明代傢俱「除了做宏觀研究、統計其品種、闡述其使用情況和地區特色外，還應選出其精萃，編成圖錄。後者比前者工作更為繁重。因為好的實在不多。要從多少萬件中才能選出來……」其實，有時是從幾十萬件中所選（如馬可樂所藏明清家俱）出，所以王世襄認為大家只有不斷更新知識，修正已有的知識，努力跟上時代的發展，才能把明代傢俱及民間的各種傢俱做好，才有益於人類自身的需求與發展。

王世老為使他喜愛的明式傢俱的研究，能夠延續下去，他除了著書撰文以及在海內外發表演講外，還以博大的胸懷提攜後學，真誠地指導他們，希望這項事業後繼有人。其中最突出的例子，就是他與中年學者田家青的交往。當他感受到田家青對清代傢俱有著濃厚的興趣和極大熱情後，便在學術上給予他始終不渝地指導，從而促成了《清代傢俱》一書，在香港的出版。他特意為此書作序，所寫序言中，熱情地說道：「這是第一部關於清代傢俱的學術專著，研究、著述從填補尚付闕如的空白開始，並能達到如此規模，值得贊賀！」他接著評述道：「研究任何一門學問，持嚴肅的科學態度，十分必要。」

我想，如果正在從事傢俱行業的生產者或研究者們，真能遵循王世老為我們指出的這條路去發展，那麼中國曾經領先於世界的明式傢俱，將會有不可估量的前途。王世老還曾經說過這樣的話：

不言而喻，假如我還年輕，三、四十歲，自然可按照上面述及的四個方面努力一番，補充、修正已有的知識，使自己跟上時代的發展。哪怕是六七十歲，也尚可一賈餘勇，多少增加上一些知識，對於九十衰翁，有杖難行，就只能望洋興嘆了。

讀了這樣的文字，再讀他所撰著作以及一切與明代傢俱有關之論文，其研究之精細，觀察之周密，對實物調查之廣泛，論證之審慎，實前所未有，其一言一行不失大家風範。每當這樣的時候，我眼前總浮現起不顧年邁體衰的形象，以及他對明代傢俱所懷有的念念不忘之心，總讓我敬佩不已。

說真的，其實王世襄到了九十四歲，筆者與他談明清家俱，談竹刻藝術時，他依然執仗而行，依然談笑風生。在我眼裡，他並無望洋而興歎之感啊……而他的已被譯成多種文字的著作、再加上近期又出版的《明式傢俱萃珍》，可以說這一部部大部頭作品，是我們永遠讀不盡、讀不完的大書。

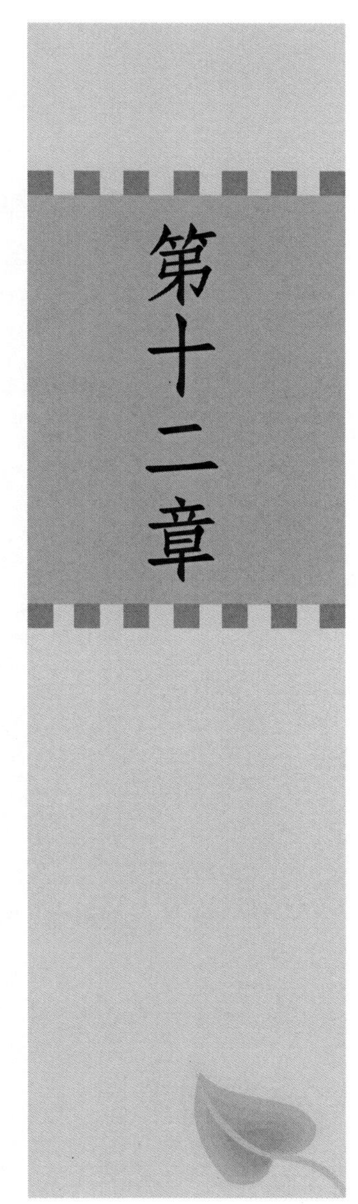

第十二章

生存與創新

——中國竹刻藝術

▲ 王世襄二舅金東溪竹刻。

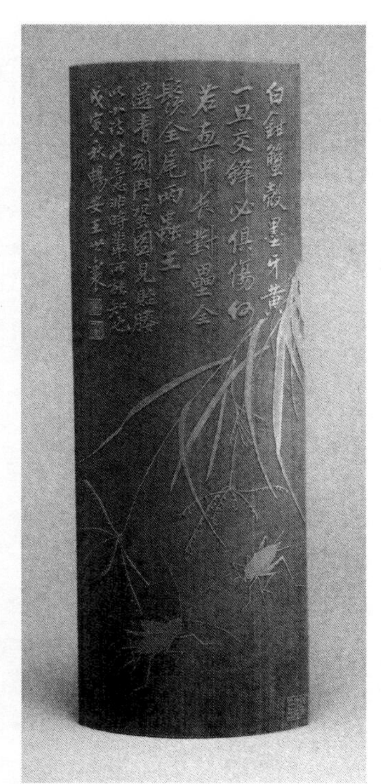

▲ 范堯卿竹刻。

▲ 王世襄鑒定竹刻。

▲ 王世襄為作者簽贈《竹刻小言》一書。

▲王世襄在迪陽公寓家中。

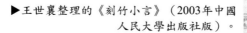

▶王世襄整理的《刻竹小言》（2003年中國人民大學出版社版）。

一、緣結「此君」

中國是使用竹子的大國，大河山巒、湖畔屋角，無處不是翠竹修篁，蔥郁滿目，江南之地尤盛。而竹之善用，遠在上古，就當作器物用於人們的日常生活了。「操作之具，起居之器，每給於竹。」這是說，我國古人的日常生活器具，勞動工具，早離不開竹的使用價值了。而隨人類勞動而產生的語言、記載的文字，便少不了竹的使用：「六書盛行，削竹為簡冊，文字乃書於竹。」（《禮記‧玉藻》）我國古代的文字，除了刻在甲骨上、青銅器上，大量的還是刻在竹簡上。爾後，國家行政機構，如士大夫上朝時的「笏」，朝廷的典慶禮儀等，作為一種資訊載體，或一種器具，竹，已經不可或缺。但是，因竹刻容易腐爛，不耐久藏，故高古的竹刻之藏，於今難見。所以，一般史書，幾乎沒有什麼記載。目前國內能夠見到的最早的竹刻實物，是一九七二年湖南長沙馬王堆一號西漢墓出土的竹刻。其中有彩漆竹勺，勺柄以龍紋及編辮紋為飾，並用浮雕、透雕兩種技法。這是現存我國最早的珍貴竹刻製品，其圖案、雕刻的精細生動，雖兩千兩百多年過去了，卻依然鮮亮如新。

竹刻藝術到了晉代，其時，王獻之就有名為「裘鍾」的斑竹工藝竹筒。六朝時，有齊高帝的竹根「如意」作為藝術品賞賜給別人，皆成為有史記載的古代竹刻藝術的高古之品了。當然，竹刻至唐代，也不乏精品，有宋人郭若虛在其《圖畫見聞志》中記載說：

> 王倚家藏竹筆管，「刻《從軍行》一鋪，人馬毛髮，亭台遠水，無不精絕。」

這樣的記載，我們從現藏於日本正倉院的唐尺几，即可觀賞到唐代竹刻藝術的精美。宋代有名的竹刻家，曾記載：

> 詹成者，高宗朝匠人。雕刻精妙無比，嘗見所造鳥籠，四面花版，皆於竹片上刻成宮室、人物、山水、花木、禽鳥，纖悉具備。

這記載最早見於一位竹刻家。我們在陶宗儀的《輟耕錄》上，也可讀到關於他刻竹的高妙技法：「纖悉俱備，其細若縷，且玲瓏活動。」可見宋代的竹刻藝術，在對山水、人物、宮室、花木、禽鳥等工藝描繪上，已日見唯妙唯悄。

我國竹刻雖歷史悠久，但發展成為一種專門藝術，則在明中期以後。其始僅為少數文化水平較高的藝術家致力於此，爾後或父子相傳，或師徒傳授，抑或私自倣效，習之者眾，遂成專業。明清時期，古代的巨型雕刻走向式微，人們開始欣賞那些可在手中摩挲把玩或陳列於書房几案的小型雕刻，如琢玉、鏤牙、刻犀、範銅、塑瓷，乃至鐫硯、模墨等等，這一時尚讓用竹、木、牙、角材料製作的小型雕塑作品，遂走上了前台，並逐漸形成為主流，即後人所稱「竹木牙角雕」之藝術品。

這一雜項種類從器物品種到造型，從雕刻題材到披法，交相輝映，當時的一些竹刻名家，往往也是木雕、牙雕、角雕的高手，例如明代嘉定二朱、清代封氏家族等。但是，同玉石、象牙、犀角、紫檀等雕刻相比，竹劃材料量大、價廉、易得。不過竹刻之所以能發展，主要原因還在於竹材價賤，隨手取可，也可供大量採製。正因為竹材易得，所以竹刻藝人就必須窮工極巧，創造多種技藝，博采各種題材，因材施藝，度形製器，充分發揮竹材特點，創造這一門類藝術之高峰，只有如此，竹刻藝術才能在雕刻藝術殿堂上，佔有一席地位，並與十分珍貴的犀、牙、紫檀等刻件，一爭長短。

明代中葉以後的竹刻家們沒有辜負時代的期望，他們以執著的藝術追求，經年累月，一斫一鑿，終於把竹刻製品從以實用為主的器具用品，提升為欣賞的藝術品，竹刻也因此成為一種特殊的藝術門類，受到世人的認可和青睞。

對美之追求是人類的天性，於竹製品上施加裝飾，這無異於我國古代在玉、石、骨、木器上的雕花是一個樣兒。中國古代士大夫獨愛竹之勁挺秀雅，這也和文人們視竹、松、梅並稱為「歲寒三友」，是寓其品格高潔有關聯。中國文人向來愛竹，愛竹成癖，幾成了古人們永恆的精神追求，如魏晉有「竹林七賢」，唐代有「竹溪六逸」，王維有「竹里館」。東晉王之猷有「不可一日無此君」之說，蘇東坡則宣稱：「可使食無肉，不可居無竹。」之愛，宋代文與可的《竹頌》中提到「心虛異眾草，節勁逾凡木」，更將竹入於擬人化之境界了。

但居處栽竹，固然是最理想的文人生活環境，而真要實施起來，卻也並非易事。所以，明清以來，文人們又開拓出了一個新的「不可一日無此君」的精神上的境界，這便是把竹材製成可以把玩的工藝品，如筆筒、臂擱、案頭擺設等等，並在其上施加雕鏤，飾以各種典雅的圖案或詩文，放在書桌上，庶幾日日與之相對，以涵養清韻的品操，提升修身養心，淡泊明志的情趣。當然，明清竹刻事業之發展，自有其漫長的演變歷史。明初期，竹刻本無地位，體制、規模均無新的變化，但明中期以後，那時候的文壇反對擬古、復古，如公安派之袁中道、袁宏道、袁宗道三兄弟，以及竟陵派有鍾惺、譚元春等人，他們獨抒性靈之風氣的出現，也從客觀上為一些謀求個性解放和追求藝術理想的文人，投身到了竹刻事業中去，為中國竹刻藝術的革新，輸送了新的勇氣和智慧。這些文人有自由、性靈之個性，又具有相當的傳統藝術修養，他們善於把中國傳統藝術的規制和技巧，融合進了竹刻藝術中去。他們注重表現竹刻特有的藝術效果，大大增添了文人清高、典雅的氣質，提高中國竹刻藝術的文化內涵和藝術品位，從而徹底改變了把竹刻視作「奇技淫巧」「雕蟲小技」的社會偏見，這種社會審美觀念的變化，無疑進一步促進了竹刻藝術的發展。

嘉慶年間，金元鈺收集自明萬曆至清嘉慶年間，嘉定竹刻名手七十二人的生平以及有關竹刻的文獻資料，輯成《竹人錄》。他曾總結了竹刻藝術的歷史性變化：明清中期在盛產竹材的中國南方省份，出現了嘉定、金陵（南京）、寶慶（邵陽）、黃岩、江安等竹刻中心城市；優秀的竹業群體的大量出現，形成了專業化、職業化的創作隊伍。當時的竹刻藝術家，人材輩出，如朱松鄰、朱小松、朱三松、濮仲謙、張希黃、封錫祿、吳魯珍、施天章、潘西鳳、方浩等竹刻大師，多如繁星，傑作泉湧。

那時期的竹刻藝術，在技法日臻完善，由多種技巧技法組合的竹藝體系，讓明清竹刻，精妙備至，精品層出不窮。中國竹刻主要是以鋸子、刻刀等在竹筒（竹莖）、竹片、竹根上施藝。而到了民國時，王世襄的四舅金西厓先生，在其《刻竹小言》一書中，將竹刻製作分為竹面雕刻和立體雕刻兩大類：製作筆筒、香筒、臂擱、扇骨等竹器，屬於竹面雕刻一類；而運用竹根刻成立體形象及器物，則屬於立體圓雕一類。根據奏刀的深淺，竹面雕刻又有陰刻和陽刻兩種基本類型。根據由淺而深的陰刻程度，竹面陰刻的刻法有毛雕、淺刻、深刻及陷地深刻等。陽刻則是盡可能保留竹雕面，有留青、薄地陽文、淺浮雕、高浮雕、透雕、圓雕等。特別是圓雕、高浮雕技法的日益成熟，標誌著中國竹刻，實現了實用品與欣賞品的分化，真正走上藝術化之路。此外，中國竹人，還借鑒其他工藝，衍生出粘接、鑲嵌、髹漆、彩繪、貼黃等竹藝技術，其中尤為值得一說的是貼黃竹藝。貼黃又稱為貼簧、竹簧、翻簧、反黃、文竹等，其工藝流程是選取粗壯楠竹，鋸成竹筒，去節去青，取竹筒內壁的黃色表層翻轉過來，經過煮、曬、壓平後，粘貼或鑲嵌在木胎上，然後打磨拋光，再在上面雕飾人物、山水、花鳥等，成為或實用或觀賞或兩者兼備的竹器。貼黃材質平整細膩，色澤淡黃光潔，具有可方可圓、可大可小、成棱成角等造型特點。同時，貼黃雕刻操作方便，便於平面和立體運刀，派生出一些新的雕刻方法，過去因受原（圓）竹材料的限制，而不便或不能表現的題材，在貼黃竹器中可以表現得淋漓盡致。自清康乾以降，湖南寶慶（邵陽），江蘇南京、嘉定和蘇州，浙江黃岩，福建上杭，四川江安等地，以製作傳統竹刻而聞名於世，很快成為貼黃竹刻的重要基地。

我們說，如從中國竹刻歷史之發展來看，竹刻自明正德、嘉靖時形成專門藝術後，大致可分為三個發展階段，即明代、清代前期和清代後期。在明代，約從一五二〇年至一六四四年。這一階段刻竹名手，大致集中在嘉定和金陵兩地，以嘉定為主，故後世評論者按作手地域，有嘉定派、金陵派之分。刻法有朱氏的浮雕、圓雕，濮仲謙的淺刻，張希黃的留青三類。這是竹刻工藝的初步發展時期。在清代前期，為一六四四年至一七九五年。這是竹刻鼎盛時期，技法創新而又啟迪於後者，有吳之、封錫祿、周顥、潘西鳳等人。湧現的竹刻大家最多，而且絕大部分為嘉定人。一地薈萃，嘉定堪稱竹刻之鄉。此是竹雕刻法大備時期。在清代後期，指一七九六年至一九一一年。這期間，竹人更多，而且不再限於嘉定、金陵兩地，東南諸省各有名工。竹刻技法，大都致力於表現書畫的筆情墨趣，都趨向淺刻，浮雕漸少，圓雕則瀕絕跡，故稱此為以雕刻再現書畫時期。

由於古代竹刻作品，存世量稀少，明清竹刻格外珍貴。明清竹刻，由宮廷竹刻和民間竹刻兩大體系組成。宮廷竹刻，主要是由明清兩朝宮廷造辦處竹人所為，也有少量各地官員進貢的竹刻精品。現存宮廷竹刻，主要珍藏在北平和台北兩地故宮博物院，北平故宮博物院藏有數百件竹刻珍品；台北故宮博物院的明清竹刻珍藏也很精彩。民間竹刻主要散見於國內各地博物館、私人藏家。宮廷竹刻與民間竹刻在做工上有著優劣、精粗、繁簡的差異，但從總體上看，其源於生活及崇尚傳統的風格還是一致的。風格一般渾厚古樸，構圖飽滿，刀工深峻，常做高浮雕、圓雕或透雕，部分做成留青，線條剛勁有力，轉角出棱，自然流暢，極具藝術感染力。如今，明清竹刻傳世品，也屬鳳毛麟角，一器難求了。

我們說，對於竹刻之歷史大致如此。而我們的傳主王世襄，對竹刻的喜愛，對竹源於兩位舅父的影響。王世襄先生的二舅金東溪和四舅金西厓，都擅長竹刻，勤於著述，富有收藏。兩舅之中，四舅學竹刻雖於其兄東溪之後，但他學土木工程之餘，卻專攻竹刻，朝夕奏刀，寒暑無間。故其竹刻之藝，終超其兄。受家門之影響，王世襄自幼喜愛竹刻，一生與中國竹刻，終結下不解之緣。而他自小至老，博覽群籍，又有博物藝術的高深學問，加之對中國竹刻藝術情有獨鍾。如說到當代竹刻藝術有著作留於後世，以及重於復興，著名文物鑒定家和收藏家王世襄，確功不可沒。

二、編撰《刻竹小言》

二十世紀中葉以後，王世襄的四舅囑託王世襄為他整理《刻竹小言》的手稿。這成為王世襄竹刻研究的發端。他在自述詩中，這樣寫道：「外家才藝殊，兩舅工刻竹。小言命編校，敢不忠所託。從此癖此君，耽愛情頗篤。」王世襄四舅金西厓，一生刻竹不下千餘件，在一九三五年已名聲大振，據《湖社月刊》載，當年《金西厓刻竹墨本》一冊就賣得三元大洋。他著有《可讀廬竹刻拓本》、《西厓刻竹》兩書。他曾在自序中說：

> 自《可讀廬竹刻拓本》、《西厓竹刻》兩書付印後，遠近同好，時來相質，或詢取材之方，或咨鏤刻之法。亦嘗與二三友好，摩娑前人之製，研討其構思運刀之妙，忽忽四十餘年。非學竹刻即論竹刻，真所謂何可一日無此君。

以此可見王世襄四舅對竹刻藝術之執著，尤其是對一位長期擔任土木工程師的他，更顯其不凡。

一九七二年夏，王世襄有機會赴滬，得以與其舅相晤，他對其舅父金西厓一直很親切，舅舅對他也相愛有加，一天晚上，兩人對坐聊起竹刻，他對舅舅說：

刻竹之書，向無論著，竹人兩錄（金元鈺「竹齋」《竹人錄》，褚德彝「禮堂」《竹人續錄》，僅敘史傳，吾舅答問之詞，談藝之說，多前人所未發，曷不彙集成書，以嘉惠後學乎？

由於他多次相勸，於是，其舅受外甥之熱誠所動，終於在長夏稍暇，乃揀平時札記，寄往北平，由世襄代為編次繕正。這個經過，在王世襄《錦灰二堆》第一卷曾有〈懷念惠孝同先生〉一文中記述，從而也引出了這樣的詩：

竹人兩錄有遺編，
未與金針度刻鐫。
五百年來傳絕學，
小言字字是真詮。

說真的，中國有著竹刻藝術悠久的歷史，但真正成就竹刻藝術史論問世出版的，於現代說來，確應是他們舅甥倆，作了一個很好的開端。

經王世襄整理、編輯的金西厓《刻竹小言》，包括他的前言《試論竹刻的恢復和發展》，以《竹刻藝術》的書名，正式出版後，成為新中國第一本竹刻藝術的研究性圖錄。其中編入了西厓的《竹刻小言》，分列為簡史、備材、作法、述例等四部分。王世襄編著的《竹刻藝術》一書問世後，不到二個月即一銷而空。

王世襄對於竹刻藝術的研究，與他探索其他門類的文物一樣，同樣起步於對古代竹刻源流的考證及演變規律的闡述上，這種論述，足可見其深厚的學養功力。他對四舅金西厓所撰《刻竹小言》的全部文字、圖錄，在認真編校基礎上，專門撰寫了前言〈試論竹刻的恢復和發展〉一文，開宗明義便談到了竹刻藝術的起源和獨特的審美價值。他寫道：

> 竹子的用途極廣，專就施加雕刻的竹製工藝品而言，大約起源甚遠，唯因不易保存，很難傳下來。……到了明代，文人藝術家們在前人的基礎上又有所發展，把竹刻從比較簡單的、經實用為主的工藝品，提高到比較細緻的、以欣賞為主的藝術品，並遂漸形成了一種專門藝術。

在追根溯源以後，他繼續評價道：

> 自明中葉以來，名見典籍的竹刻家有二三百人之多，並有專書刊載他們的傳記。姓名不彰而技藝頗高的也代有其人。他們不少都工書善畫，通詩能文，既吸取了前代工匠的雕刻技巧，又融會了其他文學藝術因素，創造出適宜表現多樣題材的種種刀法。遺留下來的作品，許多

是窮年累月、慘澹經營才雕成的；在傳世文物中，竹刻可以自成一類。講到雕刻史，也不能無視這方面的成就。竹刻形成這樣一種專門藝術，是世界上其他國家所沒有的。

除此之外，他還在此文中，專門探討了古老的竹刻藝術，在新時代發展需要解決的題材、品種、工藝、技法、原料、保存、人才、陳列、研究和出版諸問題。

一九八三年三月，他利用中國竹刻展覽在美國舉辦之機，與僑居美國的翁萬戈先生合編了英文本的《中國竹刻圖錄》。此書由美國紐約華美協進社出版，使東方古老的竹刻藝術在西方產生了相當大的影響。一九八五年七月，王世襄站在鑒賞和審美的高度，在全國範圍內精選了從西漢、西夏，歷明、清，至當代的五十五件作品，編成《竹刻》一書，交由人民美術出版社出版。在這本書中，其內容更趨完善齊全，對竹刻種類也更豐富多樣，可謂蔚為大觀。

這類書中，其中有關於竹詩筒的製作，讀後無不使我浮想聯翩。王世襄在《竹刻小言》中，引褚松窗《竹刻脞語》云：

截竹為筒，圓徑一寸或七八分，高三寸餘，置之案頭或花下，分題齋中詠物零星詩稿，置之是中，謂之詩筒，明末清初最多。圓徑相同，長七八寸者，用檀木作底蓋，以銅作膽，刻山水人物，地鏤空，置名香於內焚之，香氣噴溢，置書案間或衾枕旁，補香篝之不足，名曰香筒。

這裡說到的竹香筒，正是董橋在《故事》、《今日風日好》等書中，常說到的明清時代方始流行的文房清玩。這從《紅樓夢》第二十二回，尚可讀到元春娘娘從宮裡送出燈謎，命大家去猜，猜中了的，頒賜每人一個宮製詩筒、一柄茶筅。這些便是竹刻藝術依傳統製作而成，不過宮中所出，其做工當然更見精巧而已。

二〇〇八年四月，時逢北平春末初夏，筆者記得，正是草長鶯飛北平最好的時節，那日我在芳草地迪陽公寓的王老家中，他興致勃勃地和我們談著中國的竹刻藝術。從言談中知道九十四歲高齡的他，還在忙乎著為居住在天南地北的後輩竹刻之人，正為他們在尋覓最適於竹刻藝術加工諸材，他還不斷問及我，「你們浙江安吉是有名竹鄉，是否有不施化肥而長成的竹材，以供於他們施展刻竹藝術。」這寥寥數語，便讓我深深感佩。他雖已垂垂老矣，但對在中華大地上復興竹刻藝術，那拳拳之心，卻仍未泯滅。當談中國竹刻興味正濃時，我們之中恰有一位文友，拿出他從網上購得的一本《竹刻小言》，那是一九四八年用蠟紙自刻的油印本。在場的王老兒子敦煌一瞧，就立馬說：「那是假的，一看就知道是贗品！」

那一刻，正坐在我一旁的王世老，卻沒有發表多少意見，只是輕輕地說，你們如喜歡，我這裡還有所剩，送你們每人一本。話音剛落，我們無不喜出望外。就在此刻，只見王老拄著拐杖，慢慢移動腿腳，蹣跚地在滿是書堆已鮮有空間的屋中，移步去拿書。望著他那微駝的背影，我真感到為難他老人了，不好意思地想阻止他去拿書給我們，但他已經開燈到了對門的另一間房中去了。只見那對門的一間屋中，也堆著一箱箱書，有的一箱箱堆著，似從未拆開過。王老顫顫微微地拿了七、八本書，分送到我們手中。我們與網上買來的那本一對，初看之下，簡直難以分辨真假，但遂一仔細對照，那本從網上所購的贗品書，於字裡行間就露出了破綻。

不知是因為《竹刻小言》，是王世襄四舅父金西厓先生，一生從事刻竹藝術之結晶，還是因此書已經好不容易度過了六十年，不時散發出一個甲子的歷史蒼涼與墨瀚香味，王老絮絮而言，還要為我們在《竹刻小言》上簽名，以示留念。只見他又移動腳步走上書桌。我知道這仿明的長書桌，正是他專從廣東找了黃花梨木，自己設計製作，還為書桌寫下了銘文。那刻，王老端坐桌前，還特地選了合適的毛筆，為我們每本書扉頁上，簽下了「王世襄」這三個蒼勁有力的手跡。

而使我驚奇的是，王老利索地從身後拿起墨汁瓶，倒出一點點墨汁在一小盆碟內，僅費了很少的墨，卻寫了許多的字。當寫完後，小盆碟內餘墨，其實，已所剩無幾，但王老不願浪費哪怕點滴之墨，又把碟內那點餘墨，重倒進了瓶裡，還連說：「惜墨如金，啊，惜墨……」這足見一個中國老知識分子，那節儉而又不厭其煩的品質。

經王世襄整理、撰寫的各類竹刻圖書出版，以及爾後的十集電視紀錄片《中國竹刻》由中國國際電視總公司發行，可以說，一個神奇的中國竹刻世界，已展現在世人面前，並為中國竹刻的收藏和研究推波助瀾。以我來說，如今在我的書桌上放著的，一本是六十年前油印本，那是由王世襄簽名相贈的《竹刻小言》，另一本。是中國人民大學出版社新版的《竹刻小言》，前者，讓我時能欣賞王老極美妙的歐體書跡。當然，在兩個版本中，我們均能欣賞到張伯駒、啟功、惠孝同、黃苗子等名流之手跡。

啊，不管多忙，閒暇時我常翻開這兩本《竹刻小言》，時而恭敬相讀，時而雙較相悅；因為，王老於迪陽公寓裡那一刻，他為我們談中國竹刻藝術，為我們去拿書題名時那敦厚微駝之背影，那對人熱乎乎的形容笑貌，似乎常常在鞭策著我！

三、復興中國竹刻藝

王世襄在竹刻藝術的領域追根溯源，他從上古一一考證到民國，詳謹周密，可以說無一遺留。然而，他並非厚古薄今。為了恢復和發展古老的竹刻藝術，他大聲疾呼，並對二十世紀現當代的竹刻名家和收藏家，同樣推崇備至。如常州的父子竹刻家徐素白（西元一九〇九至一九七五年），徐秉方（西元一九四五年生）等著名竹刻藝術家，又有香港著名的竹刻收藏家葉義（西元一九一九至一九八四年）大夫。

葉義，父親為香港名醫葉錦華，祖籍廣東省惠陽縣，嶺南望族，世居香港，自幼聰穎，早年在香港大學和上海醫學院攻讀醫科。畢業後任軍醫，在抗日戰爭中為國效力。抗戰勝利後，去英國深造。一九五〇年回香港行醫濟世。醫術精湛，活人無數，以醫術醫德聞名港九。他熱愛祖國文化藝術，尤其鍾情於中國竹刻，認為竹刻有著其他雕刻藝術所不具備的雅趣。葉義先生於一九八四年辭世，後人遵其遺願，將其珍藏的八十一件稀世犀角雕刻，贈予北平故宮。）王世襄曾在《葉義先生與竹刻》一文中稱道：「截至當前，不論是竹刻展覽還是竹刻專著，尚未見有達到以上規模的」，並高度讚揚葉義對「提倡竹刻藝術，作出了傑出的貢獻。」（見《竹刻》，人民美術出版社一九九二年出版）。

另對雕塑家劉萬琪、常州竹刻家白士風、湖北學者周漢生等竹刻家們，也無不與他們交往，時刻關愛他們的成長。其中最為感人的，是他與常州的農民竹刻家范堯卿的一段交往，更體現了他身上極為鮮明的「平民意識」，這也是他做學問重實踐，喜與底層匠師打交道的一貫作風。

一九八五年，王世襄在《文化與生活》雜誌上發表了〈琅玕鏤罷耕春雨〉一文，他曾深情地贊道：

范堯卿不同於我所知道的任何一位竹刻家。他是一個中年農民，一位貧農出身，現在承包著八畝水田的真正農民。他只上過半農半讀學校，由於刻苦自學，文史知識競相當豐富，藝術修養也有較高水準。他性格內向，重於聽而訥於言，結結巴巴，半天說不出一句整話來。年復一年，什麼也不想，只想種田和刻竹。種田是為了糊口，刻竹是為了精神上的安慰，因此真正用心的還是刻竹。他就是這樣乃凝於神，一心一意、一刀一鑿地想把竹子刻好，通過自己的勞動，得到藝術上的享受。

讀了一個文博大家，如此誇獎這位中年刻竹者的話，也許，用現在的通行說法，這麼捧場這位後輩，並能得到如此高的評價，王世襄與范堯卿，一定有親密的關係，抑或有其他的交往？其實，他們之間，真可謂素味平生，無任何瓜葛。

范堯卿，字遙青，當代著名農民竹刻家，江蘇常州人，農民出身，曾得竹刻名家白士風先生指點，自學成才。擅長留青法和深淺陰刻法，作品極為傳神。他因酷愛竹刻，上世紀八十年代，常州工藝美術研究所，找他刻留青竹刻，報酬不高，作品上還不能署名。幾經周折，他的作品卻為葉義先生看到。立即作為竹刻人才的新發現，告知王世襄先生。同時，范堯卿也得到了葉義的贈書《中國竹刻藝術》一書，愛不釋手，時時揣摹。

王世襄素愛才愛藝，一九八三年，在他的推薦下，范堯卿的竹刻作品，才有機會被送往美國展覽，范的竹刻工藝品，一九八四年又被英國倫敦「維多利亞・艾爾伯特博物館」收藏。王世襄看到中國竹刻藝術後繼有人、有了新的發展，由衷欣慰。有一次在給范堯卿寫信的同時，他還特地寄贈一首七言絕句給范，欣喜地寫道：

妙手輕鐫到竹膚，
西瀛珍重等隋珠。
贈君好摘昌黎句，
草色遙看近卻無！

詩餘，還意猶未盡，又題跋道：

范君堯卿，毘陵縣農家子，自稱草民，而刻竹精絕，當在南宋詹成上。頃已蜚聲海外，第吳中鮮有知者，可謂「草色遙看近卻無」矣！設以「遙青」為字，詎不音義兩諧？戲作小詩，以博一粲。

自此以後，這位江蘇常州農民出身、曾得竹刻名家白士風先生指點，自學成才，擅長留青法和深淺陰刻法、作品極為傳神的范堯卿，果然以王世襄贈他的「遙青」為字，並時用於自已竹刻的署名。兩人的忘年之交，通過相知相識，日益深厚。一位來自田間的農民竹刻家和他的作品，通過王世襄的慧眼識「遙青」，最終享譽海內外。范之竹刻，其代表作有《紅樓夢人物鴛鴦臂擱》、《叢竹雉雞臂擱》、《荷塘翠鳥臂擱》、《嬉秋圖臂擱》等。據此，王世襄提攜後學、尊重人才的學者風範，於此可見一斑。筆者觀看到范堯卿竹刻作品，時會想起，如無王世襄這位伯樂，這位自學成才、藏在鄉下的竹刻家，也許，抑或會被世所掩沒。

一九七七年年王世襄的《竹刻藝術》初稿完成時，王世襄給當時已經在國內小有名氣的徐秉方寫了一封信，請他提供意見，並要徵集徐氏父子的作品編入書中。在此之前，很少有人關心竹刻藝術，在常州，人們更是把鑽研竹刻的徐秉方視為「不務正業」。王世襄的信，無疑使徐秉方看到了自已所從事的竹刻藝術很有希望，於是他立刻回信應允。另一件事，在此也值得一提，上世紀八十年代，王世襄請書畫大師啟功畫了一幅山水竹片，心想：「當今刻山水除了徐秉方沒有第二個人可以勝任」，於是，就把徐從常州請來北平。由於啟功的山水自成一派，尤其是畫中的雲霧，徐秉方過去也從沒刻過，於是一氣呵成試刻了一塊。沒想到王世襄看後相當欣賞，並隨即題詩一首：「變幻無如嶺上雲，從來執筆寫難真。如今不復抛心力，且畫源頭洗眼人。」

一九八一年，經由王世襄介紹，香港收藏家、香港藝術館顧問葉義和書畫鑒定家黃君實來到常州拜訪徐秉方。臨別時，徐秉方以一件竹刻作為回禮。沒想到葉義回到香港後，競寄來了一千港元，以示感謝。當時，徐秉方每月工資僅四十多元人民幣，一千元港元能在他農村老家造一棟樓了。徐秉方這才意識到，竹刻作品竟然有那麼高的價值。此後，港台來訪者逐漸增多，竹刻作品也漸漸形成了市場。當時徐秉方一件作品能賣到五百元人民幣，而到一九九二年香港佳士得和蘇富比首次拍賣當代竹刻，從香港藏家手中徵得三件徐秉方作品，結果每一件成交價，高達幾萬港元。隨著中國竹刻藝術遂走向國際市場，至二〇〇四年的上海信仁拍賣會上，徐秉方的一件「遠山松壑圖」，更是拍出人民幣三十一萬九千元的高價。

而一些受過美術專業教育的竹刻家，在反思傳統竹刻的同時，從繼承和創新兩端進行大膽嘗試，創新突破。年近古稀的劉萬琪教授，貴陽人，畢業於中央美術學院，是享受國務院專家津貼的雕刻藝術家。他認為中國竹刻別開生面的關鍵在突破。他巧用竹根自然生成的疤節和根鬚創作的「女童」，就是一件從立意到奏刀都突破了傳統的立體竹雕。他將竹根鬚切短用來表現女童帽上一圈圈絨線，留下竹根末端的長鬚當作帽頂絨穗。毛茸茸的絨帽與潤滑的臉龐，形成鮮明的對比。這件超凡脫俗的新鮮作品脫離了傳統案頭文玩的格調，頗具大氣。

周漢生教授從教於武漢江漢大學藝術系。授課之餘，刻竹自娛，感悟頗深，多件精品讓人歎為觀止。「蓮塘牧牛圖」筆筒是周漢生深諳高浮雕奧妙的匠心之作，使人感到徐徐風來，靜中有動。王世襄對此器讚歎有加：「置此器於三松、魯珍諸名作之間，全無愧色。三百年後，高浮雕之重現神采，為之興奮不已。」

一九七八年，葉義、譚志成在香港出版《中國竹刻藝術圖錄》，首開本輪中國竹刻研究先河。葉義曾多次遠遊台灣及日本、歐美各地，參觀考察散佈在這些地方的中國竹刻珍藏，不遺餘力地搜求庋藏。一九八三年秋，他得知著名竹刻鑒賞家王世襄將赴英講學時，特意趕到倫敦和王世襄相聚切磋，並積極籌畫在英國舉辦一個竹刻展覽。訪英期間，葉義在蘇富比拍賣行見到一件吳之番的山水人物筆筒，不惜鉅資買下它帶回祖國。不想數日之後，葉義先生溘然長逝。遵其遺願，家人將他畢生收藏的兩百多件竹刻珍品捐贈給香港藝術館，供海內外觀賞。

大量竹刻藝術論著和圖錄的出版，也是中國竹刻世紀風采的新鮮內容和獨特風景。收藏是一種雅興，是一種具有較高文化素養的社會行為。收藏的核心魅力，在於它可以讓收藏者在各自日常生活和工作之外，擁有一個符合自己意志和願望的、自由而獨立的物質和精神空間。這就是竹刻收藏持續升溫、竹刻收藏者大量湧現的社會原因。由於竹刻收藏者和製作者迫切需要專業知識的指導，因此，關於竹刻收藏的交流、市場行情、投資分析、拍賣及其他交易方式、系列服務等方面的資訊日益受到關注，形成一種強烈的社會文化需求，所以權威性的竹刻論著、圖錄經典和快捷實用的工具書、標本書、服務指南等書刊紛紛問世。

一九八七年十二月，王世襄又與老友朱家溍先生合編了《中國美術全集·竹木牙角器》，由文物出版社推出，這是將中國竹刻，納入中華博大精深的美術體系後的第一次全面而深入的圖文展示。一九九六年九月，王世襄在台灣出版《竹刻鑒賞》，為他編著竹刻藝術系列圖錄畫上了圓滿的句號。

我們可以說，只有民族的才是世界的，而二十一世紀復興中華民族的文化，絕不是靠一兩句口號乃或做一二個樣板，也並非依託於一二個工程來完成的，它只有靠點滴積累、涓涓細流彙入大海，才能復興才能持久，而王世襄正是這樣說著、做著，並我們開了一代竹刻藝術的先河。

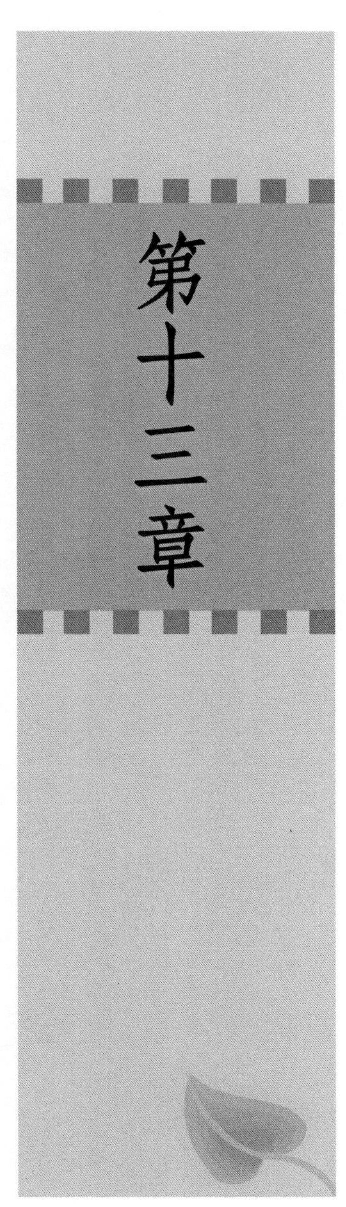

第十三章 中國葫蘆與鳴蟲

▲ 王世襄與火繪葫蘆。

▲ 王世襄晚年指導種植中國葫蘆。

▲ 王世襄與致勃勃地玩鳴蟲。

▲ 王世襄《蟋蟀譜集成》。

▲ 清・乾隆時宮廷把玩之葫蘆。

▲ 黃永玉為王世襄《說葫蘆》所繪葫蘆圖。

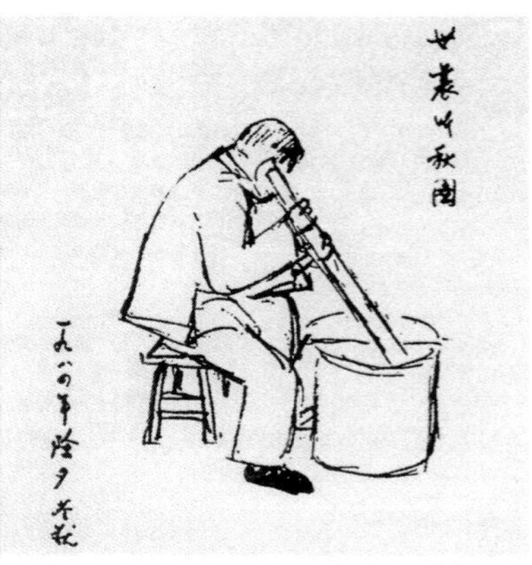

▲ 袁荃猷所繪之《世襄聽秋圖》。

▲ 王世襄為葫蘆寫書法一幅。

▲ 王世襄玩蟀器具。

一、話說葫蘆文化

看到葫蘆架下的王世襄，那怡人的姿態，那氣定神閒，那快樂的模樣，只見他用雙手托著一個中國的大葫蘆，笑瞇瞇的，簡真就像是抱著一個大娃娃，真讓我們每一個人豔羨無比。

他玩了一輩子的葫蘆，似乎還沒有玩夠。這也讓我們感受到了在葫蘆棚下，他心中的「壺中天地」，是那麼的廣闊、深情，可謂是「壺裡有乾坤、日月見天地。」真一如《易經》所云：「終日乾乾，與時偕行。」或是「坤厚載物，含弘廣大。」人說孔子之徒顏回，曾有「一瓢飲」之言，而《詩經》上也有「七月食瓜，八月斷壺」的詩誦，這些都是我國有關葫蘆文獻的最早記載，所涉都是講遠古時代中國葫蘆的製器。

我記得有一鄉前輩，他是詞人兼中國畫家，曾有一畫，名為「藥窗葫蘆」，並題一闋《壺中天》詞：「壺中天地，憑紛紛幻出，瓊花琪樹。莽莽乾坤一著，容個詞人來往……」這位老畫家叫吳藕汀，他也喜在家的小園子裡種幾棵葫蘆。

有關中國的葫蘆，王世襄的好友朱家溍，也曾說了一個故事，頗值回味。他說：

> 葫蘆既貴大，可更貴小，如以這樣的標準，選擇我家種的葫蘆，就無可入選的了。天然葫蘆最小的，我只見過一件。文革前，內子仲巽有一玉釵，上面鑲著一個小葫蘆，只有三分長。玉釵是用碧玉做成一根竹杖形，在杖端用赤金做成條帶拴在葫蘆腰，下垂一個條結。很簡潔

雅致。仲巽的外祖是清代理藩院尚書，宗室壽耆，是一位榜眼公。他家住在東四九條胡同，一座宅院有花園，榜眼公有兩個妹妹都不出嫁，家裡人稱這兩位老姑娘為「五老爺」、「六老爺」。這個三分長的小葫蘆，就是五老爺種的。五老爺是一位詩畫兼能的才女，喜歡聽戲，遊山，栽花，養魚等，又善於培植各種盆景。其中有兩盆小葫蘆，所謂小者也都有二寸來長，有一年秋天，結了幾個一寸左右的，其中一個最小的就是那個三分長的小葫蘆，這位五老爺精心用意的保護，一直到初冬天氣，每天還從屋裡搬到廊簷上追太陽，總算長老了沒出毛病，五老爺向仲巽說：「可惜配不上對，要再有一個一般大的，給妞鑲一對耳墜子多好。」仲巽說：「您自己鑲一個首飾戴兩把頭上，多好。您今年整生日，鑲一個戳枝花，葫蘆就像老壽星拐棍上掛的一樣。」五老爺說：「福祿壽三星未免太俗氣了。」仲巽說：「嫌俗氣就別聯繫老壽星，東坡的詩，有：『野飲花間百物無，杖頭唯掛一葫蘆』的句子。我給您出個主意，叫玉作坊用碧玉給琢一根竹杖形的戳枝，叫三陽金店用足赤打一個條帶結子把葫蘆鑲上，豈不是一件有詩意的首飾。」五老爺就照這樣辦了，後來五老爺終於把這件竹杖小葫蘆給了外孫女趙仲巽。

從朱家溍先生所談往事，看來，葫蘆大小各有好處，如大的可製成各種葫蘆供玩，但小的也有其美妙之處，如與金玉結成裝飾品，顯得更是珍貴無比。但是，王世襄認為「天然葫蘆有純屬天然與裁切成器之別。前者可喻之為天生璞玉。後者為成器而破形，已是大璞不完矣。」當然，天然葫蘆「肌理光潔，端正停勻」但由於其百不得一，故為人所重。而天然的小葫蘆，其奇妙更為人青睞。陸游曾有詩曰：「色似栗黃形似繭，恨渠不識小葫蘆」，可見在唐宋時，小葫蘆已早為人喜愛了。王世襄一生對葫蘆情有獨鍾，當然無論其大或小，他都玩了一輩子，同時在玩葫蘆的時候，他更愛秋蟲鮮活地生活那壺中，如聽其在壺中鳴叫，如聽最美妙的音樂一般。

但是，喜葫蘆、玩葫蘆，在我們諾大的中國，有許多人都有此玩好，但卻沒有人把這樣的人和事能描摹寫下來，且要撰寫得深入淺出、扣人心弦。如有，也少有人寫好它，更沒有像王世襄寫得如此有深意和有文化，而他的《中國葫蘆》專著，就是一本前所未有的書。內中有義理、有考證，更具特有之文采，圖文並茂，讀之讓人耳目一新。

中國葫蘆，作為一種特有的文化意蘊，幾千年來，其積淀無限深厚。葫蘆可食、可用，還可以製成各種工藝品。用葫蘆做成的各種器物，其本身往往是實用和審美相結合的。葫蘆的美與天然葫蘆的造型之美，與人工加工葫蘆的工藝之美有著直接的關係。據《農書》記載：「匏之用甚廣，大者可煮作素羹，可以和肉作葷羹，可蜜煎作果，可削條作乾，小者可作盒盞，長柄者可作噴壺，亞腰者可盛藥餌，苦者可治病。」我們說葫蘆還可以用做笙、竽等樂器，至今在我國苗族地區還廣泛使用。

從歷史上看「葫蘆」又叫「蒲蘆」，是「福祿」的諧音，據傳是從印度傳入我國的，在我國已有六七千年的種植歷史，從原始母系社會就作為母親的象徵受到人們的崇拜。寓意是多子多福，傳宗接代，祛病消災，萬事如意，保平安送健康等等。是我國眾多民族中少有的寄託相同或類似的如意吉祥物。從古往今來，不知有多少關於葫蘆的美妙傳說，如南唐沈汾《續仙傳》載：

韋古道，有腰繫葫蘆數十，廣施藥餌，療人無數，帝召入宮，圖其形，賜號藥王。

清褚人《堅瓠秘集》中之《夷堅志》載：

光州七里外村媼家植棗二株於門外，秋日棗熟，一道人過而求之，媼曰：兒子出田間，無人打撲，任先生隨意啖食，道人摘食十年枚，媼延道人坐，烹茶供之，臨去，道人將所佩葫蘆繫於木杪，顧語曰：謝婆婆厚意，明年當生此樣棗，即是新品，可以三倍得錢。遂去，後如其言。

又如《西遊記》中之孫悟空、壽星仙翁、八仙中的鐵拐李，《濟公傳》中濟公和尚都與葫蘆有著千絲萬縷的傳說。此外，歷朝歷代無數文人墨客也都賦詩作畫，反映出源遠流長的葫蘆文化。如三國時阮籍的《詠懷詩》、唐李白的《贈饒陽張司戶遂》、杜甫的《除架》、宋楊萬里的《葫蘆》，直到近代吳昌碩的《題畫葫蘆》、齊白石的《葫蘆》詩詞畫作等，無不反映了這葫蘆作為一種文化的主題。

當談及葫蘆文化，作為一項實際的審美應用，考古植物學家的游修齡先生，曾撰寫文章《葫蘆的家世》（刊載於《文物》一九七七年第八期），認為在葫蘆的運用上，中國在世界上是獨一無二的。由於葫蘆本身的特點，如質地、色澤，經過特殊工藝處理，可以製成各種工藝品或藝術品，具有極高的實用和審美價值。根據葫蘆的種類和造型的差異，葫蘆可以製造成盤、碗、瓶、壺、爐、罐、盂、盒等各種器物。經過工藝加工的葫蘆，更可用於室內的裝飾與陳設。

從王世襄《中國葫蘆》之論述中，可知葫蘆工藝的製作，包括兩種情況：其一，在葫蘆成長過程中，進行人為干預，待到葫蘆成熟後，葫蘆出現別致造型或立體圖案。他書中講到的勒紮葫蘆和範製葫蘆，就屬於這一類型；另則，就是在葫蘆成熟後，經過去皮處理，把葫蘆表面當作藝術表現的載體，進行特殊工藝加工，使之表面出現各種圖案。火畫葫蘆、立體押花葫蘆、針刻葫蘆、刀刻葫蘆等皆屬於此類型。而王世襄認為，從天然葫蘆裁切、製作成各類器用，代有其人。且入清後，其製作愈精、其類也愈備。唯取作飼鷹、繫鴿、畜蟲等供遊樂之具，二、三百年來，京中獨盛且少有人言及。當然，對葫蘆的加工利用。隨著對葫蘆認識的深化，葫蘆器是我國的一種特種工藝品，它雖在清代曾經放出了異彩，繁榮了我國古代工藝美術品的百花園。可惜的是，它也隨著清王朝的沒落而漸趨消亡，但其中的一支，即葫蘆蟲具，還在斷續地進行。

我們說有鳴蟲葫蘆，主要包括本長葫蘆、範製葫蘆、火畫葫蘆、立體押花葫蘆、針刻葫蘆、刀刻葫蘆。（參見：王世襄《中國葫蘆》，上海文藝出版社，一九九九年版。）作為葫蘆文化中的重要組成部分，葫蘆器和葫蘆具的生產製作，有證可考者，如康雍時期的官模子範製葫蘆，民間勒製葫蘆，甘肅蘭州刀刻葫蘆等。葫燙花蘆，也叫火畫、火熗、火筆等。其製作方法，是利用古老的火繪技術在葫蘆上烙出的印痕，從而顯現出圖案。據考證始於明末清初，北平最早名家當屬「白二」又稱「白老頭」（西元一八五一至一九四八年），白二，旗族，以售葫蘆為業，常在隆福寺設攤，他的作品景色及物象風格簡約並有靈氣。白二之子文三，其繼承父業後，工藝更見細膩。我們如今無論於一九二七年開明書店所輯的《北平乎》，抑或一九八〇年代由姜德明編輯出版的《北平乎》，似乎均未講述到老京豐富多采的葫蘆軼事。

記憶中，二十世紀前半葉的老北平，於崇文門外、打磨廠路北小巷北深溝，小巷內有店名「仁義順」，店內有一個名為李潤三的人，專做葫蘆生意，其實他本是牙雕藝人，後改繪葫蘆，他的葫蘆作品，用低溫的烘針慢慢的燙出，風格如同水墨渲染，無煙火氣息，只是筆力較弱，但其自有風格。葫蘆燙花的原始工藝，是使用粗香鉗鐵針或細香仰頭烙製，而現在的製葫工藝，是用電烙鐵取代原始工具，電烙鐵較之原始工具有諸多優點，使這一工藝更加精到，更加具有其獨特的藝術魅力。火繪葫蘆，又稱火畫葫蘆，為火繪燙花技藝的一種，一般都被認為是普通工藝美術品，其實真正好的工藝品，可以是一件精美的藝術品，是極其難得的收藏品。二者之間的區別就在於有沒有嶄新的創意，是一般創意還是大師級創意。目前，凡是有藝術創新的、不同於一般的火繪葫蘆，我們統稱為藝術葫蘆，以區別於平常的工藝品。但作為藝術葫蘆，究竟能有多少藝術價值和收藏價值，這就需要我們用科學的方法論證。火繪藝術葫蘆大有可為，如從葫蘆之生長規律來看，經火畫的葫蘆，於三五年後，皮色轉黃，隨著年深日久，葫蘆直可達紅紫，而留存於葫蘆上之畫，則顯得更美，且典雅無比，供文人清玩，就別有滋味，所以，火繪藝術葫蘆，其收藏前景非常廣闊。當然，一件很重要的事，大家別忘，我們今日從葫蘆的歷史風貌觀之，它的各種演變，各種傳人與往事，收藏家的種種軼事，無不也反映出了各個時代的社會生活狀貌。因為，這一切是離不開生活的。

二、火繪葫蘆情意深

早在一九三八年，王世襄就讀燕京大學期間，曾在校園東門外的自家園子裡試種葫蘆。他精心旋了一個六瓣木模，其上摹繪張和庵《百花詩箋譜》中的一枝月季花，左下有「又筠製」三字小印，並將模具上的圖文鐫成浮雕花紋後，再送到東郊六里屯盆窯翻製成內壁有陰文花紋的瓦範，可惜，這一年蚜蟲為虐，放入瓦範內的葫蘆僅有兩三個成器，且胎薄欠堅實。但到了一九三九年以後，王世襄因母親逝世而埋頭學業，不再種植匏器。說來也巧，他親手製作的匏範卻沒有被閒置，而是由蟲販子趙子臣借給天津的陳某範種，所成之器則流往香港。直至改革開放後，王世襄在香港的古玩市場上，突然發現這些署有「又筠製」款識的匏器，已被好事者當作清乾隆之物出售，這使他不禁啞然失笑。真想不到，那些少年的玩器，原來還如此的「金貴」啊！所以，他在一九九三年出版的《說葫蘆》一書中，還專門提到火畫葫蘆，循其源流，詳陳做法，以利後輩傳承

二十世紀五十年代，由於社會的急劇變革，徐水、天津無人再種模子葫蘆，範匏技藝瀕臨絕滅。一九七九年，沐浴改革、開放的春風，王世襄那壓在箱底近二十年的〈談匏器〉一文，終於在《故宮博物院院刊》發表，即刻引起了有志者的熱烈反響。據商承祚先生考證，並於一九三九年所寫〈長沙古物見聞記〉中有說「楚匏」一則，可能在戰國時，其工藝已施範於葫蘆之上。所謂「施範」一詞，這涉及範匏的具體做法；即當葫蘆物華幼小時，就將它放入有陰文花紋的模具，待秋天長成後取出，其形態悉如人意，花紋隆起宛若浮雕。這無疑是我國獨有的一項巧奪天工的傳統工藝。

明、清以來，範匏這一民間技藝日臻成熟，並傳入宮廷。故宮所藏的清康熙、乾隆時期的匏器，可謂蔚為大觀，有數十種、一二百件之多，均造型典雅，花紋工整，範製精美，色澤瑩潤。但范匏這一傳統的絕藝，解放後，因把它當作資產階級的玩物，幾乎瀕臨湮滅。直至改革開放後，經過十餘年的努力，終算慢慢又復蘇起來。京、津郊區的一些農民，例如，北平南郊的張金通、天津的王強等都突破了製範、雕木、翻瓦等方面的技術難關，在種植的各個環節上，進行了成功的探索，獲得了一批又一批的範匏佳作。本原於清末時，「模子葫蘆」的種植，也大致集中於徐水、天津兩地；而現在京津一些地方，對這項具有悠久歷史的技藝，又絕處逢生，王世襄深感欣慰！他特意寫了〈範匏絕藝慶重生〉一文，發表在《燕都》一九九二年第五期。慶賀之餘，他還提出了值得改進的五點忠告。

一九九三年，王世襄為了讓範匏這一傳統的絕藝在海內外更加廣為人知，他在香港壹出版社用中、英文出版了《說葫蘆》一書。此書分上、下卷，翔實具體而又圖文並茂地敘述了天然、人工雕飾的葫蘆以及貯養鳴蟲的葫蘆，使這一瀕臨湮滅的傳統技藝絕處逢生後登上了可以傳承相襲的學術殿堂。王世襄在談到自己在範匏上的種種努力時，曾經胸懷坦蕩地說道：「凡此雖得誑之為玩物喪志，亦喜其可冶性陶情。毀譽縱殊，終不失為我國獨有之民間習俗。鑒於明、清以來，鮮有形諸筆墨，故不辭瑣屑，縷縷述之。知我罪我，皆非所計也。」

王世襄學習火畫葫蘆是在二十世紀三十年代初。據他回憶：

余年十七八，王珍贈我鐵針二，粗香一束，學火畫葫蘆自茲始。王珍世居隆福寺孫家坑，自其始祖即設葫蘆攤，粗知火繪，燙所謂「行活」在東西廟（隆福寺、護國寺）出售。予改其針形而自製多枚，大小、形狀各異，所畫不止畜蟲葫蘆，並燙鴿消等，直至大學卒業後始知讀書，棄復作。七八年間，所畫不下二百器。當年為蟲友索去者已不可蹤跡，所剩無幾。

如今，王世襄雖已是九十四歲之老人，當筆者與他談起火繪葫蘆時，興致還是不減當年。他原珍藏的火繪葫蘆，有畜蟲的葫蘆，也有用作鴿哨的葫蘆，所燙圖案，大都取自歷代名家的山水、花鳥之作，亦有自己即興而成的小品，展示了他在中國古代書畫方面的深厚功力。當然，那天他說，現在要找出一些還存放家中的蟲具來，已不知放在那裡了呢？這我相信，因他家書堆滿地，自老伴離他而去後，誰來家中收拾？但他還是指著老伴為他所刻的《大樹圖》話說不盡，因在這圖中，有他老伴為他專門刻上的兩件火畫作品，他津津有味地回憶道：「我工火繪葫蘆。當年父親買了一個大匏，對我說：『如燙畫得好，就給你了。』我以一夜之力把金代武元直的赤壁圖縮摹於上。圖中所示即此大匏。另外一對紅木小圓盒，盒蓋鑲火繪葫蘆，內盛紅豆，是我從重慶歸來後贈她的定情之物。」

對自己曾經擁有過的這手「絕活」，王世襄到晚年，仍不能忘懷。而王世襄玩葫蘆蟲具，更鍾尚年久、色澤優美之本長葫蘆以及有各種陽文文圖之官模子。據王世襄回憶，有二段話頗值錄之，他說：

> 色澤濃豔，肌理瑩澈，翻肚勻稱，無美不臻。予得之較晚，在一九四九年遊美歸來後，時正忙於故宮工作，無暇畜蟈蟈已數年矣。

由於當時一心撲在工作上，無暇去玩葫蘆玩鳴蟲，後來運動不斷，遑論這一切了，晚年思之，甚有惜意。另他又說：

> 三十年代初，蟲估呂虎臣設葫蘆攤於東安市場，與星命館問心處相對。其最高處囊匣成行，此葫蘆位居正中，號稱鎮攤之寶。幾次問鼎，以索值奇昂，無力致之。不意二十年後，於掛貸鋪復見，付值不過當年所索之什一。原裝錦匣尚在，而虎臣逝世有年矣。

對呂虎臣這樣的「葫蘆人物」，還時會於他心間遊蕩，因這也是老北平的一件文化軼事。但畢竟物是人去，王世老現居住在迪陽公寓高樓上，憶及往事，也不免有獨上高樓，不勝悵然之感。

當然，今天我們從他的《自珍集》中，還能觀賞一些他原藏的各式珍貴葫蘆。如一九三四年由他親手所繪的一具「火繪金魚蟈蟈葫蘆」，附有他的精采題識：

> 一九三四年得此葫蘆，因橫腰有漬痕一抹，宛似水紋，爰效先慈畫法，火繪俯泳龍睛魚一

尾，未竟而束諸高閣。多年後，揀出擬續成之，但粗香已無售者，且目昏手戰，深恐弄巧成拙。只得以劉安子謹毛則失貌為辭，藉以解嘲。

這是王世襄年青二十一歲時，想效法其母畫魚火繪在葫蘆上，但未竟，當他隔了幾十年後，有了餘時再重操此業，但已感目昏手戰，心有餘而力不足了，也只能無可奈何留待晚年作紀念了。作為筆者，倒是很欣賞王世老自珍自藏的一個「宮模子七言絕句蟈蟈葫蘆」，此葫蘆通口高十二點五釐米，口徑五點八釐米，上有一首秀麗雋永的詩：「芙蓉花發滿江紅，盡道芙蓉勝妾容。昨日妾從堤上過，如何人不看芙蓉？」此詩很有意思，用楷書刻在葫蘆上。忍不住笑意從心頭溢出。那日，王世老有言曾說，此詩未能查出何人所作？後筆者找到這首「芙蓉詩」，據說有一人叫張安斯的人，有潭百畝，環植芙蓉，秋來紅妝相映。一女子題詩亭上云：「芙蓉花發滿江紅，盡道芙蓉勝妾容。昨日妾從堤上過，如何人不看芙蓉？」不知這張安斯是何許人也？現在，只知此詩是清．錢德蒼所輯，有說此詩，是出自宋朝一位浣花女所寫，詩名為「潭畔芙蓉」。怪不得董橋也曾在《蘋果日報》上，說了這樣的話：

這首詩是王世襄先生舊藏蟈蟈葫蘆上壓出來的二十八字楷書，連王老都說「秀麗雋永」，可惜查不出是誰寫的詩。詩固大佳，可那個比芙蓉更動人的女人確然更佳。

我們讀王世襄老《儷松居長物志‧自珍集》，尚有許多火繪葫蘆的動人故事，其有詩有畫，有三教九流人物，有他對似水年華之追憶，也有他對已故玩友之歎謂；有面對歷史陳跡無窮之緬懷，更有歷經世事更迭、人間滄桑。當年，他才華正茂時所製蟲具乃或手製木模，後幾經輾轉，流入國外作為文物，待幾十年流水年華逝去後，又重見天光，只是有點像魯迅先生所形容的，那蜻蜓轉了一圈，又回來了，直令他啞然失笑。當我們讀到那葫蘆上的一切記事，簡直猶在青銅器上讀銘文，也使我遙想中國歷史上的魏晉名士，但如今連做名士的土壤，早已在大地上消失了。也許，王世襄便是我們心中跨世紀的名士，他也有「餘閒居歡，兼比夜已長。」的落寞時光。他生逢多變之世，感歎著自己生命的無常，但他終於走出了一條自珍自愛之路，給自己的生命增加其密度，當然，他無法也不能脫離生活，躲進那「桃花源」的樂土，他用「玩不喪志」走出一條正像邵燕祥先生所說的，前無古人後無來者之路。無奈中，他一生對中國葫蘆文化的熱愛，便是一例。

三、鳴蟲之緬懷

當我讀「世襄聽秋圖」，不禁令人神往。誠如他之老友張中行先生所說：「看了這幅圖，我不禁慨歎，天之生奇人，報奇人，這樣就夠了。」的確如此，聽秋圖，畫了聽秋主人王世襄先生，正坐在一短凳上，他身前立一圓桶，手持著紙筒，耳對筒口，聚精會神在洗耳吟聽那些秋蟲在鳴叫，從而鑒別桶中那些個鳴蟲之優劣。這圖畫於一九八四年除夕，是出於他夫人袁荃猷的神來之筆，寥寥數筆著墨不多，但神情姿態立顯。這幅名之為「聽秋圖」，令我百看不厭，生發出了飄渺無際的想像，它似乎是一首詩、一首詞，更是一首聽不盡的曲歌。其實，王世襄在十歲時就開始玩蛐蛐，那時尚幼小。只是在一些巷口大柳罐中「抓老虎」，到了十四、五歲時，就開始遠征了，都騎車至郊區捕捉了。到十八、九歲以後主要去宣武門外蛐蛐店購買。從兒童、少年、直至青年、壯年，在這麼一個長長的過程裡，由玩鳴蟲，他也得於收藏了一些非常不易所得的蟲具。比如，由清代「都人趙子玉製」的五號小型罐，蓋上有「樂在其中」方形戳記，此盆現成為特殊品種了。原藏者為當時中南銀行經理鄭西中先生，鄭逝世後盆始散出。一九五〇年後由王購入，因那年月，大都為人所不在意，也無人問津。故賣者在售出時，曾憤憤然說：「要不是這年月，真輪不到你！」這倒確是一句實話。如果在太平盛世，那是要買個大價錢的。當然，王世襄也藏有一些自珍品，如清「南樓雅玩」磚雕盆、明萬禮張過籠兩種、清趙子玉雙棗花過籠三種等各式珍貴蟲具。其中萬禮張盆因年代久遠，且存世量少，具有一定的收藏價值，其中歷史內容也較為豐富。其盆特點是，「刀切底有騎縫戳為對同或菊字和兌字，造型多為馬蹄與直牆，盆壁較南盆厚，罐較矮，邊角圓滑，盆壁內手擼紋明顯，盆蓋上卷紋明顯，幾無漿皮，尺寸均為一號、二號罐，可以看出有從南盆向現代北盆過渡的痕跡，萬禮張盆，用泥粗實為半泥、半瓦，但確開創北盆之先河，完成由宋代瓦盆，向純泥盆的過渡，起著承上啟下的作用。」

有一次，我問世襄老：「你的一生和多少類的鳴蟲打過交道？」他不假思索立馬就報出了許多，有的我連名字都未嘗聽到過。他說：「我把自己從小就玩過的六種鳴蟲，可分為兩類，一種是餐風飲露於叢草間的，我稱它為『緣枝類』鳴蟲，如蟈蟈，紮嘴。另一類是活動於亂草瓦石底下的鳴蟲，我不妨稱它為『穴居類』的，那就是：油壺魯，蛐蛐，梆兒頭，金鐘等四種。」但當我再問到這些鳴蟲與葫蘆的關係時，王老一如心中在描著一幅幅秋蟲圖似地說開了。他說：「我們如從表面上看來，蓄養各式鳴蟲的葫蘆似乎大同小異，其實不僅外形、尺寸各不相同，甚至內部結構都有極大的差別。粗略言之，可分作二個系統，一為蟈蟈、紮嘴等鳴蟲所用，一為蟋蟀、油葫蘆、金鐘等鳴蟲所用，二者就有了顯著的不同。」接著王老又滔滔地說下去，他說：「在外形上看，蟈蟈葫蘆腰部較高，脖短肚大，重心在上，不論是製成雞心式、棒子式，還是瓶子式等式樣，多為尖底；而蟋蟀葫蘆腰部位於器身中下，脖長肚圓。由於兩類鳴蟲習性一喜陽一喜陰，所以在內部結構上，蟈蟈葫蘆肚內中空即可，而蟋蟀葫蘆肚內須以黃土、石灰、細沙合成土而墊起一個小小的斜坡，通稱這為『墊底』，底有二十至三十度斜坡，斜坡高處與腰之內壁相接。由於墊底，蟋蟀葫蘆重心較低，其蓋框內，可以安置如鏤空倒扣碗形的『蒙心』，蒙心有平片與高起之別，高蒙心多在一至三釐米以上，平片僅只鏤空，高蒙心近乎圓雕。蒙心的材料用檳榔瓢、象牙、玳瑁、黃楊、玉石、翡翠等做成。而蟈蟈葫蘆多用較輕的椰子殼製成瓢蓋或木蓋，其上鑽五至七個圓孔，依孔徑及孔距不同，一器可配多蓋，調換使用。」

聽王世老講畜蟲葫蘆，我真是似懂非懂地聽著，看來這裡邊學問可大，簡直是無法與外人道。當講得我難於理解時，我只能再求教於王世老所著的《中國葫蘆》一書。因我平生，未能很好玩過各類鳴蟲與各種葫蘆。老實說我少年時，只玩過一些蛐蛐和蟈蟈，且是低當次的，餘皆只是聽說而已。後又聽王世老聊天時說過一些這方面的知識，他曾道：「蟈蟈葫蘆因蓋薄多孔，故於蓋下加銅絲盤曲成的蚊香式簧膽，防止蟈蟈碰傷觸鬚。一說銅簧有助於共鳴，但經試驗，其效甚微。製作蓄蟲葫蘆的工藝大致與製作一般葫蘆器具基本相同。範製蓄蟲葫蘆，多為晚清道光以後製品，養蟲家習慣將此時宮廷及諸王府製品稱作為『官模』，也稱『官模子』，多蟈蟈葫蘆，據說取其名與『國』同音，滿置宮室，有『萬國來朝』之意。官模葫蘆，圖文題材多樣，除龍鳳花鳥、吉祥圖案外，還有山水人物、歷史故事、詩文碑版等，格調高雅。當然，其葫蘆發音，較錦囊繡籠為優，但某些作品不免流於賣弄矣。」

據王世襄考證，在清康熙至乾隆，皇宮中以絲織品作蟲具，並沒有用葫蘆。在民間著名的有安肅、三河等地，而京東三河縣劉某之範製葫蘆，人稱為「三河劉」。其作品以油壺魯葫蘆居多，一律光素，皮色較淺，器壁疏鬆，可見其特殊的培植手段。「三河劉」在晚清價格已高於官模，全因其不事雕琢，卻利於鳴蟲發聲，特為識者所喜。聽此，秋蟲的共鳴真一如在筆者之耳了，也不時使我想起讀他的那篇名作〈秋蟲六憶〉來了。前段時間，約二〇〇八年中秋後一段時間，正值王老因血壓有些偏高，他兒子敦煌，送他進醫院治療。那時，他老特地託人給筆者郵來了一部《蟋蟀譜集成》的大部頭精裝本一冊。細讀之，讓我又大開了眼界。王世襄彙集了公私所藏蟋蟀譜三十多家，經他手審核淘汰後終精選出十七種而集成此書。在該書附記中就有〈秋蟲六憶〉，可謂是一篇寫秋蟲之美文和傑作。它是六篇關於捉、買、養、鬥蛐蛐和關於蛐蛐器皿以及有關寫愛蛐蛐的人的系列散文。全文是王老的親身親歷，在他筆下對鳴蟲之緬懷，是那麼的可親可愛。他說：「我有時也想變成蛐蛐，在罐子裡走一遭，爬上水槽呷一口清泉，來到竹抹啜一口豆泥，跳上過籠長嘯幾聲，悠哉！悠哉！」

我們從王世襄的那些隨筆式的論述裡，更多的是體現出了一蟲之微，一器之樸，其中所蘊含的民俗與文化意蘊，真是開掘不盡的。而於王世襄筆下這些鳴蟲的生活裡，無不寄寓於一種人生哲理。他寫這些小蟲好鬥逞強，稱王稱霸，有多麼的醜陋，同時也寫他們溫柔多情、談情說愛，又有多麼可愛。他把這些鳴蟲人性化了，似乎讓我們從小蟲在罐子裡面的生活，體現同時反映出了人性在某些時光所暴露出來的良醜之態。好似再現了人性之善與人性之惡，那種交織的社會生活圖畫。

至於為何冬蟲蓄養，非葫蘆莫之能當，王世襄先生的解釋言簡意賅：「以葫蘆蓄養冬日鳴蟲，取其體輕，便於納入懷中；性溫，離懷仍有暖意；質松，有助蟲聲的振動，發出好音。」據潘榮陛《帝京歲時紀勝》，乾隆時養蟈蟈，即「以雕作葫蘆，銀鑲牙嵌，貯而懷之」。晚清時，冬蟲價值不菲，上好的蓄蟲葫蘆價格也令人咋舌，《燕京歲時記》裡說：「冬月之聒聒葫蘆，油壺魯葫蘆，佳者亦數十金一對。」你看，數十金一對，這誰玩得起呀，非王宮宦族，八旗子弟，貴富人家，誰能為之啊。當然，也少不了作為人生境界的文人雅士所為。

蟋蟀、油葫蘆、蟈蟈號稱中國三大鳴蟲。三大鳴蟲中，玩得最好、最精彩、最有文化韻味的當數蟋蟀。古人玩蟋蟀講究三種境界。第一種境界叫「留意於物」。這其中最典型的代表是南宋宰相賈似道，竟然因玩蟲而誤國；第二種境界稱「以娛為賭」，把鬥蟋蟀作為賭博手段；第三種境界叫「寓意於物」，這是最高境界，多為文人雅士所為。王世襄便有那種深切的體會：

當年如隆福寺街之富友軒，大溝巷之至友軒，鹽店大院之寶和軒，義懋大院之三和堂，花兒市之萬曆園，白塔寺內之喇嘛茶館，皆養蟲家聚會之所。如到稍遲，掀簾入門，頓覺蟲聲盈耳。

又說：

解衣入座，自懷中取出葫蘆置面前，蓋先至者已將葫蘆擺滿桌面。老於此道者葫蘆初放穩，蟲已鼓翅，不疾不徐，聲聲入耳，有頃，鳴稍緩，更入懷以煦之。待取出，又鳴如初。如是數遭，直至散去。蓋人之冷暖與蟲之冷暖，已化為一，可謂真正之人與蟲化。莊周化蝶，不過栩栩一夢，豈能專美於前耶！

這就是王世襄先生追憶的舊京冬日裡的那種特有的場景；那些個養蟲家，在茶館聚會的亦情亦景，讀來宛若置身其中，而那熱鬧背後韻味悠長的傳統文化，以及與之相關的蓄蟲葫蘆製作之工藝，更是令人心存好奇。

我讀王世老在京城的養鳴蟲高手，他們似一卷卷的人物圖譜，讀來真是興味盎然，如臨其境一般，看得我眼花潦亂。如寫古琴國手管平湖先生，把那只人家退還的鳴不出聲的「倒撥子」蟲，經他「點藥成金」般地成為一隻最得意之鳴蟲。又寫到享盛名遠在裘桂仙、金少山之前的養鳴蟲大家訥翁紹先，善用雌雄交搭必使蛐蛐悠然長鳴。更把一個喜放風箏及畜鳴蟲的人稱「金瘋子」，其日日夜夜，競無寧刻地捉蟲養蟲為最大樂事的老者，描繪得維妙維俏。這難道不是另一幅「清明上河圖」嗎？

如果，我們連同那由王世襄用喜怒哀樂之筆寫出的《秋山捉蟈蟈》，一併在燈下細讀，曾幾何時，那些躍動著的各類促織（蟋蟀），也曾陪伴溫暖了王的一生。細心的讀者無不可以讀出王世襄之身影、心態。興許，還可讀出蘊藉著他一生命運的一部二十世紀「新聊齋」的辛酸。

第十四章

書畫、雕塑、詩詞情

▲ 王世襄牧牛圖。

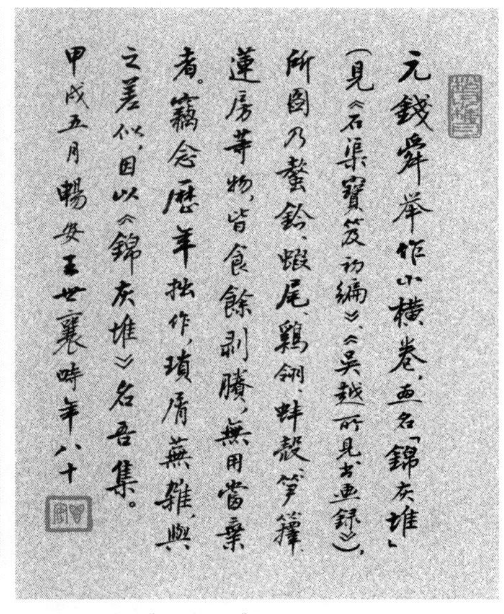

▲ 王世襄《錦灰堆》撰書法。

▲《中國金魚文化》封面。

▲ 三歲的王世襄，握著毛筆塗鴉。

▲ 王世襄收藏的明代鎏金雪山大士像。

▲ 王世襄收藏的明代佛像。

▲ 王世襄收藏的明代金剛像。

▲ 王世襄清代匠作則例門神像。

一、難捨書畫情

王世襄與書畫之緣，可謂與生俱來。母親金章、大舅金城，均工中國畫藝，尤其是他的大舅金城（西元一八七八至一九二六年，號北樓）是二十世紀北方畫壇的領軍人物。早年曾留學英國，在英期間曾去各地美術館、博物館參觀，吸取西方畫之長，以達中西互補。金城是清末民初留洋畫家之先驅，善畫山水，兼做花鳥。客居北平時，曾創立「湖社」畫會與「東方繪畫協會」。他為弘揚中國書畫，先後四次在北平和東京兩地舉辦畫展。由於長期奔波、積勞成疾，金城去世時，年僅四十九歲。著有：《藕湖詩草》、《北樓論畫》等。

一九二〇年，在中國畫壇上享有盛名的「中國畫學研究會」成立，金城任會長，招生收徒，傳播中國畫藝，而王世襄的母親金章，也被邀請出任評議。年幼的王世襄，在如此濃厚的書畫藝術氛圍中，自然而然地受到薰陶，雖然他有多種愛好以及有許多學術上之研究，但對中國書畫，卻終生難以忘情。

王世襄的慈母金章寫得一手秀麗工整的小楷，母親自小就常常督教世襄臨帖練字。記得王世襄曾拿出他保存著的當年一幀珍貴相片，照片中僅三歲的世襄，抬頭張著一雙炯炯有神的眼睛，端端正正地坐在小方桌前，桌上擺著青硯、筆洗，只見他手握毛筆，也許，這毛筆，還是他媽從出生地帶來的一枝湖筆，他有模有樣地在臨著字帖。

自小的認真練習，讓王世襄寫得一手勁挺的楷書，如今年過九旬，依舊可以揮毫自如，其腕底之功力，躍然紙上。王老出版的眾多著作，大凡常見他自題書簽，如《錦灰堆》、《錦灰二堆》、《錦灰不成堆》、《自珍集》、《游刃集》等，總令讀者印象深刻，久久難於忘懷。

二〇〇〇年時，王世襄為福建閩侯縣重新修復的李綱墓園題寫墓碑，「忠義凜然」四個大字雄渾有力，絲毫不似出自八十六歲高齡的老人之手，王老除了題寫墓碑外還手書了李綱的《宋李忠定公荔支前後賦》。當我們一讀到這些端莊字跡，總令人揮之不去。

除了練字外，觀摩舅舅、母親臨場習畫，更是王世襄童年的一大愛好。正如王老自述：

> 余髫齡即喜繪事，伯舅金北樓先生在日，每值揮灑，輒在旁凝視，不覺移晷。而先慈作魚藻，尤倚案不忍去，蓋性之所好也。中學時期，暇亦嘗搦管塗抹，然習也不專，終無進益，至今思之，猶日悔惜。

可以想像，在當年金北樓先生的墨茶閣中，世襄是如何在母舅身邊好奇觀望，一筆一筆地看著在潔白的宣紙上，勾勒、點染、暈渲，頃刻間花鳥蟲魚、栩栩如生，或青山秀水、巍峨磅礡，或蟲魚草木、活靈活現。因當年金城自己亦「日攜筆硯坐臥其側纍年，臨摹殆遍，畫藝大進。」這使得金城廣泛的審視傳統繪畫，不但具備元明清文人寫意畫的根底，又上溯唐宋繪畫，掌握傳統工筆劃的精華，形成他畫路寬博，既講究嚴謹的法度，又極重視抒發主體情懷的特點。的確，中國畫的氣韻和意境，以及大舅金城的審美視野，深深地、隨時在感染著王世襄心靈，從小時到少年，他就拿著毛筆描摹、塗畫，似有無窮的樂趣。

年長後，王世襄偶然觀賞到輔仁大學德籍教授福克斯所藏的、明代嘉靖年間高松（號遁山）的竹譜，不禁「為之神往，不能自已」，確給了他歷代文人畫竹之高節的震撼力。之後，他便利用研究生院畢業後的時間，抽空摹繪了《高松竹譜》，以使這部流落海外的明代畫譜，能夠得到更廣泛的傳播。畫竹的譜，肇始於元代李息齋的《竹譜詳錄》，而王世襄所描摹的高松竹譜，儘管首尾俱缺，僅有一冊，亦為畫界珍品。而畫竹一直是中國繪畫的重要主題，用筆過輕則流於娟秀，難顯竹之挺勁風骨；用筆過重則流於凝滯，難顯竹之清雅。王世襄也回憶道：

原譜分墨竹、勾勒二種。勾勒無論矣。墨竹以勾填為之，臃腫自所不免，必用雙勾之法，神采庶可略存。設僅有雙勾，而廢勾填，又與原本殊觀，是以不得不二者兼備。而雙勾之竹幹枝葉，交亞穿插，往往以意定其前後，恐與作者之本意未必盡合，斯又無從避免者。摹抄之難，蓋如是也。溽暑伏案，揮汗如雨，日以繼夜，凡一閱月而蕆事。腕底目中，無非勁節清風，甫一交睫，修影即來，心愛好之，未嘗以為苦。

可見摹繪這一竹譜，絕非逸事，但正是憑著對書畫的鍾愛，王世襄的身心已沉浸在畫竹的幸福之中，一償了他自小所愛書畫的宿願。

王世襄盡一月之力，用郭觶齋精製瓷譜紙，將版心縱、橫均一尺有餘的竹譜，終於一絲不苟地描摹了下來；爾後，他又將該繪本襯以乾隆素箋，分訂兩大冊，盛以錦函，卷首有邵章《明高遁山竹譜》題耑，而卷末有徐宗浩、郭則澐、張爾田、黃賓虹、傅增湘、吳湖帆、啟功、鄧以蟄、林志鈞、吳詩初、葉恭綽、夏承燾等十二位書畫界名士大師為之題跋，使這本手摹本，增色不少。

一九五八年，人民美術出版社影印手摹本，但因王世襄當時已被錯劃為「右派」，出版社勒令不許署名，只許用號，因此作者為暢安，而跋也改寫成語體文，用簡體字抄錄。題詞的十二名家，更是因社領導一句「都是封建餘孽，一律刪去！」致使集體消失，迫於當時政治環境，出版極度艱難，王世襄也只能從命。直到一九八八年五月，王世襄的手摹本，終由香港精印出版，易名為《遁山竹譜》，署名也改為王世襄，名家題跋也恢復了它的本來面目。

一九九六年，王世襄又將手摹本，捐贈給了國家圖書館善本部，對書畫的無限熱愛和傾注心血的描摹，最終成就了一件藝術瑰寶被收藏。

自小的書畫薰陶，使王世襄積累了一定的畫藝，本應在習書作畫上有所建樹，但少年時代的王世襄心儀的是老北平的諸項民間玩好遊藝，如放鷹、獾狗、養鴿、蓄蟲，項目豐富，玩得不亦樂乎。而畫藝的精進，則需要的是靜心、刻苦地反復描摹練習，需要躲進畫室，忍耐寂寞，顯然是當時意氣風發、活潑好動的王世襄所無法耐得住的。

但幸運的是，幼年時對書畫的喜愛雖沒有讓王世襄走上畫家之路，卻令他轉而潛心於書畫理論、書畫歷史的研究，在這一個領域裡，獲得了一片繁花碩果。王世襄對中國畫的理論研究始於《中國畫論研究》的編著。為告慰逝去母親對自己的愛護和期冀，王世襄在燕京大學研究院學習時，選擇了與中國畫相關的題目作為畢業論文。而選題後，王世襄才意識到中國畫論研究難度頗大：

畫論上起先秦，延續久遠，典籍繁多，科目各異，須有較高理論水平，分析和駕馭能力，並對畫史畫跡有一定知識始能勝任。

可王世襄並沒有畏難退卻，反而給出和自己獨到的見解：

竊以為吾國繪畫通史，尚無完善之書。畫史之取材，當以名家之畫蹟，及關於畫學之文字為主。欲求其備，二者未許偏廢。必須能融會貫通，使其互相發明，始可予讀者深刻之觀念，濃厚之興趣，而其難亦正在此。

於是他以初生牛犢不怕虎的沖勁和細緻嚴謹的治學精神，開闢了他在中國美術史領域的研究之路。

王世襄於一九三八年後秋，進入燕京大學研究院，當年，恰逢哈佛燕京學社對歷史、哲學、宗教、美術等專業的學生，提供獎學金，王世襄便以這一畢業論文題目，申請到了美術專業的獎學金。燕京大學圖書館，當時的藏書頗豐，給王世襄提供了廣泛閱讀各類典籍的機會。任外界時局動擾、戰事紛擾，但他始終埋頭專心於論文的撰寫，至一九四一年，研究院畢業，共完成了二十七萬字的撰述。當年通過論文答辯，獲得碩士學位。

但是，對於他原計劃的整部中國畫研究，只是完成了先秦至宋末部份，至於宋以後部分的研究，王世襄不願意就此放棄；於是，他便繼續居郊外寧靜處撰寫，同時可就近閱讀燕京大學圖書館的各類典籍。誰知不久太平洋戰爭爆發，燕京大學也被迫關閉，王世襄只得搬回家中。可當時北平各圖書館，關於藝術書籍的儲藏皆不富，就連藏書最多的北平圖書館就書畫一門，也大遜色於燕京圖書館。在這種情況下，王世襄面臨無圖書可閱的困境，中國畫論後半部份的撰寫似無望，但仿佛冥冥之中似有天意，希望王世襄完成這一畫論。

當時因戰事，北平和南方江浙滬的幣值，陡然變化，南方各省的書籍，一時紛紛運至北平出售。王世襄到北平海王村隆福寺各書肆訪書，發現許多書籍堆積如山，且當時售價極低，於是，他便立時決定傾數年之獎學金，將心儀的因寫作需要的書籍盡載回家；半年後，就將撰寫畫論的材料，基本收集齊備，與燕京圖書館所藏關於書畫典籍，可謂不差上下。王世襄自己也曾感歎：「此誠絕非當日所能逆料者也！」這之後，王世襄便全情投入了畫論後半部的撰寫。

「書籍不必外求，工作乃能迅捷。一年以來，寫作愈勤。黎明即興，深晷始寢。」就這樣，歷時五載，王世襄終於將這部宏著竣工，共計七十萬言。縱觀整部畫論，不啻為一部中國畫論史，呈現了中國畫論發展史的全貌，全書內容上起先秦，下迄清季，對中國畫發端的探微述源，對各類畫法的考據分析，對歷代作品的品評論述，但卻沒有以偏概全，而是做到了以面統點、亦巨亦細之論。但王世襄以先人治學的態度為標杆，其仰慕前賢，終感不足：

古人治學最勤，亦最慎。往往博覽群籍，丹鉛殆遍，案頭隨手所錄，高積盈尺。而白首窮年，竟無撰者以聞，殊不知其所紀錄者，即一生精力之所耗。

他對花了數年精力之畫論，尚不滿意；認為羅列多於論析，且待重新修訂。

但隨著日寇佔領北平，作為有志青年的王世襄，便只有收拾行囊，南下重慶，後輾轉來到李莊。抗日戰爭結束後，王世襄又全身心投身於文物清損的保護工作。直至解放後，王世襄又歷經「三反五反」、「反右」、「文化大革命」等一系列政治運動，畫論的修訂補足，被一再擱置，最終流產，真可謂夙願難續啊！

雖然沒有完成對畫論的最終修訂，於王世襄在中國畫上之研究，無疑是一大遺憾；但對書畫的熱愛，隨時會觸動他閃現出研究的火花。抗戰勝利後，王世襄得到赴美國考察的機會，他又情難自禁地在國外收集各類有關中國美術的書籍，而且特別關注、尋訪了流落在美國公私博物館中的中國書畫。當時的他，為其中重要的二百件繪畫做了讀畫筆記，並拍攝了幾百幅國內難已見到的繪畫照片。在美期間，王世襄還在美國出版的《中國美術雜誌》上發表了用英文撰寫的一篇關於中國墨竹畫發展的文章。當時，王世襄計畫訪美歸來編寫一本《流美法書名畫考》，但無奈歸國後經歷「三反」運動，他辛苦搜集到的照片與他寫的筆記，大部分均須上交，後不知所蹤。爾後，王世襄還是僅憑殘存的資料，於一九五〇年在《文物參考資料》上發表了〈遊美讀畫記〉，文章就流落於美國各地的三十五幅中國古代繪畫精品，進行了獨到的評介。如，他對底特律美術館所藏《元錢選草蟲圖卷》曾品評道：

此卷中，無一物不從實地觀察中來，而全幅色調之調和，也是它獨到之處，在我這這一類題材的畫中，是一件極重要的作品。但畫雖絕佳，在傳世可信為錢選畫中，無與此筆致相近者。款行書「吳興錢選舜舉」六字，在卷左上角，字亦可疑。卷有柳貫、應謙、岑師吉、柯九思、滕用享、楊青、林梭、文嘉等八家跋。其中柳、柯、文等跋，皆可斷定為偽作。所以此畫究竟是否為錢選作，現在大有疑問，但並不會因此影響到畫的價值。

於此可鑒，如若王世襄能把原計劃撰寫的《流美法書名畫考》一書順利完成，那將對中國書畫史研究，以實物對照將是多大的貢獻。

回國後，故宮博物院的日常工作以及紛紛擾擾的政治運動，沖淡和打亂了王世襄原本應繼續的中國書畫研究；當然，他還是完成了幾項頗有意義的工作。一九五七年，王世襄在《文物參考資料》發表了〈西晉陸機《平復帖》流傳考略〉一文，清晰地考證了這一珍貴墨寶的流傳過程。

西晉陸機的《平復帖》是故宮收藏歷代名家法帖中年代最早的，距今已有一千六百多年的歷史。《平復帖》有記載的最早是從唐代末年自藏家殷浩家流出；五代宋初時，曾在王溥家保存了三代；宋代時則為李瑋所藏，爾後又在宋徽宗時入宋皇家；元代時則又流落民間收藏者之手；明代萬曆年間《平復帖》又流入韓世能手中；韓逝世後，為收藏家張丑購得；明代亡國後，張丑謝世後，於清順治年間由葛君常所得，此時的《平復帖》元代觀款，已被人割去，後又幾經轉售，轉由安岐所藏；一九七四年安岐逝世後，《平復帖》自安家散出被清乾隆帝弘曆購得，從此進入清宮，懸掛於弘曆母親鈕祜祿氏的寢宮壽康宮。

乾隆四十二年弘曆親母逝世，《平復帖》被作為「遺賜」賞給了兒子永瑆，入成親王府；永瑆後又將帖傳給曾孫載治存藏。辛亥革命後，清室推翻，《平復帖》留給了載治的兒子溥儒；至一九三七年溥儒因為母治喪，亟須款項將《平復帖》以四萬元的代價，售給了張伯駒先生；一九五一年，張伯駒將《平復帖》連同唐杜牧之收《張好好詩》鄭、宋黃庭堅草書卷、蔡襄自書詩冊、范仲淹《道服贊》鄭、元趙孟頫草書《千字文》卷等，一齊捐獻給了政府。

此時，先生考據了大量文獻和仔細觀摩《平復帖》實物，用篇幅不長的文章記述了《平復帖》經歷由唐末至民國直至新中國的流傳歷程，以及多位收藏家的生平。同年又在《中國畫》雜誌上發表了〈談展子虔《遊春圖》〉一文，對這幅北齊至隋年間山水畫大家的長卷作品，進行了重點剖析，涉及畫藝品評和流傳考據。

《平復帖》和《遊春圖》，堪稱中國古代書法和繪畫的兩件傳世最早的經典作品，先生選擇對這兩件作品進行深入研究，可以看出他在身陷政治運動的逆境中，依然不忘對書畫的熱情。一九五九年，王世襄又自費油印了《畫學彙編》一書，收錄了他在一九五七年至一九五九年撰寫的多篇論畫之作，主要涉及對明、清時一些鮮為人知的論畫名著進行了校對、評點和注釋，如明中期鄒德中編著的闡述民間繪畫諸技法的《繪事指蒙》、明末欽抑專講畫論的《畫解》、清嘉慶周濟談水山畫法的《折肱錄》和洪樸所輯畫牡丹的《姻脂錄》。這本《畫學彙編》雖然沒有公開出版，但仍然是研究中國繪畫史不可或缺的重要史料。

儘管之後王世襄在書畫領域未進行更深入的研究，但那停不了的書畫之情，仍始終在他的心底湧動。一九六三年，當元代所建的永樂宮從山西永濟順利搬遷到芮城後，他對殿內的元代壁畫表現出濃厚的興趣，並撰寫了〈純陽殿、重陽殿的壁畫〉一文，對那裡的壁畫藝術，作了熱情洋溢地介紹評論。之後，王世襄又撰寫了〈麓台「五絕」〉一文，論述他觀王原祁寫杜甫詩意圖軸後，所概括的尺寸之絕、設色之絕、佈局之絕、筆墨之絕、筆法之絕。一九九四年屆八十的王世襄，還寫了《畫法大成》後記，推介《畫法大成》。而令人欣慰的是，二〇〇一年王世襄塵封多的《中國畫論研究》得到出版的機會，用當年的手抄本影印成書，讓更廣泛的讀者瞭解王老最早涉足，也用情最深的這一研究領域。此時的王老已著作等身，出版了幾十種著作，但他依舊非常謙虛在自述詩中稱畫論是「所恨無卓見，終是餖飣篇。何以藏吾拙，覆瓿年復年」，並在〈《中國畫論研究》出版記〉一文中又鄭重聲明：

> 此乃早年之作，欠缺甚多，因未能改寫，故久久不敢問世……垂暮之年，競能僥倖出版，實出望外，吾將坦誠接受一切批評、批判，視為對我之關愛。

我感覺，王老與中國傳統書畫，可謂緣深而份淺。如果說髹漆、傢俱、竹刻是王世襄用心用力最多，成果也最為卓著的三大領域，那麼他在書畫領域的探究雖發端最早，卻甚少為世人所知。這有個人研究領域選擇取向的原因，也有時代和戰事的原因，更有學術氛圍變動的原因，還有他歷經運動的不斷……，千頭萬緒、紛繁複雜，此不言而喻矣。

二、雕塑與集藏

每次捧讀王世襄的《自珍集》，都彷彿經歷了一次與那些精美的古代文化載體的對話，這其中最讓我留戀的是王老集藏的年代各異，造型多樣的那一尊尊雕塑。王老對每尊雕塑都加上了簡短的描述，如他對唐石雕菩薩頭寫道：

刀法簡練有力。重要部位如雙眉、額上皺紋、口唇等，線條遒勁快利，似未加思考，一鑿而就。刻者有高度自信心，嫻熟而準確的雙手，故能毫不費力而將悲天憫人之心刻畫出來。

一尊明青銅太監像，他描繪說：

此像傳神處在右手食指微翹，左軸飄然回曳，顯得高傲而悠閒。作者對此四體不勤，養尊處優、高居人上、為非作歹之人物形象，可謂塑造得淋漓盡致。

那尊明青銅米拉日巴尊者像，他觀後，不無感慨道：

身材如此勻稱合度，形態如此生動逼真，情致如此安適祥和，實已具有生人性靈。不禁起感謝之情，造像者將生命注入冰冷的頑銅。

讀著王老的這些文字，令我也油然而生感激之情，他將一尊尊塑像，小心翼翼地捧回家中，終日相對、反復把觀，又用飽含感情的文字，令這些木雕泥塑、銅雕石像剎時有了藝術之魂，他們或莊重，或柔媚，或威儀，或靜穆，仿佛有了人類的七情六欲、喜怒哀樂，透射出了歷經蒼茫歲月的百般故事。讀著王老的文字，也可以感受出他對這些塑像的眷戀，只有發自內心的喜愛，才能體味這些雕塑深蘊其中的美感和藝術價值。

王世襄所集藏的這些雕塑中，不少是佛像。這可能源於母親金章的影響，金章信佛，亦是佛門弟子，王世襄家中一直設有佛堂，供有佛像，直到一九六六年「文革」後被毀。兒時母親供佛參拜，自然而然感染了小世襄，讓他對佛像有一種親切感和情不自禁的喜愛。但王世襄集藏佛像，卻並不用於供奉參拜，而是珍視其美感，將其作為日常欣賞的藝術品。一九五一年時，王世襄拜訪一位寓居東直門內極樂庵的老居士宋雲普先生，視其室中大小佛像不下四五十軀，而其中令王世襄怦然心動的是一尊鎏金雪山大士像，那大士像「方面長耳，頭大異常，超出身軀比例。眉高起，在眉心與鼻准相連。顴骨隆突，偏下偏後，不在尋常位置。唇上無髭，在口角之外卻又蟠結成卷。容貌奇古而含蓄渾成，故趣味雋永，耐人晤對。」此時王世襄非常想請求老居士見讓，但實感難以啟齒，詢問老居士，才得知此尊雪山大士乃居士數年前向某寺佈施香火若干始迎歸者。王世襄便肅然整衣並告訴老居士母親也為佛門弟子，棄養十多年，但家中仍有佛堂，一直祈望家中佛堂金光普照直，懇求居士賜此像。居士聽後面有喜色，欣然許諾，還取出潔白紙張親為包裹，授予王世襄並送他出門。王世襄蒙居士賜像，一時大喜過望，竟倒轉了那尊大士像，準備放入自行車車樑下的跨袋中，不料居士立顯惶恐，老居士急忙將像倒轉過來，並大聲道：「豈能如此不敬，罪過，罪過！」，王世襄自知闖禍，連忙上車疾馳而去，恐怕居士發現他並非佛門虔誠之士，而是掛心佛像之美。年逾九旬的王老，時對我講起這此捃古的經歷，仍是喜形於色、手舞足蹈，仿佛重又體會當年騎車載著得到的佛像，那急馳出胡同的興奮心情，至今難於忘懷。

一九五九年五月，王世襄將當時他所見所藏之古代雕刻作品的照片粘貼成冊，配上自己的品評文字，自己油印成一本《雕刻集影》，當時純粹為了「自閱自娛」但不期卻成為研究我國古代雕塑藝術的一本上佳材料。時隔三十多年後，王世襄又在一九九五年修改補充了該書。《雕刻集影》收錄了唐代至今漢族地區的佛像三十三尊、藏族地區的佛像十九尊、鄰近國家的佛像八尊、動物雕塑四尊，而且王世襄對雕刻的評價主要關注其藝術價值，並不受年代、質地、地域、體載、宗教類別的桎梏，顯示出他具有革新意識的美學觀點。這從他為《雕刻影集》所作之前言中可見一斑：「嘗以為古代雕刻不論其年代早晚、身軀大小，只要有它自己的精神風采，予人美的感受，就是有藝術價值的作品。有的以真實人物為題材，如曾相識，呼之欲出。有的道釋造像，突破典型儀軌，擺脫固定程式，而從現實生活獲得靈感和生命。這些都耐人欣賞，值得研究，應予以重視。」

王世襄除了專情於集藏雕塑，還進行了雕塑工藝製造的研究，其代表成果便是他一九六三年編著的《清代匠作則例彙編之佛作和門神作》，當時並未出版問世，他請朱桂老題寫書名自費油印成書。至二〇〇二年，該書尚由北平古籍出版社出版問世。在《清代匠作則例彙編之佛作和門神作》一書中，王世襄寫道：

匠作則例對我們究竟有什麼用處，是大家最關心的問題。儘管我們很難找到一處清代建築完全是按照則例的規定蓋造的，但畢竟則例提出了清式建築的典制。工藝美術品和手工業品則與建築不同，大多和則例相符合。我們要研究清代的工匠營造，決不能捨則例以求。

此語道出了則例研究的重要性，王世襄本計畫將清代匠代則例，彙編成十冊一套的完整研究，但無奈事與願違，最終成書的卻僅限於佛作和門神作部分。在佛作和門神作的則例研究中，王世襄探究了佛作和門神作的淵源，詳細匯總和分析了各項則例的內容，這與他多年集藏多種雕塑實物是分不開的。

一直以來，王世襄對佛像藝術也非常有興趣，但除了《雕刻集影》一書並完其他專門的研究著述，不禁令人可惜。我多希望看到王老也能撰寫一本類似《明代傢俱研究》之書，來論述古代佛像。也許正如王世襄的老伴袁醛猷曾說：「世襄十分喜愛中型雕塑，包括藏傳及亞洲各地的鎏金銅佛像。可惜過去這是一個罕有人敢問津的禁區，所以缺少可請教的老師和可供學習的材料。改革開放後，情況有很大的改變，但年老體衰，有力不從心之憾，他對佛像藝術始終認為是一門喜愛而又尚未入門的學問。」誠然，「喜愛而又尚未入門」是對王世襄佛像藝術研究領域中肯的評價。

三、詩詞常為伴

邵燕祥先生曾發來郵信說道：「王老厚積薄發，堪稱淵博，而他所做學問，不知是否前無古人，看來是後無來者的。因為時逢前現代與現代轉型之際，因出身書香門第，深受傳統文化薰陶，又經燕京大學沐歐風美雨，大自傳世鼎彝，下至蟋蟀傢俱，研究起來自然別有眼光，非他人所能替代。王老淹通博物，固勿論矣，至其書法及詩詞的造詣，似尚未有足夠的重視，實應注意及之。」

邵先生所言甚為中肯，世人言及王世襄者，必稱其為大收藏家、大玩家、大專家，甚或有點如「言必稱希臘」的味道。就連王老夫人袁荃猷為他八十壽所鐫刻之《大樹圖》中，王世襄所研究者都包括了進去，唯獨邵燕祥先生所提出的詩詞未示意，可見其詩詞並非為人們所看重。有詩云：「文章妙手偶天成」，用在王老身上可謂：「詩詞天然常為伴」，他寫詩作賦不是為了仿古風雅，詩情已然溶入他的生活。誠然寫詩填詞講究的是靈氣是韻味非斧鑿非刻意，否則便流於匠氣，所以往往不是學得來而是悟得來的。

王世襄青少年時已顯詩才，燕京大學讀書時所作之《鴿鈴賦》為駢文，見其深厚的古典文學功底。《錦灰堆》第三卷《暢安吟哦》收錄王世襄一九四一年之前所作之十五首詩詞作品，其中詩作兩首，詞作十三首，其中我頗欣賞蝶戀花和生查子兩首，《蝶戀花》詞謂：

驀見君來廉幕動，一霎驚歡，醒勝愁千種，歡去知唯愁與共。和淚送，莫厭箋輕，淚比詞箋重，我有瑩瑩千萬捧，誓都留作相思用。

讀之甚感有溫庭筠詞意，仿閨閣女子之口吻，道出相思之意，風格婉約纖麗。而《生查子》詞謂：

前日值郎來，眉黛嬌能語，不敢近蓮塘，怕被鴛鴦妒。昨日送郎歸，偏向蓮塘住，不是妒鴛鴦，為憶蓮心苦。

則生動寫出小女子甜蜜和失落之情緒轉變，風絡純真樸質。總體來看，這一階段王世襄賦詩填詞顯得小心經營，不夠瀟灑自然，詩詞之性情體現顯然不足，也許帶有點「少年不識愁滋味，為賦新詞強為愁」的意味。

一九四一年至一九六九年這段時間，王世襄的詩詞作品不多，僅成恭祝蠖公老伯九旬大慶長詩一首、再登黃山五言律詩一首、減字花木蘭詞一首，三首均為應景慶賀之作。祝賀朱桂老九十壽之首飽含深情，上闋敘述朱桂老平生成就，下闋則描述自己與營造學社結緣、受教於朱桂老的過程。一九六九年之後，王世襄大量的詩作寫於湖北咸寧幹校，包括：養牛四首、放鴨四首、咸寧道中二首、扁擔銘五首、畦邊偶成、西湖觀漁十首、偶成，不妨將上述詩稱之為「幹校詩歌」。這些詩與王世襄之前的詩詞作品之風格完全不同，詩句融田園鄉野風景、日常生活、自身感想為一體，另人讀之如見畫面；而文辭也完全徹底褪去華麗和矯飾，情感之流露親切、自然。另一方面，這些詩作痛後大多蘊含著不少動人的故事。如《畦邊偶成》一詩云：

風雨摧園蔬，
根出莖半死，
昂首猶作花，
誓結豐碩子。

當時王世襄剛到幹校，拖著肺病虛弱的身子來菜園挑水，一下子竟暈到在地，但當抬頭張眼時，不期竟看到一株倒在地上的油菜花，看著那折斷的枝頭，依然金燦燦的花朵，王世襄仿佛看到了自己在「文革」中的命運，由感而發作此詩，並將詩中所體現稱之為「菜花精神」。

王世襄幹校詩歌的一大特點是，借景抒情、以物言志。如咸寧道中兩首就頗值得我們今天的讀者去一讀：「一路山村不記名，村村人盡備春耕，雨餘先貯秧田水，黃菜花中一鏡明。」「丹桂誰栽大合圍，夾衢雙闕勢巍巍，輕車馳過爭回首，金色凝眸香滿衣。」詩中一派生氣盎然的田園風景，樸實的農耕景象，絲毫不見愁苦和一點自怨自艾，當時的王世襄，是在用陽光的眼睛觀看這黑濁的世界，才能有此詩意。鄉間勞作扁擔自是隨身的農具，王世襄還為來到咸寧後常年攜帶的那根扁擔寫了五首《扁擔銘》：

其一，與爾伍，三寒暑，向陽湖，學稼圃。
其二，不作簡，不為屏，肩頭日日隨吾行。
其三，破粉節，留青筠，兩端顫顫如有神。
其四，海可填，山可夷，此君勁節不可移。
其五，莫低莫昂，莫抑莫揚，平允正直，無往不臧。

你看，一根普普通通、平凡無奇的扁擔，卻寫出了王世襄一直堅持的文化人的良心和氣節，富貴不能淫、威武不能屈，堅守自珍，既不妄自菲薄也不盲目自大。

除了以物我兩忘來感受周圍的山水自然外，身邊和他朝夕相處的小動物們都顯得親切可愛。王世襄與那個叫阿旋的水牛在幹校可謂結下了深厚的情誼，畫家張廣當年曾為幹校時的王世襄繪製了一幅水墨畫像，可謂唯妙唯肖。圖中的王世襄手牽著一頭他取名為「阿旋」的老牛，背著斗笠，腳登布鞋，瞧他滿臉綻放著憨厚純樸的笑容，簡直是一幅怡然自得的牧歸圖。在王世襄日夜悉心照料下，阿旋還產下一條活蹦亂跳的小牛犢，王世襄高興地為之寫下四首紀實風格的詩歌：

阿旋愛吃長茭白，
歪角偏耽匐地青，

草味熏蕕心漸識，
牽牛無不愜牛情。

他還寫道：

日斜歸牧且從容，
緩步長堤任好風。
我學村童君莫笑，
倒騎牛背剝蓮蓬。

這簡直成了杏花村的牧童了。

架竹栽籬覆草茅，
為牛生犢築新牢，
但求母健兒頑碩，
慰我殷勤數日勞。

初生犢子方三日，
已解奔騰放四蹄，
他日何當挽犁耙，
湖田耕遍向陽堤。

王世襄當時處在這般艱苦複雜文革環境下，能俱有這樣的心態，我們真為之驚奇！

改革開放後，王世襄的詩情洋溢，與友人間的交往、唱和可入詩；如《題攻玉山房藏明式傢俱圖冊》一首云：

中歲徒勞振臂呼，
檀梨慘殛淚模糊。
而今喜入藏家室，
免作胡琴與算珠。

著作的出版題序可入詩；如《蟋蟀譜集成編輯蒇事自嘲六首》第二首云：

萬禮張盆碧玉池，
鸚哥過籠庇雄雌。
縮身恨乏壺公術，
容我悠然住幾時。

甚或旅行遊覽、品嘗美食也可入詩；如赴揚州品紅樓宴，王詩襄一氣作了八首望江南，分述西園飯店、白雪紅梅、老蚌懷珠、松仁鵝油卷、三套鴨、如意鎖片、茄鯗、碧粳粥、香糟鴨信、砂鍋鰱魚頭等。此時，王世襄做詩已然進入隨心所欲的境界，詩意天然。

《錦灰三堆》收錄了王世襄二〇〇三年十月二十九日所作之詩，二〇〇三年十月二十九日對王老來說是一個傷心的日子，與他相伴五十八年的老伴袁荃猷離開人世。於是，王老用蘸滿哀思和牽念的筆觸，寫下了《告荃猷》一組悼念詩作。其中一首詩云：

昨夜見君來，談笑皆自若。
言甫就醫歸，病痊可勿藥。
夢醒喜成悲，涕淚枕邊落，
何如不復醒，夢裡常歡樂。

讀之，筆者不禁感覺，大有東坡流傳千古的《江城子》悼亡妻詞：「十年生死兩茫茫，不思量，自難忘。夜來幽夢忽還鄉，小軒窗正梳妝……」之意境；更有納蘭性德《飲水詞》中「人生若只如初見」的無奈情思。其詩其詞，都充溢著個體生命的真實體驗與寫照，反映了那個時代的知識分子的有恥無愧，有行無憾，甚或還從詩詞之中，蘊透出了那種似羅蘭式般的精神獨立的人格宣言。

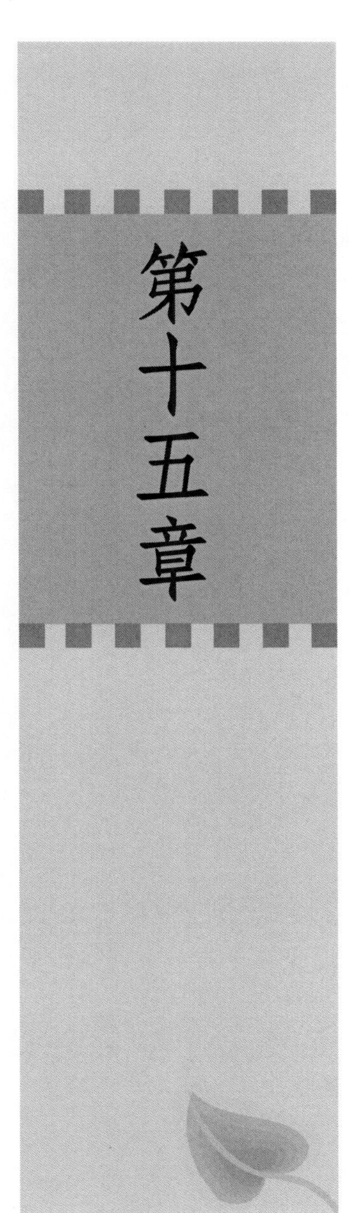

第十五章

中華觀賞鴿文化

▲ 王世襄試鴿哨。

▲ 帶哨鴿子。

▲ 王世襄與製鴿哨名家吳子通、陶佐文、王熙咸合影。

▲《鴿經》封面。

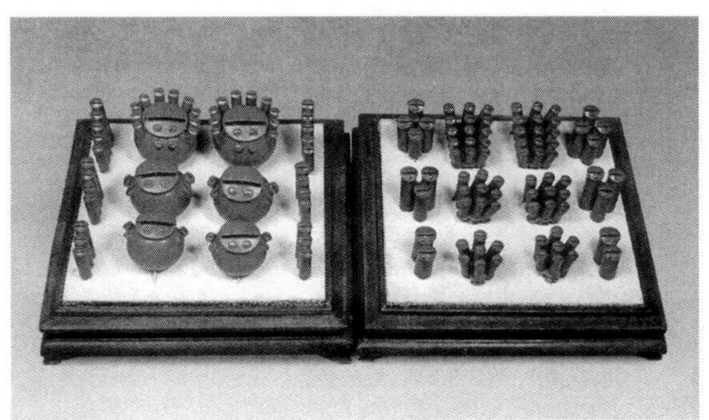

▲ 王世襄收藏「祥」字紫漆鴿哨成堂兩匣。

一、髫齡之好

二〇〇〇年的金秋十月，河南鄭州舉行的「越秀杯觀賞鴿評比會」上，當一對模樣俊秀，算盤子頭、豆眼，全身雪白僅額前一抹紫色的鴿子出現時。評委席上一位鶴髮童顏、和藹可親的老人，欣喜地將那雙鴿一下子捧在手心，口中卻連連叫道：「紫點子，紫點子！」那神情，就像見到了失散多年的老友，也一如發現心愛的玩具一般。

這老人便是王世襄，那時的他已經八十六歲高齡，行動不太方便，但他依然不辭辛勞地從北平來到鄭州，只為了他終生難以忘情的可愛小生靈——觀賞鴿。在這裡他竟不期然地碰到了五十年前曾經在芳嘉園小院養過，後來遍尋其蹤影而不得的名鴿——紫點子，曾經愛過的，今不期而遇，自然欣喜萬分。他聊發少年狂地道出了二句詩：「多年謂已無蹤影，今日攜歸喜欲狂！」此時的他，彷彿重又尋回到了少年十幾歲時的美好時光，上天入地、放飛觀賞那一對對鴿子時的情景。

又有一次，赴鄭州參加全國文史館工作會議，當他流連於金博大廣場時，發現當地正在舉辦觀賞鴿大賽，他便興致十足地走進了鴿群。在這裡，他發現了許多久違的鴿種。鴿子的主人們雖不知道他的身份，但很快就發現這位老人與鴿子之間有一種天然的親近。一個年輕人指著一對黑中泛紫的鴿子問王世襄：「您認識它們嗎？」「鐵牛！」王世襄脫口而出。那位年青人真激動不已，堅持要將這對幾近絕跡的名種送給他。其實，這樣有關鴿子的軼事很多，可謂不勝枚舉。

王世襄自十歲便開始養鴿，當時養鴿、放鴿是北平老百姓的一大玩好，上自王孫貴胄、達官要人，下至販夫走卒、平民百姓都非常喜愛，北平街頭常可抬頭仰望觀看到一片片飛盤的鴿群，聽到一陣陣悠揚的鴿哨聲。王世襄那時的養鴿水平還尚屬初級，他常扛著兩丈長的竹竿，爬上屋頂晃動竹竿驅動鴿子飛盤，為此他曾用竹竿一下把三間瓦房、整整齊齊地簷瓦，都敲碎了，而鴿子卻不給面子，依舊不聽他的使喚。後來他只好上房騎在屋脊上，揮竿吶喊，還為了追趕鴿群，他常從正房跳到相隔數尺的廂房上，一次差點將母親嚇得暈倒在地。

王世襄曾言自己第一次買到較好的鴿子，是上小學時在隆福寺買的一對點子，約花了五吊錢，但當時他因疼惜這對鴿子，縫膀子不緊，半個月後的一日清晨，這對鴿子雙雙掙脫縫線，比翼齊飛了。為此王世襄曾悵然地賦詩曰：「目送歸鴿，手扔五吊。俯仰自歎，膀縫鬆了。」可見少年時代，王世襄便已養鴿愛鴿成癖了。

及至年紀稍長，王世襄考入燕京後，他索性就常常住在距燕園較近的王家小院裡。此時，他玩心未收，還請了曾在慶王府任鴿傭二十年的王老根，也常住園中，幫助照料鴿群；兩人可謂一老一少，時切磋養鴿經驗。王老根也算得上是北平城的養鴿好手，他曾在王世襄面前露過一把絕活：王老根用兩三個月時間訓練出一支「兜上就走」的奇襲部隊，與別家鴿群撞盤兒後，能夠撥轉頭往回飛，對方還不知哪裡冒出來的盤兒時，有的生鴿已經被裹走了。在這位行家的調教下，王世襄的養鴿、訓鴿水平也日漸見長。原來他手中兩丈的竹竿，已換成了三尺來長的細竹竿，原來不聽指揮的鴿群，也變得悉如人意。還有，養鴿行家的各類玩法，如飛盤兒、續盤兒、走趟子、辯公母、噴雛兒等等，他都已駕輕就熟、不在話下。「已能把三十來隻點子、玉翅等訓練得很有戰鬥力，也與任何鴿群周旋，成為鄰近養家不敢輕視的一盤。其他盤兒中如有欠透之鴿，總是躲著我飛」。他的這番得意之話，足可見證他那少年時對養鴿、馴鴿的自豪之狀。

當時，逛鴿市、憋鴿子，也是王世襄日常的一大嗜好，他曾經為鴿友憋到一對當時十分罕見的雙五根、五六根鐵膀點子，刀斬斧齊，通身和素點子一樣，買到後，他故意提著鴿子到市上走一遭，有人問便得意地大聲回答：「我剛憋的」，使得鴿市上不少大挎鴿販為之側目，燕市少年的意氣風發，不言自喻。我們今日，如讀曹禺先生的名著《北平人》，其中看到《北平人》戲中，奶媽送來鴿子，大少爺說，還是個「短嘴」呢！這是上譜的名種，自然十分看重。那些名目繁多的鴿子，都是配種而成。

那段悠游的少年歲月，應是王世襄養鴿生涯中最快樂的日子。之後，慈母金章的離世令原本一心沉浸玩樂中的王世襄幡然醒悟，他毅然決定拆去鴿舍，驅散鴿群，為此，幫王世襄照料鴿群多年的王老根，也都流下了傷心遺憾的眼淚，王世襄心中不是沒有留戀，但他依然堅定地戒斷了從小的養鴿之好。

此後幾年，戰事紛亂，王世襄一直沒有養鴿，直到一九四五年回北平，新中國成立他初入故宮博物院工作，生活已較安穩，他才又漸漸開始在芳嘉園養起了鴿子，並對所蓄鴿種作了取捨，只養點子、玉翅、灰三種，也開始重逛鴿市，慢慢地鴿子數量也逐漸擴大，足有數十隻。重陷養鴿之癖後，王世襄又故態復萌，因此引出了買高粱還是買奶粉的趣事。那時王世襄剛工作不久，兒子敦煌也剛滿一歲，王世襄每月收入除了買文物標本、古舊傢俱外，還要供兒子的奶粉和數十隻鴿子的口糧。一到月底，兒子的奶粉吃完了，鴿子的高粱米也見底了，但手頭的錢買了奶粉便不夠買高粱米，奶粉對嗷嗷待哺的兒子極為重要，而鴿子也不能斷糧餓著。最後王世襄在和夫人袁荃猷商量後一致決定，將手頭僅剩的錢買鴿子口糧，向親戚借錢買兒子的奶粉。可見，王世襄愛鴿之癖，已入骨髓，幾近「鴿癡」，用他自己的話說，便是甘為「鴿奴」。不禁令人想起蒲松齡《聊齋志異》中的名篇「鴿異」中，其講到那位愛鴿者張公子，幼時就癖好養鴿，他按遍求各類之鴿，而他之養鴿，一如家中養嬰兒，冷則療以粉草，熱則投以鹽顆。而家中所養，鴿類甚繁多，如有：「晉地的坤星，魯地的鶴秀，黔地的腋蝶，梁有翻跳，越有諸尖，皆異種也。又有靴頭、點子、大白、黑石、夫婦雀、花狗眼等各類名種。」名目繁多，只有專業人員才能辨之。書中又說到，那位白衣少年公子，最後他化鴿而去，分不清究竟是鴿因有了人性，而修性成人；還是人因愛鴿成癡，而願化身為飛禽，總之，已達到物我兩忘的境界。殊不知王世襄那時對鴿之愛，是否也到了那境界。

除了養鴿、訓鴿外，王世襄對集藏鴿哨也涉獵頗深，與不少過去京城的製哨名家，如周春泉，祥字鴿哨製家；陶佐文，文字鴿哨製家；吳子通，鴻字鴿哨製家均有交誼，訂製集藏了不少這三家的鴿哨。如收錄王世襄《自珍集》中的祥字紫漆鴿哨成堂兩方匣、祥鴻兩家製王世襄火繪松竹花卉紋各式葫蘆成堂一匣等等。

誰知，五十年代初王世襄平白遭受冤獄，被誣盜寶，身陷囹圄達十個月之久，審查無罪出獄後染上肺病，只能臥床，康復後卻又被告知已開除公職，他不禁心灰意冷。因身體健康不良和心情積鬱，王世襄無心再照料鴿群，便在這時遣散全部所養之鴿。

之後，六十年代初，王世襄本想再次養鴿，但由於當時本來獨門獨院的芳嘉園已淪為好幾戶群居的大雜院，養鴿子之必備條件「平房三間，獨門獨院，院子較寬敞，有一部分地面是泥地」已不具備，王世襄也只能作罷。儘管不養鴿了，但愛鴿之心卻實難禁。

一九六三年時，王世襄參加考察龍門石窟工作隊，假日去洛陽關林，碰巧在集市上發現一對拃灰。拃灰這鴿，是王世襄最喜歡的一種「短嘴、算盤子頭、大不盈握」的鴿子，這種鴿嬌小玲瓏、矯健善飛，堪稱天生尤物。當時北平已鮮見拃灰，不想卻在此處巧遇，王世襄自然驚喜萬分，但他還是存有戒心，不敢輕舉妄動。只是最終他仍忍不住多看了兩眼，問了問價錢。果然，就為了這嗜鴿之愛，在那個時代，因此還被「革命英雄」狠批一頓，上綱到「違法亂紀」。可王世襄卻暗自歡喜，為的是天佑瑞禽，北平絕跡，外地還有！心中認為雖被批鬥了一頓，還是值得。

王世襄的髫齡之好，在不惑之年被迫放棄；如今年逾九旬的他，仍感遺憾無法與鴿為侶，但依舊難以忘情，「蹁躚時匝芳樹，窈窕忽上迴欄」，鴿影常常忽入幽夢。為了那夢中蹁躚的鴿影，王世襄於年屆八十時，重又提筆將深植在記憶中的故事，化為篇篇美文傳世。筆者讀到郁風曾寫王世襄是「癡迷鴿哨，無可救藥矣」，此文中她描繪道：

> 我從小生長在北平，不論是春暖花開或天寒欲雪，都聽慣了清晨來自天空的鴿哨一遍一遍飄過。可我從未見過繫在鴿尾上的鴿哨，是什麼樣兒。直到人到中年搬到芳嘉園住，才看到王世襄家整箱的鴿哨，由大到小，排列成套。那是用葫蘆製成，精工細作，鑲有五六個竹管，葫蘆上還有火繪花紋，簡直是絕好的完美藝術品。然而這許多箱不同種類的鴿哨，並非只是收藏的古董，而是曾經繫在王世襄養的鴿子尾，無數次飛上雲霄的。他從小學時就養鴿，數十年來，直到「反右」以後，才傷心地放棄。去年尾，收到王世襄袁荃猷夫婦，寄贈他們剛

出版的小書《北平鴿哨》，圖文並茂，把鴿哨的歷史、品種、佩繫與配音，製哨的名家以及方法材料等完完整整寫了出來，在中國在世界也是獨一無二的專著了。

黃苗子、郁風一家，是與王家最好的鄰居，她有真切的感受。

二、中華觀賞鴿文化

養鴿在我國歷史上有悠久的傳統文化，鴿子以其形態優美、性情溫馴，成為人類之友伴。王世襄考證道：「鵓鴿是一種容易被人馴化的鳥類，成為家禽的年代，可能不會比雞晚多少。」我國最早有關鴿子的文獻記錄，始於五經中的《禮記》；據文獻記載至唐宋時，鴿子已被廣泛用於軍事、航海通訊、私人書信往來，而除了鴿子的上述實用價值外，其觀賞玩樂的功用也逐漸形成。

飼養名貴新種鴿，供觀賞玩樂，上自帝王將相、下至達官商賈、文人雅士、百姓人家，亦成風尚。至晚明始有山東鄒平人張萬鍾撰寫了《鴿經》一書，對中國家鴿的花色，飼養技術，做了詳細描述，對鴿子的歷史典故、詩詞歌賦，進行廣泛搜集。進入近代後，觀賞鴿一直是國民崇尚之好，一九二八年著名工筆重彩花鳥畫家，于非厂先生（西元一八八九至一九五九年），名照，字非厂、閒人、老非，北平人。《都門豢鴿記》問世，該書「述及品種、豢養、訓練、用具等等，可謂無所不賅」，引得京城愛鴿養家，人手一冊，在三百年後與明代之《鴿經》前後輝映。

新中國成立後，觀賞鴿漸漸被人遺忘，也許，它所代表的資產階級享樂主義情調、不務實的美學功用，正和當時的社會主義氛圍格格不入；爾後，北平城市建設中，大量的平房被推倒，高樓大廈林立，養鴿條件化為烏有。就這樣，觀賞鴿養家，越來越少；原本旺盛繁榮的鴿市，日漸凋零冷清、門可羅雀，過去花色門類繁多的鴿種，也慢慢消失；甚至養鴿這一文化傳統，也漸漸在人們的記憶裡淡忘。只有解放前住在北平城的老北平人，才時會懷念起兒童時代的情景：「不論哪條街巷，從早到晚，總有兩三盤觀賞鴿，在那裡飛翔……」才會渴望聆聽到「從空中傳來央央琅琅之音，它時宏時細，忽遠忽近，亦低亦昂，倏疾倏徐，悠揚回蕩，恍若鈞天妙樂。」

這樣的情景，總令王世襄悵然若失、思之糾心。當他看到電視台中，美女放飛鴿子，看此近景，均為長嘴西洋食用鴿，又名落地王，老北平名曰「吃貨」，以傳統觀賞鴿衡之，實醜陋不堪入目；當他發現各大城市，競養廣場鴿，可惜的是，非白色食用鴿，即便是食用鴿與灰色野鴿，混雜成群。王世襄不禁生疑：「我國貌美色妍、品質高雅之觀賞鴿何以竟不得躋身於電視螢幕……豈全不知我國有絕佳之觀賞鴿耶?或知之、見之而以為無足輕重邪?抑知之重之而不知何以求知耶?」

為了重新喚起社會對觀賞鴿文化的認識，王世襄在開始整理、探尋、發掘與觀賞鴿相關的各類資料；此時，王世襄已寫了不少介紹和探究老北平的遊藝玩好的文章，因此他考慮將觀賞鴿文化寫成著述。

一九六三年，王世襄在英文版《中國建設》第十一期上，發表了〈鴿哨帶來的空中音樂〉一文，遂引起了海外許多玩家，對北平鴿哨的關注。之後，王世襄又嘗試與老友王熙咸合作。王熙咸，雖為小學教員，十五始養鴿，由鴿及哨，搜集收藏鴿哨成為平生唯一愛好，自號「哨癡」。他於一九七六年，用文言文撰寫完成了〈鴿哨舊話〉一稿，共七千字，該稿在《都門豢鴿記》和一九三八年美國人胡斯所作的《北平的鴿子與鴿哨》基礎上，更詳細地述及辨別鴿哨之優劣。王熙咸將舊稿交於王世襄整理和增訂，最終在兩人商討的基礎上，形成了一篇更完善的〈鴿哨舊話〉。但王世襄在探究深入的過程中，逐漸發現〈鴿哨舊話〉一文過於專業，缺少一些關於鴿哨的基本知識，如鴿哨的種類、材料、佩繫法等。王世襄考慮到經過「文化大革命」後，許多人對老北平的許多玩意兒都已茫然不知，他認為應加入基礎知識的說明，同時鴿哨的品種、名哨家的特點、署名的款識等，都必須通過實物與圖片，才能見其真、辨其偽、看明白、說清楚。為此，王世襄又投入了大量精力埋頭寫作、準備線圖和拍攝實物，直到一九八九年終於完成《北平鴿哨》一書，其間王熙咸已於一九八六年告別人間，《北平鴿哨》的出版也化作一瓣心香，寄託了王世襄對老友的懷念。《北平鴿哨》一書終由遼寧教育出版社出版問世，首版印成簡裝小冊，不數月即售罄，好友向王世襄索取都不以應賜，可見該書受歡迎程度和在社會中引起的反響。

《北平鴿哨》中，王世襄以深厚的文史功底，追溯鴿哨演變的源流，他指出：

> 鴿哨的主要材料是匏和竹，都在古代「八音」之列，而且用它們來做吹奏樂器，已有了很長的歷史。因此，如果有朝一日，在漢代或更早的遺址中發現鴿哨，我們將不會感到詫異。

他又從歷代詩文中探尋關於鴿哨的記載。鴿哨起源甚古，屈指算來已逾千年矣。北宋詩人梅堯臣，在其五律《野鴿》中云：「誰借風鈴響，朝朝聲不休。」而與他同時代的詞人張先，亦有「睹鴿試鈴風力軟」之句。又如，南宋時詩人范成大，黎明即起，以聽戶外打更、誦經、鴿哨聲為樂，曾有七絕曰：「巷南敲壁報殘更，街北彈絲行誦經，已被兩人驚夢醒，誰家風鴿鬥鳴鈴。」清光緒年間，富察敦崇的《燕京歲時記》中有描寫說：

凡放鴿之時，必以竹哨綴之於尾上，謂之壺盧，又謂之哨子。壺盧有大小之分，哨子有三聯、五聯、十三星、十一眼、雙筒、截口、眾星捧月之別。盤旋之際，響徹雲霄，五音皆備，真可以悅性陶情。

王世襄在書中，又首次嘗試對鴿哨種類進行了歸納和劃分：

北平鴿哨，品種頗繁，過去從未有人加以歸納分類，今據其造型試分四大類，即：一、葫蘆類，以圓形葫蘆為主體的鴿座的鴿哨；二、聯筒類，有管狀哨製成的鴿哨；三、星排類，以托板為底座的鴿哨；四、星眼類，扁圓葫蘆和管狀哨相結合的鴿哨。

他還簡潔明瞭地講述了鴿哨的佩繫與配音：

鴿哨的佩繫方法極為巧妙，也十分簡單。鴿子的尾翎一般是十二根（十三根者是少數）在正中四根距臀尖約一釐米半處，用針引線，平穿而過，然後打結繫牢……佩繫時，哨口朝前，將哨鼻插入四根尾翎正中縫隙中。這時哨鼻上的小孔，恰好在尾翎之下露出，用長約五釐米的鋁絲穿過小孔，彎成圓圈，兩端交搭，以防張開。同時，王世襄又在書中，列舉出了老北平的各個製哨名家：「鴿哨雖然南北都有，但成為北平一絕。製哨之家，都在哨底刻字作為標誌。名家首推生於嘉慶初年的「惠」字，此後有「永」字（即老永）、「鳴」、「興」，此稱為「前四家」。老「永」之字小「永」、「祥」、「文」、「鴻」，稱為「後四家」。合起來號稱「八大家」。

呵，這也算得上唐宋八大家矣。

王世襄曾言：「非厂先生畫花鳥而未精繪鴿哨，實為憾事。」編完《北平鴿哨》後，王世襄認為要喚起人們對觀賞鴿的認識和喜愛，最好的辦法是編一本圖譜再配以介紹點評；因此，他當時希望把貌美色妍的活生生的鴿子，拍成照彩後印刷出版。當時年近八十歲的王世襄，覺得不能再耽誤大好時光了，便請了一位攝影師，常能同去鴿市，尋找值得入選的鴿子拍照。但無奈幾次鴿市之行，大失所望，竟無一所獲；又走訪了多方養家，仍難如願。王世襄本已絕望，認為在他有生之年，將難以完成觀賞鴿圖譜的出版。

誰知，彷彿上天感應到了這位一生愛鴿老人的拳拳心願，一次偶然的機會，王世襄在故宮書畫庫中，欣喜地發現存有四部宮廷畫家用郎世寧筆法彩繪的觀賞鴿譜；就他所見共計有兩百二十四幅，完全寫實，十分逼真，這讓王世襄又重燃了希望，又萌編撰寫鴿譜之想，他又想起可配上張萬鍾的《鴿經》，兩者相互補充印證，圖文輝映，真乃天下一件大好事呀。

有了構想後，王世襄便充滿激情地投入了這件事，如何把鴿譜編印成一本好書，竟成了他的一個夢願。當然，首先需要解決的是故宮彩圖版權的問題。按故宮規定，收藏品如未經發表的，外人是不准拿出它們來編書的；曾經發表過的，每一張一百二十元的底片索價八百元人民幣。但有一次為此事，王世襄去尋問有關人員，故宮倒是念舊尊賢，說就按一百元人民幣一張計算，這確是一次大照顧了。王世襄二話不說，便自掏腰包把八冊共二百二十張畫連初稿全拍了下來。

他知道出版社都講經濟效益，這麼冷門的題材出版社肯定不願意付這筆成本。接下來，王世襄恰好由友好告知，山東趙傳集先生已撰文考證張萬鍾事略並注釋、今譯《鴿經》。於是，王世襄與趙傳集書信往來，得閱《鴿經》注釋，發現趙之注譯詳審。王世襄便提議何不《鴿經》在前，《鴿譜》居後，他與趙兩人分別撰述，合成一函，便定了書的初步結構。終於，歷時五年的編撰，《明代鴿經‧清宮鴿譜》一書得以問世，兩大本成一函，裝幀古樸大方，收錄了趙傳集《鴿經》今注釋及《中國養鴿史》、《張萬鍾生平》；《鴿經》影印。而王世襄所撰《鴿譜四種敘錄》，《鴿譜圖說》和《鴿話二十則》；可謂全面系統地呈現觀賞鴿的前世今生、零零總總。那一幅幅細緻入微、唯妙唯肖的觀賞鴿彩圖終於令人大開眼界，領略了觀賞鴿的美感。

王世襄翻著《鴿譜》，便很自豪地談起當年觀賞鴿有多講究：

比方說黑玉翅，它是全身黑的加白膀子。白膀子根數太多不好，太少也不好，總要四根白的以上，還要兩邊最好是等數——雙五根、雙六根都合適，雙八根以上就太多了，俗語說「白翅太大了」，就是指白色的太多，不好看。羽毛閃光部分要發藍，不要發紅，發紅就不值錢了。眼皮要求青白，跟白眼皮又不一樣，眼珠要深顏色，葡萄眼跟紫葡萄一樣，它的鳳頭、嘴都要合乎標準。最講究的是連腳趾甲都要求全黑，三個黑的一個白的或是兩白兩黑，都要差一點

《鴿經鴿譜》的問世，令更多地人瞭解了什麼是觀賞鴿，傳播了觀賞鴿文化引起全社會的關注，王世襄對鴿子的一片深情，也終於為世人所知，且一種悠久的歷史文化，終不被人類所湮沒；我為他能在耄耋之年，寫下的這樣的書而自豪，我想，一切熱愛生命、熱愛自然者，人們都會永遠記著他的。

三、搶救和傳承

王世襄自八十歲後開始，將他少年時玩過的各項老北平遊藝撰寫成文，目的是喚起社會對這些行將式微的文化的關注，呼籲搶救觀賞鴿，可謂王老最掛心之事。正如他所言：

中國傳統觀賞鴿，是我最擔心憂慮有絕種消失危險的一種文化。中國鴿文化，歷史悠久，傳統鴿是多少代人培育出來，遠比外國鴿子美麗動人，而且有很多講究，但現在絕大多數人，尤其是青年人，竟不知道有這種代表中國文化的觀賞鴿。

為此王世襄奔走呼號、殫精竭慮。《北平鴿哨》和《明代鴿經‧清宮鴿譜》兩書的出版，雖引起了社會各界對中國傳統觀賞鴿的一些關注，但收效甚微，大批青年仍不知中國有觀賞鴿。二〇〇五年，王世襄在《北平晚報》開闢一專欄，以「延續中華鴿文化，搶救傳統觀賞鴿」為標題，每週發表一篇有關觀賞鴿的文章，共發表了二十四篇。這些文章，有敘述歷史上眾多名人與觀賞鴿的淵緣，如〈五代花蕊夫人的養鴿詩〉中，寫有五代後蜀國君孟昶夫人餵養新生雛鴿的一首七言絕句，正是反映了唐末宋初觀賞鴿文化的記錄。如〈宋慶齡主席愛鴿〉一文中，他描寫了宋慶齡最喜愛的觀賞鴿品種是紫點子、紫玉翅、素白等，各養了十來對，她常到鴿舍前，親自餵食，每次出門返回，不論何時何刻，哪怕已逾午夜，必先去鴿舍看看，可謂真正愛鴿之人。又在〈梅蘭芳紀念館中的鴿文物〉一文中，寫梅先生故居中曾有一幅精美的拃灰玻璃油畫，還有三四十把梅先生養鴿時用過的鴿哨，中有「永」字的葫蘆、七星、九星和「文」字、「祥」字的大小葫蘆、截口、二筒、五聯等；可惜的是上述與觀賞鴿相關的珍貴文物，在「文革」後都消失殆盡。

這些短小精悍的小文讀之令人過目不忘。在有些文章中，王世襄還提出了切實可行的，保護觀賞鴿的建議，如成立中國觀賞鴿協會，希望公私都養觀賞鴿，建立中國觀賞鴿網站，舉辦全國性或地方觀賞鴿評比大會等等。

除了撰文著書大聲呼籲外，王世襄還多方聯繫，希望能得到政府機關的支持，他曾在二〇〇〇年寫了〈致各省市園林局廣場管理處的公開信〉，呼籲保護拯救傳統觀賞鴿，建議除養廣場鴿外，應增養觀賞鴿。令人嘆惜的是，這封情真意切的信，發給十幾個省市園林局後，卻無一處有回音，更莫談採納王世襄之建議了。可老人並沒有放棄這有利於民族文化發展之舉，二〇〇三年，王世襄又寫了〈上北平市及奧組委領導同志書〉，信中獻議：

在亞運村主要場館附近闢園建鴿舍，專養我國傳統觀賞鴿……奧運會期間，倘有戴哨觀賞鴿，能在上空盤旋，供人觀賞聆聽，將帶來歡欣和樂趣。尤其是外來人士，會覺得這是北平的特色，故具有弘揚中國傳統文化的意義，定能為奧運會增色。

遺憾的事，二〇〇三年四月突如其來的「非典」倡狂肆虐，全國上下全力撲滅疫災，自然無心去關注鴿子，因此王世襄的這次上書，便又如石沉大海。

直到二〇〇五年六月，中央文史館約請年逾八旬的館員便餐小聚，告知有溫家寶總理的秘書來參加。王世襄意識到這是一個向總理反映心聲的機會；席間便請秘書將《北平鴿哨》和《明代鴿經・清宮鴿譜》兩書，呈請總理垂覽，在書首，他陳述中國觀賞鴿所處的危險境地，應大力搶救，否則這一珍貴物種，將有絕滅之虞。原文如下：

中國鴿文化源遠流長，貌美色妍，品種繁多，統稱觀賞鴿，自古被人喜愛，在歷代文化藝術中有大量的讚美和敘述。唯二三十年來人們爭養海外輸入的信鴿及白色食用鴿。前者企求競翔得獎，實為賭博，已出現多種不法行為；後者雖醜陋不堪，卻是美食，養殖也能獲利。處之所在，人爭趨之，以致觀賞鴿遭到冷落摒棄，社會上大多數人竟已不知觀賞鴿為何物，因此日益退化消亡，已瀕於滅絕。這一中華珍貴物種，如一旦消失，將是無法彌補的損失。

目前有少數人為觀賞鴿擔憂，在訪求、培育、宣傳等方面做工作，但人微言輕，收效甚微。竊以為觀賞鴿之存亡，雖與國計民生關係不大，但其儀容之典雅溫和，哨音之諧調悅耳，象徵和平，遠非外國鴿種所能及。且它確是本國物種，與中華歷史文化密不可分，故對它的保護搶救，重要性實不亞於熊貓、朱鷺。襄已年居九十有一，老邁昏迂，但對此未能忘情，謹呈有關觀賞鴿舊作兩種。敬請垂鑒，不勝惶恐之至。

二千又五年六月館員王世襄謹呈

三天後，文史館送來溫家寶總理親自用毛筆寫的覆函，對王世襄重視歷史、文化和物種予以勉勵。王世襄深為感動，即時揮毫作三首小詩，其中第二首為：

物種消亡悔昨非，

倖存珍重等珠璣。
天安門上晴空碧，
願見鴿群帶哨飛。

並附言曰：

鴿性戀巢放飛不離其家，倘在中山公園及文化宮南牆內側建鴿舍，則天安門廣場地上空，終日有鴿盤飛，萬人仰望，將為首都增一景觀，且籍此可保護物種一舉兩得。天安門廣場上空，飛和平鴿、播和平音，實為多年來之夢想，歐美國家廣場名勝，常有成群野鴿，在地面覓食後全部返巢不落地面，唯巢舍必須與廣場毗聆方能成功。天安門為首都中心，地位特殊安全衛生首先要確實保證，訪求鴿種、管理訓練等，亦須有專人負責，容以時日，一兩年內可望漸臻佳境，成為景觀後將廣受歡迎亦可預卜，唯一切均須由政府決定並籌畫。

這一次次努力上書，一次次失望冷遇背後，支持王世襄的，依然是那份深埋在中國知識分子心中珍惜傳統文化的赤誠之情，正如王老所說：

我感到作為一個中國人，凡是你認為中國的美好東西，就有責任去宣傳它，介紹它，使它在寫作家、美術家、工藝家、影視、戲曲等工作者的作品中出頭露面。即使是微小的事物，也是中國的驕傲。」這話是何等的誠懇，是有良知的知識分子的一顆中國心。

筆者在撰寫此文時，恰逢北平二〇〇八奧運會，隆重舉行，在壯觀宏大的開幕式表演上，看到一隻高科技做成的螢光和平鴿，正在振翅飛翔，此時此刻，不禁使我想起王世襄曾提議在奧運會開幕式上，放飛觀賞鴿、帶哨齊鳴；試想，若能在鳥巢上空，放飛真的中國觀賞鴿，讓全世界的友人，能聆聽到天樂般的鴿哨，也許，真會令全球驚歎！

但這只是我個人的幻想，也許考慮到安全和動物保護等原因，這次奧運會無法實現王世襄的提議。儘管老人唱誦已久的「鴿是和平景，哨是和平音。我願鴿與哨，深入世人心」這一作為世紀老人的願望，如今依然未能完全實現，但王世襄心中，仍會滿懷著殷切的期望。

附文〈明代鴿經，清宮鴿譜〉

王世襄

一九二四年，襄十歲，始養鴿。一九二八年于非厂先生《都門豢鴿記》注一問世，日手一冊，讀之不輟。稍長，曾從非厂先生畫花鳥而未精繪鴿譜，實為憾事。進修研究院，見張萬鍾《鴿經》於《檀几叢書》，以為古可證今，今可溯古，得筆之於書也。旋以南行而未果。年屆八旬，始先後獲觀故宮博物院所藏清宮鴿譜四種。彩筆寫真，出名家之手，繪製年代，歷康、雍正同、光，共二百二十四幅，其側標有鴿名者一百八十四幅。古今中外，絕無僅有，不禁為之狂喜。於是萌經、譜、於記三者一而貫之之想，時縈吾懷，乃至不可終日。

同聲相應，同氣相求，忽蒙友好相告，山東省農業科學院研究所趙傳集先生早在十餘年前已撰文考證張萬鍾事略並注釋、今譯《鴿經》，分別刊載於一九八六年三月上海《中華信鴿》雜誌及一九八六年至一九八七年成都《鴿友》雜誌。馳書求示所作，不僅注譯詳審，且有《中國養鴿史》、《張萬鍾生平考》兩文，真可謂先得我心。因而獻議曷不《鴿經》在前，《鴿譜》居後，兩人分別撰述，合成一函。承蒙欣然概允，並重新修訂注譯舊

稿。襄雖老眼昏眊，亦盡數月之力，草成《鴿譜敘錄》、《鴿譜圖說》兩篇。此後影印《鴿譜》彩圖，以拙作《鴿話》為殿。

譯經說譜，固出於平生愛鴿，未能忘情，實亦有所感而作。每日之始，中央電視台東方時空晨曲，有白色鴿，穿長城券門飛來。及近，乃一長嘴西洋食用鴿，即所謂大王鴿，又名落地王。以傳統觀賞鴿衡之，實醜陋不堪入目。又常見倩女手握白鴿，曼聲長歌，一闋將終，縱鴿飛去。此鴿仍是食用落地王。當今各大城市，競養廣場鴿，已成為新興事物，電視亦時有報導。大眾借得接近自然，其意至善。惜所見非一色白色食用鴿，即食用鴿與灰色野鴿混雜成群。我國貌色妍、品質高雅之觀賞鴿何以竟不得躋身於電視螢幕，實大惑不解。豈全不知我國有絕佳之觀賞鴿耶？或知之、見之而以為無足輕重耶？抑知之重之而不知何以求之耶？我國觀賞鴿處處遭西洋食用鴿僭越，甚感不平，且傷我自尊心。國家社會迭經動亂變革，亦危及傳統觀賞鴿。努力搶救，尚有可為。採取各種措施，使世界盡知我國有悠久卓越鴿文化[注二]，實為當務之急。此所以有本書之作也。

鴿譜乃名家奉召之作，精心描繪，唯妙唯肖，寫形傳神，歎為觀止。諸如行止飲啄，翻滾飛翔，舒翅拳足，剔爪梳翎，亦閒亦適，相呢相親；更佐以園花徑草，磐石清泉，新篁解籜，老樹垂柯，可謂百態紛呈，無景不備。此誠寫翎毛之範本，學畫鴿之津梁。一旦印行，定為藝苑所珍，不只是研究鴿文化之要籍。三年前，初有編寫本書之議，河北教育出版社已見示可考慮出版。今甫脫稿，竟蒙不惜耗貲影印全部彩圖。興奮感荷，難以言表。不禁為之手舞足蹈，歡喜無狀也。是為序。

一九九七年九月，暢安王世襄於芳草地西巷時年八十有三

注一　于照（西元一八八八至一九五九年），當代著名工筆重彩花鳥畫家。字非闇、非厂，後以字行。北平人，滿族。著有《都門豢鴿記》，署名「于照非厂」。

注二　一九七六年殷墟婦好墓出土的玉雕鴿，是三千三百年前製成的精美藝術品。證明我國鴿文化起源久遠，世罕其匹。

第十六章

個中無不有荃荃

▲ 王世襄與夫人袁荃猷結為伉儷時攝。

▲ 王世襄晚年還與夫人玩鴿哨。

▲ 王世襄夫婦攝於二〇〇二年。

▲ 王世襄夫婦在新居賞玩祥字紫漆鴿哨。

▲ 王世襄和夫人文革後重回芳嘉園。

▲ 《自珍集》封面。

▲《樂舞》王世襄夫人袁荃猷作。

▲王世襄已出版幾十部著作。

▲王世襄夫婦日常所用買菜框。

▲文革時王世襄寄予袁荃猷之帚。

一、燕園初識，志同道合

知君耽寫生，我為備筆楮；君畫突兀山，我寫枒枝樹。
君刻大樹圖，我賦大樹歌，相濡復相助，歲月期尚多。
繞園兩三匝，餘勇尚可賈，攜手登阜丘，疊石不能阻，竟忘人易老。

這便是儷松居眷侶、王世襄和袁荃猷夫婦倆，相伴相隨和諧生活近六十年生活的一幅寫照圖。這般相濡相助的美滿的精神伴侶，幾十年如一日，人間難得，可謂「勝尋常綠槐鋪影，共把金尊。」的生活。王老曾一再言：「我的一生過得很幸福，因有荃荃相伴！」

王世襄的夫人袁荃猷，生於一九二〇年九月二十日，祖父名袁大啟，父親袁表森，母徐序雲，其祖籍屬江蘇松江。荃猷自小喪母，父親續弦後再又生子，共有兄和姐妹五人，四女一男，兄名桓猷，也是燕京大學畢業，爾後，留學美國，定居紐約州。

袁荃猷自小在祖父母身邊長大，祖父曾任東北奉天中國銀行行長，外公是北洋軍閥徐世昌的五弟，在北平的袁家，也是有數的人家。她的童年，在官宦之家與書香門弟中度過，可謂與王世襄有同樣的經歷，如童年即請家館講授國學，還從汪孟舒先生學書法、繪畫和古琴，後入燕京大學教育系。袁荃猷當年的的畢業論文，是編一本中小學國畫教材，教育系的系主任周學章先生知道國文系的王世襄研究中國畫，便介紹袁荃猷去找他，請他在研究之餘幫忙指導荃猷教材的編寫。天下有緣，正是這一偶然性的短暫的輔導，讓王世襄和袁荃猷得以相識。

王世襄發現袁荃猷雖修教育學，卻常去圖書館借閱書畫、古器物以及敦煌、雲岡、龍門等洞窟的圖錄，這在當時的大學生中，並不多見。就這樣，相似的家學修養和同樣對書畫、古文物藝術的熱愛，令王世襄和袁荃猷十分有共同語言，真可謂志同道合，當年大學的純真生活，漸進的瞭解過程，兩人便互生情愫，美麗的燕園見證了他們的心心相印。

一九四三年王世襄因日軍佔領北平而南下輾轉至川蜀，而這時袁荃猷因燕京大學關閉而轉入輔仁大學完成未盡學業，兩人相隔千里，只有依賴鴻雁傳書互寄相思。特別是王世襄在李莊安頓下後，常常給荃猷寫信描述當地的風土人情，生活交友，當地見聞，書信互通頻繁。一九四五年十一月，王世襄任清理戰時文物損失委員會平津區助理代表，又重回到北平，結束了戰隔兩地之相思，王世襄和袁荃猷於此年的歲末結婚。當年一張珍貴的黑白相片，記錄了下了兩人甜蜜的時刻，相片中袁荃猷面若滿月、眉如青黛，身著西洋婚紗，微笑幸福而略帶羞澀，她身後的王世襄則緊擁荃猷，敦厚而儒雅，已褪去少年時光的青澀，顯現出了成熟男子的偉岸。

新婚燕爾的王世襄，戰後即遠赴東瀛，追查戰時流落的中國文物，留下妻子袁荃猷一人獨守空閨，連蜜月也沒有時間度過。但荃猷沒有絲毫抱怨，她對祖國對人民對傳統文化的愛，增加了對侵略者瘋狂掠奪盜竊、破壞中華瑰寶的恨，因此她十分贊同王世襄的工作，盡力支持他東去日本。

整整一年，王世襄一心都放在偵查追繳文物上，而袁荃猷也和他一樣為成功追回珍貴文物而額手稱慶、欣喜不已；也為追寶受阻憂心忡忡，一種文化的使命感令新婚的王世襄和袁荃猷兩人的心貼得更緊。

戰時文物清損結束後，王世襄進入故宮工作，而袁荃猷也生下小敦煌，三口之家、溫馨融融。但不幸的是素來身體較弱的荃猷不久便感染肺結核，且有空洞。經協和醫院名醫林巧稚醫生診治，警告說必須臥床靜養，整整一年多都未能脫離危險。而此時恰又逢故宮選派王世襄接受美國洛氏基金會獎學金，赴美、加兩地參觀訪問博物館，一時之間去與不去，確成了兩難的選擇。王世襄知道機會難得，但又難舍病床上的荃猷，便猶豫不決。荃猷明白世襄左右為難的心情，她堅決主張世襄赴美，並開解他道：「兩位老家人也照顧得很好，父親還常常來口譯法文小說給我聽，你儘管放心去吧。」就這樣，世襄終踏上了赴美的旅程。

一個偶然之機會，我從一位收藏手中得知他收有兩大本《袁荃猷未刊日記》，為此我非常高興，多次與這位收藏者聯繫，半年後我才有機會赴京，與他洽談，他願供我研究王世襄、袁荃猷生平。當我細細翻閱研究這兩本未刊日記，這裡恰記錄了王世襄赴美國期間，其夫人荃猷之生活狀況。那時王夫人帶著出生不久的小兒敦煌，母子倆，相依為命獨居於北平的芳嘉園內的，她在家每日用秀勁的小楷，在日記中記錄了她們在北平的生活情景，在此特摘錄數則，以供讀者閱讀研究：

其一：

卅七年四月廿一日（一九四八年四月二十一日），晴。早六時半，暢安（注：王世襄）起程赴天津。同敦煌玩終日，還織毛衣。下午睡二小時。金家老姨太來未見，謂大舅母靈柩明日起程運南潯。晚早睡。大藏經請來東屋，蓋好。

> 五月五日，星期三，晴。早因有霧，未放鴿子。今臨石谷畫一張，下午始完成。替父親抄致顧少川信一件。給暢安寫一短信，並即寄出。晚瑨中送薪水來。同時，攜來朱致遠製「高山」琴一張。已與許祖康君談妥二百五十萬，錢已付清，收條帶來。琴尚佳，唯非修不能彈。琴背面有丙寅上巳日，蘭西石翁周少白氏修。
>
> 周棠，清浙江山陰人，字少白，號蘭西，諸生，官光祿寺署正。他以畫石名，朝鮮人來京師，每乞其畫歸。張之萬稱他為清代畫石第一，間作山水亦佳。見這琴，斷文漆灰均不假。
>
> 五月八日，晴，星期六。暢安乘八時車來平，十一時到家。知他護照已領到。出國時在北平簽證較快。下午，暢安到馬先生家（注：時任故宮博物院院長馬衡先生），又到故宮、美領事館，警察局等。晚，瑨中來，再去溥先生家，晚十一時歸即睡。

讀了這三通王世襄夫人的日記，諸位讀者興許可以重溫《儷松居長物志》，也可讀一下鄭重先生那本厚厚的《收藏大家》中的那些細節文字。

一九四八年四月，正是王世襄由中國故宮博物院擬派他去美國、加拿大等國進行考察書畫博物之期。從日記中，一九四八年五月八日，王已領到出國護照，而前面這段時間，王世襄正為抗戰後收回文物而往返於平津之間。

王世襄夫人日記中，談到一九四八年五月五日，攜來朱致遠製「高山」琴一張。朱致遠者，元朝斫琴家，元朝的斫琴家以朱致遠、嚴清古、施溪雲為最有名。而朱致遠為其首。其所斫之琴，大氣沉穩，渾圓中隱有唐風，為元琴之最精者。所以，仿冒朱致遠之琴者，亦較為多見。

筆者讀才女、古琴大師的袁荃猷日記，頗多感想，其提到的人物亦非一般人物。如日記提到的瑨中者，那時尚二十多歲，常出入於王家，現是故宮博物院著名古琴鑒定家鄭瑨中先生。所提到的金家老姨太，是指王世襄母親家，乃是江南名鎮南潯「四象八牛」之一的金家。

〈替父親抄致顧少川信一件〉，那是寫給被譽為「民國第一外交家」顧維鈞先生的信。因王世襄父親王繼曾，於一九一四年至一九二八年期間，均與顧維鈞一起供職於民國政府外交部。可謂知交友好。「再去溥先生家」，是指去溥雪齋家。溥雪齋先生（西元一八九三至一九六六年）是滿族，他是清道光皇帝的曾孫。其祖父為皇五子敦親王奕誴，父為貝勒載瀛。幼年襲封為「貝子」，本名溥伒，號雪齋，晚年為名號一致，以字行，乃常用溥雪齋為名。

今觀王世襄夫人日記，其文字簡約，且有史料價值。我想，讀者諸君，若驀然回首，五十多年前的前塵往事、歷史人物，都在燈火闌珊處，可窺見他們。

其二：

五月廿一日，（一九四八年五月二十一日）上午，將家中存福畫照片盡送福宅。後與暢安去中國航空公司過磅。下午溥先生來看暢安修琴，三點出去換錢，以備明日買票。晚，管先生來，赴張柱中先生宴。瑨中、士壯來，聽江文也「大成樂章」，很好。

五月廿二日，星期六。上午去買飛機票，下午袁同禮先生來，陳國楨大夫來，午後和暢安去錢糧胡同，又到二舅舅家去。晚早睡。

五月廿三日，星期日。暢安早起，看鴿子飛，修「高山」。十時半同去航空公司，路過東安市場取奶捲。十二時汽車開去機場。下午父親請對子會在家看太平花、吃點心。毓二爺來，為其子謀事，晚早睡。華嫂送暢安白綢手帕三條。

五月廿四日，星期一。早整理書櫃，十一時管先生來，午後始去。其間彈「瀟湘水雲」及「陽關三疊」。晚，瑨中來修琴。今日父親買一筐楊梅，於是大吃，可惜暢安已走、念他。

以上四通王世襄夫人日記，讀後，從中可糾正以前許多有關王世襄受故宮博物院院長馬衡，派遣出國考察的準確時間。因時下刊出的許多文章，對王世襄去美國、加拿大考察時間，定於一九四八年五月，但具體時日，語焉不詳。（有的寫一九四八年夏，有說一九四八年春）現在我們的讀者與考證者，均可從王夫人當年的日記，王世襄出國離京的確切時間，應是一九四八年五月廿三日，星期日。因第二天全家吃楊梅時，「可惜暢安（王世襄號「暢安」）已走」。

王世襄學識淵博興趣廣泛，想不須多贅，王老尚愛音樂、能彈琴，在他出國考察博物美術時，行旅中還專攜了一把琴去，但好似很少有人談到他還是一位古琴修理的高手。你看，讀袁荃猷的日記，就在他馬上要出國離家遠走高飛那天早上，即匆匆的時間裡，他還有悠遠的好心情「看鴿子飛，修『高山』琴」呢。

王世老在北平的芳嘉園住了八十多年，這是他父親在民國初年所置。芳嘉園有四層院子，位於北平東城，這座庭院非常美麗，從袁荃猷留下的日記「父親請對子會看太平花、吃點心，毓二爺來，為其子謀事。」即可身受同感當年芳嘉園內鮮花盛開，閒適優雅的生活之狀。

日記中，提到了袁同禮先生，袁生於北北平，一九二〇年，前往美國哥倫比亞進修，獲文學學士學位，之後，入紐約州立圖書館專科學校學習，獲圖書館學學士學位。一九二三年，畢業之後，前往歐洲各國考察圖書館與博物館。一九二四年回到中國，於北平大學任圖書館主任，並兼講授目錄學。袁還是國立北平圖書館的籌建人，被認為是中國現代圖書館事業的先驅，他與王家有世交，於一九六五年二月六日逝世。

王夫人日記中，常談到管先生，他是中國古琴專家管平湖先生(西元一八九七至一九六七年)，名平，字吉庵，仲康，號平湖；清代名畫家管念慈之子，江蘇蘇州人，出生於北平。從小隨父學習繪畫、彈琴，幼年喪父後，廣泛求藝。師從王世襄大舅金紹城學花卉、人物，擅長工筆，筆法秀麗新穎，不為成法所拘。為「湖社」畫會主要成員之一，一九四七年，與張伯駒、王世襄、溥雪齋、楊葆之、鄭瑨中等琴家，創辦了「北平琴學社」（一九五四年改稱「北平古琴研究會」）。曾任北平漢學專修館、國樂傳習所、北平國立藝術專科學校古琴教師。半個多世紀來，一直是王家座上客，更是王夫人琴藝上的老師。

其間彈「瀟湘水雲」，屬古琴曲，宋代浙派琴家創始人郭楚望的代表作。「陽關三疊」是一首感人至深的古曲，也是我國古代音樂作品中難得的精品，千百年來被人們廣為傳唱，有著旺盛的藝術生命力。這首樂曲產生於唐代，是根據著名詩人、音樂家王維的名篇《送元二使安西》譜寫而成的。因為詩中有「渭城」、「陽關」等地名，所以，又名《渭城曲》、《陽關曲》。

春日裡的一個黃昏，筆者讀袁日記，記下的可是北平一戶大家庭的典型生活，雖說距《陳寅恪傳》所記「至一九四八年十二月，戰火已迫近清華園」時，僅只剩半年了，但芳嘉園內，還是一片太平盛世，讓我隱約感受到的是：老北平芳嘉園內庭院深深、花木蓊郁、古音不斷，那遺留著的民國風韻，至今還令我神往。

其三：

一月八日（一九四九年年一月八日），星期六，晴。昨夜炮響不斷，未能入睡。上午早起，即去寄信，買菜。回家後瑨中與榷古來，已交三百元。接查君轉來暢安信。將「至德」取出與「松風」比長短大小，用尺仔細量了。與瑨中細聽兩琴音聲，松風不如至德洪亮。至德確是佳物。晚給暢安寫信。

一月九日，星期日，晴。昨夜仍有炮聲，似覺在城外迫近似的，較昨日要響些。上午去聚昌店看琴二張，其中有一小的，名「鳳鳴岐」，小的好玩攜歸，下午瑨中來說，鳳鳴岐其音雖小，但無毛病，可留小敦彈。見琴通長三尺，很有趣。晚，四伯娘處送來靜方抵港後的一信，士莊來我家小坐，談及解放軍快進城的一些新聞。

一月十一日，星期三，晴。上午有炮聲。中午又有人來看房者，頗煩，幸為有人擋出。午後，四伯娘來電話，謂鼎吉等有電話來，說家中一切平安。下午瑨中送來一月份薪金，計二千三百餘元。

一月十二日，星期三，晴。夜半炮聲撼天，一夜未能入睡。午後瑨中來，同至陳掌櫃處看琴，無一佳者，只見一中國小箏，尚有趣。然後，我去朱宅一坐。午接暢安來信，當即作複寄出。同張媽去四牌樓買醬菜等物。晚早睡。

一月十三日，星期四，晴。一夜無炮聲，但仍未能好睡。今日大家都覺緊張。午後，管先生來小坐。其間士莊來電話，相互問是否平安？去市場給敦買奶粉，唯時有炮聲。

一月廿三日，星期日，晴。晨起見報，知北平已實現和平協議。聽到此好消息，當即給暢安寫信告知。午後，父親為敦敦買一小箏，二百伍拾元。同接暢安自外國寄來三封家信（一月六日、九日、十三日。）真快慰矣！晚彈琴多時，無睡意。

讀這王世襄夫人記於一九四九年的六通日記，雖看似瑣屑，但從一個側面反映了當年北平的形勢。一九四九年一月八日，王世襄夫人記下：「昨夜炮聲不斷」，那時之北平，國共正交戰，兵臨城下。當時，據守北平城內的國民黨華北總司令傅作義將軍，是戰，是守，是撤，是和，面臨艱難的選擇。當時，從戰略需求，中共不想與傅作義打，也不想讓他撤，為避免北平文化古蹟遭炮火毀壞，只能讓傅作義走和平之路。如何讓他交出部隊，和平起義？對雙方都是件棘手之事。

斯時，王世襄正在美國、加拿大等地考察。夫人袁荃猷上有老父，攜著幼子，而在北平城外，時炮聲隆隆，不知時局去向，大家不免緊張。中共以打促談，攻打天津，逼和北平。從日記中可窺，這樣的以打促談，北平緊況乃從一月九日持續到了二十三日。從日記可看出，當時北平之生活秩序，還算正常。如王夫人隨時可到市場購醬菜、買奶粉，看琴、購箏，琴友往來，彈琴作歌，生活如往常一樣。其實，這平靜的幕後，卻是一場無煙硝的、決定著中國命運之大決戰。萬民幸運的是：傅作義最終接受了，打開了北平的城門，二十五萬國民黨軍隊，接受了人民解放軍的改編，千年古都，終免於戰火毀壞。

「晨起見報，知北平已實現和平協議。聽到此好消息，當即給暢安寫信告知。」這一年，新中國成立，定都北平改名為北平。六十年一個甲子，已彈指悄然逝去，王夫人的日記，見證了一九四九年的北平。

王世襄出國一年後，於一九四九年八月回到北平。夫人袁荃猷的身體，也因有當年比較希罕的青黴素用於治療，也日見好轉；世襄一顆從出國時就懸著的心，也終於落地。之後，王世襄在故宮的工作，日漸安穩。他們倆於閒暇時在芳嘉園小院裡，養了一群美麗的觀賞鴿，世襄喂鴿，荃猷便在旁邊描畫，留下了一幀幀可愛的畫卷：只見滿滿一個小院裡，幾十隻鴿子，點子、玉翅或悠閒漫步，或親昵交啄，或展翅低翔，或孤芳自賞地理翅，荃猷的生花妙筆，也將這些小生靈，刻畫得憨態可掬、唯妙唯肖，看得出她與世襄一樣同為愛鴿之人。

世襄平生所好，便是收集傢俱、漆器、雕塑等各類文物，一次荃猷囑世襄去鼓樓商店買內衣，路過小古玩店，見一尊藏傳的米拉日巴佛像，他卻用買內衣的錢，購了這佛像回來。沒有把夫人欲購的內衣買回，夫人毫沒有怪他之意，且荃猷見到那尊像，只覺得喜歡不已，忙爭著與世襄把觀，並說：「要是我，也會先把他請回來，內衣以後可再說。」

他倆如此性情相投、志同道合，真是難得，不禁羨煞旁人；如王老知交董橋先生，曾在寫王世襄一文中說：

王太太跟隨王先生來過香港，我熟悉她淑靜的風範也熟悉她精緻的作業、畫圖、刻紙、寫字、彈琴，樣樣流露了深深庭院梅影窗下的閨秀教養……天生不幸愛上收藏文玩文物的男人，娶得一個美麗賢慧的妻子不難，娶得一個又美麗又賢慧又喜愛文玩文物的妻子那簡直是「天方夜譚」！

而郁風也曾開玩笑道：

說起袁大姐這位主婦真夠她為難的，家裡已經塞滿各種大小件不能碰的東西，她的吃喝穿戴日用東西東躲西藏無處放，而王世襄還在不斷折騰，時常帶回一些什麼。她常說累得腰酸背痛連個軟沙發椅都沒得坐（因為沙發無處放），家裡全是紅木凳。但是我瞭解她的「抱怨」其實是驕傲和欣賞，而絕不是夫唱婦隨的忍讓。

芳嘉園如今早已消失在轟鳴的房地產開發浪潮中，我們已無處尋覓當年它全盛時期的倩影，幸好有袁荃猷一段優美的文字，讀之彷彿令人身臨其境：

芳嘉園南牆下一溜玉簪花，綠油油的葉片，雪白的花苞，淨潔無瑕。西南角有四五叢芍藥，單瓣重蕊，都是名種。西窗外有一株太平花，一串串小白花，散發出陣陣幽香，更因其名而倍加鍾家。北屋門前階下，有兩棵老海棠，左右相峙，已逾百年。春日賞花，秋冬看果。不論是大雪紛飛，還是陽光燦爛，滿樹紅果，鮮豔異常。西側樹下小叢矮竹，移自城北，是一位老叟熱情贈送的，世襄曾有詩致謝。東側樹旁一畦噴壺花，種的是一九四八年世襄從美國寄回的種籽，極易生長。花一開，就會迸發出許多花鬚，四面噴射。我們不知其名，就管它叫噴壺花。東北牆角，植竿牽繩，牽牛花緣繞而上，燦若朝霞，搖曳多姿。台階上，大花盆裡種蔦蘿，用細竹竿紮架，綠葉中的小紅花，像一枝枝小紅蠟燭，煞是好看。小花盆裡還有各色的「死不了」，不用種，年年會自已長出來。東廂房外，一大架藤蘿，包苞欲放時，總要摘幾次烙餅嚐鮮。盛開時，蝶鬧蜂喧；開謝時，繽紛滿地。架外竹籬上爬滿了粉色薔薇。過道門外，有一棵凌霄，攀援到影壁上，抬頭仰望，藍天白雲，托著黃得發紅的花朵，絢麗奪目。

你看，伴著這滿院欣欣向榮的花草，靜謐的儷松居裡，世襄與荃猷兩人在那方宋牧仲紫檀大畫案旁，共賞鴿哨佛像，她撫琴，他傾聽；他吹哨，她聽音，她畫畫，他補詩；窗外是修竹搖影、玉蘭正綻、葫蘆初長，自是一對其樂融融的神仙眷侶。是的，不論王世襄身處順境還是逆境，夫人袁荃猷，始終是他的支持者；六十年來一個甲子，歲歲年年如此，充分「流露了深深庭院梅影窗下的閨秀教養」。

二、磨難歲月，相濡自珍

王世襄自「三反」運動開始，便蒙盜寶之不白之冤，後又無故被故宮除名，「五七」又被錯劃為「右派」，一系列荒唐的政治運動，令王世襄在精神和肉體上遭受嚴重打擊，曾經病重臥床，心灰意冷，甚至萌輕生之念。然而，不管外界怎麼否定和污蔑王世襄，袁荃猷始終對他不離不棄，而且堅定地鼓勵他，她成了他避風雨的港灣；在多災多難、風風雨雨中，他倆摸著崎嶇之路尋找光明，在她的鼓勵下，終走出一條自珍自愛之路。

在王世襄被關押在東嶽廟受審期間，袁荃猷曾在負責審訓人面前慷慨陳辭，講述世襄一九四五年至一九四六年追回文物的日日夜夜，她那外柔內剛、深明大義的性格，體現無遺。一個柔弱的家庭女子，在那時幾乎人人喊打的環境中，卻能義正詞嚴、理直氣壯，其勇氣令人感佩。而當王世襄無故被文物局開除時，荃猷則提出「我們一定要堅強！」一個人身處劣境時，對能否堅強的道理，她更是一語中的：「堅強要有本錢，本錢就是自已必須清清白白，沒有違法行為，否則一旦被揭發，身敗名裂，怎還能堅強？！您有功無罪，竟被開除公職，處理不公問題在上級，因此我們完全具備堅強的條件。」

荃猷一席話，令王世襄領悟到今後的人生之路，兩人明確攜手共同走自珍之路。也是這一決定，讓他們兩人能樂觀地笑對坎坷、堅定信念、寵辱不驚。所以，王世襄晚年在接受各大電視台採訪時，總愛說這樣的話：「一個人的人生之旅上，當遇到坎坷、冤曲時，有些人往往會走絕端，那就是有人想不通就走自殺，另外有的人就與對方硬拼，這兩條路都不對，不能走。所以我選擇『自珍』。我走自已的另一種人生之路。」

史無前例的「文革」十年浩劫開始後，一九六九年九月，各單位軍宣隊宣佈上級命令，幹部包括家屬在本月下旬必須去幹校，連當時肺病復發且有空洞，醫囑臥床休養的王世襄也在劫難逃，須赴湖北咸寧幹校，而荃猷則須去天津靜海的團泊窪幹校。荃猷比世襄晚動身一天，世襄啟程時她來沙灘紅樓送別，此時世襄已坐在車裡，車外人潮湧動、擁擠不堪，兩人隔著車窗玻璃，無法用言語表達，只能揮手相別，痛心而又必須堅強，這是人生所處劣境的無可奈何。這一別，對當時前程未卜的世襄和荃猷來說，真猶如生死別離，不知何日再重見。就這樣，兩人相隔千里，只心意相連。

那天，荃猷在團泊窪，忽收到世襄由咸寧寄來的一把小小的掃帚，謂用爨餘竹根、霜後枯草製成，蓋籍以自況。兩地遙隔，無須更多言語，她便明白他之深意，這把別人看起來不值一提的「敝帚」，荃猷對它卻「自珍」為至寶，當文革結束後，仍什襲延用。

文革時期，王世襄因被錯劃為「右派」，每月僅發二十五元生活費，交幹校伙食後，所餘無幾，一家老小的生活費便全擔在袁荃猷一人身上。她每月六十七元工資，得交幹校伙食，維持兩位老人的生活，還得用於給當時下鄉至寧夏兵團的兒子敦煌生活上用費，手頭常常十分拮据。

王世襄後來曾回憶說，一次荃猷回芳嘉園看望老人，老人心疼她，特買了兩毛錢肉做了一碗肉絲面。荃猷看了看，謝了謝，但卻沒有吃。因為吃了必須補上兩毛錢，她不忍去影響老人生活，想起隨身帶的靜海幹校食堂饅頭還沒有吃，何必浪費呢。這無疑是兩人最艱難、困苦的歲月，但荃猷和世襄仍樂觀如斯。幸運的是咸寧幹校的村野生活反使困擾他二十多年的肺病，不治而愈，不僅如此，還能陶醉山水自然之中。特別是與漁父老韓打魚歸來，王世襄興奮地作了西湖觀魚十首，寄予荃猷，其中最後一首為：

老鱖提歸一尺長，
清泉鳴釜竹煙香。
和鹽煮就鮮如許，
只惜無由寄與嚐。

並序曰：

觀漁為紀遊之作，俾荃猷知予尚未衰老，而佐餐有魚，亦未嘗忘君也。

相信袁荃猷收到世襄的信，應是會心一笑，欣喜感懷，因文革魔掌究掌控不了倆人心犀之通。

「文革」結束後，王世襄和袁荃猷各自從幹校回到北平，此時芳嘉園原來的住房，都被分配另戶擠佔，他們家只能住一小間房，還得擺發還來的部份傢俱，連支張床的地方都沒有。於是，王世襄靈機一動，把成對的明代大櫃的四扇櫃門卸下，櫃子面對面放，櫃膛橫木和櫃頂都架鋪板使櫃內可以睡人。當時適逢唐山大地震，北平仍有餘震，王世襄笑稱睡在這大櫃中，即使房子震塌了也壓不著我。而荃猷嫌櫃內憋氣，不願做「櫃中人」，又沒法支床，只好睡在貼著櫃子放的清濁鵂三屜大炕案上，那炕寬不足半米，荃猷卻在上面睡了一年多，從未滚下來過。直到後來落實政策，才發還了被擠佔的一間房，世襄和荃猷才終於告別「櫃中人」和「炕為床」的日子。

如今，捧讀欣賞王老《明代傢俱研究》中，那一張張精美絕倫的傢俱圖片，看到那兩件他們曾作為寢具的傢俱，不禁百感交集，在物質生活極度貧困的情況下，王世襄和袁荃猷的精神世界卻如此的豐盈。

三、老樹新花，扶攜互助

一九七六年，「文化大革命」結束，一九七八年，黨的十一屆三中全會撥亂反正、改革開放，全國知識分子如沐春風，重又得到了堂堂正正學習和研究的機會，王世襄的命運也發生了歷史性的轉折。他不僅能重繼明代傢俱、髹飾、竹刻等多個領域的研究，著述的文字，也遂能得於出版為世人所知。

儘管這歲月，王世襄和袁荃猷，已從風華正茂磨成了鬢髮染霜的老人了，但他們兩人卻絲毫沒有歲月蹉跎的感傷，他們等待在新時代的文化事業中「拳打腳踢」。為此，王世襄幾乎全力投入，他們要把已丟失的十多年時間全都補回來，之後的二十年裡，他出版了近四十種著作，發掘和挽救了好多行將消失的中國文化，這一過程中袁荃猷成為了世襄的得力助手，幾乎王老每本著作，她都付出了辛勤的勞動。

當王世襄《明式傢俱研究》一書出版之時，因要介紹當時尚不為人重視而其中卻蘊涵著極高造型藝術的明式傢俱，必須搜集不同品種與造型的實物。個人收藏自然有限，採用他人所有或已經出版的器物，必須將其改成線圖，方能採用，且只有線圖才能使讀者對傢俱的縱橫結構、陰陽榫卯一目了然。為此，王世襄曾延請工藝美術院傢俱系畢業的高才生及傢俱廠家的繪圖師，但所繪之線圖，均無法令人滿意。這時，袁荃猷自告奮勇、竭盡全力、從頭學起，為《明式傢俱研究》一書繪製了千幅線圖，使全書增色不少。正是那一幅幅精密、細緻、美麗的線圖，才讓明代傢俱那簡練純樸、靜穆自然的造型結構；那精心設計、雅而不俗、雕琢精細、攢鬥巧妙的花紋圖案，令世界驚歎。

《明式傢俱研究》一書出版後，沒有人相信其中的線圖，是出自一位從未拿過製圖筆，也並不太瞭解傢俱的造型和結構的女士之手。連身為畫家、曾與王世襄和袁荃猷為鄰的郁風，不禁由衷讚歎說：「袁荃猷竟能將各種不同的榫頭結構，畫成極為精確的立體透視圖，真使我這個畫家瞠目結舌，佩服得五體投地。」這之後，袁荃猷真正成為了世襄各種著述的「賢內助」。我們在王老之後的著作中，常常能見到袁荃猷的繪圖，如《說葫蘆》裡的各類葫蘆造型圖，《北平鴿哨》裡造型各異的鴿哨種類，無不令讀者備感親切。除了繪製線圖外，世襄每一本著作，都少不了荃猷的校對、謄清和尋找注解。例如編印《蟋蟀譜集成》，用木刻本複印製版，中多漫漶不清之處，多達一千餘頁，而每頁均須墨筆修補，粉筆遮塗，世襄和荃猷兩人相對操作，樂之不疲。特別是王世襄在八十一歲之際，因忙於校對《錦灰堆》書稿，一天起來忽然左眼失明，這之後荃猷擔心他用眼過甚，便更多代為校對文稿、抄錄詩句等。

可以說，王世襄的成果，離不開袁荃猷的付出，且其中的努力和艱苦，也是常人所無法體會，而支持她的動力便是當年與世襄兩人堅守自珍的精神。

自珍者，更加嚴於律已，規規矩矩，堂堂正正做人。唯僅此雖可獨善其身，卻無補於世，終將虛度此生。故更當平心靜氣，不卑不亢，對一已作客觀之剖析，以期發現有何對國家、對人民有益之工作而尚能勝任者，全力以赴，不辭十倍之艱苦、辛苦，達到妥善完成之目的。自信行之十年、二十年、三十年，當可得到世人公正、正確之理解與承認……

這也許是他們座佑銘的人生不移之信念。

王世襄有夫人袁荃猷支持，更使他奮筆耕耘，以多完成幾本有益於國家人民的著作，才能逐漸獲得世人的承認和理解。對於袁荃猷與王世襄之同甘共苦，為傳統文化添磚增瓦，我們從王世襄寫於嘉德公司拍賣展致謝稿中，有段話，可見一斑：

我過去只買些人捨我取的長物，幾十年來已使愚夫婦天天過年三十（作者注：意為過苦日子），老伴衣服穿破了總捨不得買新的。吃飯也很簡單，不下飯館，卻有時留朋友吃便飯。

好在我會烹調，不多花錢也能吃好，比現在吃得有滋味。

每到過王老家中的人，都會被牆上懸著的那幅鮮紅的《大樹圖》所吸引，那正是袁荃猷為世襄八十大壽精心構思而鐫刻所成，枝繁葉茂的樹冠中，嵌著髹飾、傢俱、竹刻、葫蘆、雕塑、書畫、秋蟲、獾狗等，世襄平生所好和成就所在的均刻入此圖中了；這，無不流露出她對王世襄一生追求的欣賞和支持。

袁荃猷天生善描摹繪畫，特別喜愛刻紙，這原是她二十世紀五十年代臥病在床，百無聊賴中見報端剪紙，引起興趣，便也想一試，倚枕擎紙握剪，誰知無心插柳柳成蔭，刻紙遂成為荃猷平生之好，業餘時間，總常刻紙。她每每發現各種精美的造型和圖案，當可用作刻紙時，便勾描摹繪。只是受時間限制，刻成的作品不多，而且經歷十年浩劫後，許多精心之作，如用整張紅紙作的大幅摹北魏石雕流雲飛鳳等，都於文革中被劫掠散失。直到二〇〇〇年，出版社知袁荃猷有大量刻紙和未刻之畫稿，希望為她編一本刻紙集。袁荃猷生性安於平淡，從未想過在年屆八十之時，自己之業餘愛好能出版成書。但在世襄的鼓勵下，她便開始尋找舊作，補刻未刻之稿，這一下便游刃不止，花了整整一年時間，將十年所積未刻之稿刻成，又補充翔實的刻作來源。為此，八十有六的王世襄和年屆八十的袁荃猷的生活，可謂亂了套：「公園的門票月月買，但往往是最好的時光，都沒時間去走走。天熱了，找不到背心短褲，天涼了，又找不到毛衣、外套。家裡更是亂得沒法收拾，書刊到處亂堆，報紙氾濫成災。更因為沒時間，我們經常靠速食麵和冷凍食品過日子。」然而，游刃的喜歡，卻讓袁荃猷沉浸其中、樂在其中。

二○○二年，三聯書店出版了袁荃猷刻紙作品——《游刃集》，收錄了兩百六十四幅刻紙，分為舊作、慶賀、樂舞、文物、花草、拾卒六個部份，古意淳厚、淋漓生機，都源自她的鐫刻所傳達；讀者無不欣喜地領略到了她在刻紙藝術上的成就。至今許多裝幀設計，有來源於她的藝術思維。

王世襄為老伴的書，題詩道：

> 畫稿盈箱筐，朱箋刻未遑，頻遭風雨襲，時為縫補忙；
> 秋水眸仍澈，柔荑指不僵，刃過皆剔透，老發少年狂。

並序曰：

> 荃猷喜游刃於紙，積稿盈篋，而為國難家務所擾；久置未刻孰意年居八旬，目明指活不減當年；為編印此集，竭數月之力而盡刻之，可謂老發少年狂矣。

捧讀《游刃集》，我最喜愛的是「花草」部份，幾乎每幅圖，都記錄著世襄和荃猷一段動人的故事佳話，抑或一個溫馨的生活情景。如《小石榴》詩：

友人所贈，
小小的盆，
小小的果，
一對對倒掛枝頭，
鮮紅耀目。
襯以細小的嫩葉，
耐人尋味。

實實地應了友人的贈言：「留給你解悶兒吧！」這集中許多詩，有唐人味又有五四早期白話詩的韻味。淡雅、恬靜，又不乏歷史記事之幽默感，讀了使人對物對人留連忘返、精神昇華。又譬如《葫蘆》刻紙旁的詩，僅短短十七句詩，卻記錄下了一九六六至一九九五年那一長段複雜多變之歷史。如《秋葵》刻紙旁所記：「古人多入畫而北平種者不多。世襄喜其淡雅又天天有新花開放。秋天收籽，春天種，都是他親自操勞。看花蕾茁壯生長，看花苞舒展開放，樂在其中。」多麼傳神地寫出了兩人的生活情趣，且都有刻紙畫配著。正如她在書中前言所道：「一花一草總關情。幾多歡樂，幾多辛酸，盡在其中。」

二〇〇三年十月，袁荃猷因病辭世。而就在她病危之際，在醫院中，當得知王世襄獲荷蘭克勞斯基金會「生存與創新」大獎，並有十萬歐元獎金時，她竟和王世襄異口同時地說：「全部獎金，捐贈給希望工程。」

可見，袁荃猷作為一個少年才女，中年學者，老年還在為中國文化奉獻智慧。雖在自已的一生中，遭受了許多坎坷和不公正待遇，但在生命的最後，她還是熱愛人民、生活、人類不絕的文化，為讓更多貧困兒童上學受教育，她於病床上和王世襄作了她最後的一件好事。

荃猷走後，留下王世襄獨自一人面對之後的人生，他對老伴思念，時在縈念中。為了不忍對著家中原本朝夕共處的長物，觸景生情，王老將曾陪伴他們半個世紀、倆人曾經共同賞玩、把觀的藏品進行了拍賣。

《錦灰三堆》卷首，刊出了袁荃猷七十幅小像，相片中的她頭髮一絲不亂地梳至腦後，皮膚白晰而光澤，額際和眼角的皺紋並不見蒼老，反見出了經歷歲月的智慧，雙眼目光炯炯有神，笑容慈祥親切。照片之後是兩人日常使用之提筐的照片，那是一隻平常買菜常用的，以塑膠條編織而成的雙梁筐，筐已年久日舊，顯然陪伴了兩位老人多年，可說見證了世襄和荃猷六十多年的風風雨雨、點點滴滴。王世襄在刊於後面的《告荃猷》詩篇中曾言：

> 提筐雙彎梁，並行各挈一。待置兩穴間，生死永相匹。
> 年年葉落時，提筐同揀拾。今年葉又黃，未落已掩泣。

《告荃猷》中，包含王世襄在荃猷走後所寫的十四首詩，句句情真意切：

五十八年多禍患，
苦中有樂更難忘。
西山待我來歸日，
共賞朝霞與夕陽。

讀之令人痛徹心扉、潸然淚下。

王世襄和袁荃猷五十八年的風雨同路，經歷了中國歷史上不平凡的歲月，多少大喜大悲，多少聚散離合，多少屈辱苦難，他們只是用相互理解，平實生活，共同的文化使命堅守自珍，沒有山盟海誓、沒有驚天動地，卻令世人永記。

世人終漸識真吾

▲ 王世襄九十四歲在家中寫信。

▲ 王世襄夫婦在上海博物館他們收藏過的明式傢俱前。

▲ 王世襄與夫人袁荃猷在上海博物館由他捐贈的明代傢俱前合影。

▲ 王世襄一九九〇年十月在美國費城美術館做學術講座。

▲ 王世襄在老屋芳嘉園。

▲王世襄在漏室緊張工作之圖（袁荃猷速寫）。

▲王世襄獲獎照片。

我是一个老年知识分子，毕生致力於文物工作。鉴於驰名世界的我国明式家具，过去只有外国人有专著，中国人竟没有，立志弥补这一缺憾，耗去了三十多年的精力写成《明式家具珍赏》和《明式家具研究》两书，1983年交由文物出版社和三联书店香港分店联合出版。该年两家出版社签订了合同。本人没参加洽谈及签订合同，直到今天也未见到合同。《珍赏》于85年9月在香港出版，《研究》尚未出版。

85年9月本人应三联邀请，赴港参加《珍赏》的出版仪式，到此时才从三联经理萧滋先生处得知文社在83年签订的合同中已把属于作者所有的两书一切外文版版权卖给了三联。此事事先既未得本人同意，事后也未告知本人。经向萧滋先生询问，进一步得知三联以650册《珍赏》书页子的代价买到该书的一切外文版版权。现文社竟回避抵赖这一非法交易，企图独吞这650册页子。这是严重侵犯作者的合法利益。

为了出版《珍赏》，拍摄彩片，作者请匠师修理家具、青年同志搬运家具，前后达两年之久，共花费采集费约3500元（人民币）。文社也拒不支付，以致按文社准备付给的稿费计算，除去付给制图人员之后，作者还要亏损1—2千元。

更为不合理的是三联赠送给作者100册香港版《珍赏》，其中有80册寄到文物出版社竟被该社扣留。虽经三联一再致函文社说明此100册是三联赠给作者的，但至今80册仍被文社扣留。

按出版社未经作者同意拿作者的版权进行非法交易，是一种违法行为。扣留作者所有的图书更是一种蛮横霸道行为。文物出版社的所作所为已经超出经济上的非法牟利，而是一个党风不正问题。为此，本人不得不向有关方面提出申诉，并简要地向

您陈述经过，敬请

钧鉴，并祈

卓裁，不胜感盼之至！

王世襄谨呈

文化部文物局古文献研究室研究员、
全国政治协商委员会委员
住朝阳南小街芳嘉园十五号

详细情况请阅附件

附複印本：文物出版社上文物局转国家出版局文一件
王世襄对文物出版社文件的答复并申诉一件
1986年1月22日三联经理萧滋先生致王世襄函一件

▲王世襄為知識產權向有關領導所寫書信。

一、昂首猶作花

「文革」結束，舉國皆歡，而王世襄那「蒼天胡不仁？問天堪一哭！」的時代，也隨之終結。「子在川上曰，『逝者如斯夫』」當歲月流逝而去，當那個顛倒的時代不再重現時，王世襄畢生學習和積累的學術文化，才遂被人們認識、重視，漸漸變得有意義起來。

當然，中國的改革開放，猶如一條沉重而疲憊的大船，在長達二千多年的歷史長河裡，才剛剛啟行，長期之鎖國閉門，慢慢被遂一開放。但改革開放之初，所謂的「反對資產階級自由化」等等，時有極左者、好事者，還熱衷於此道；中國善良的知識分子，對「文革」之陰霾，尚心有餘悸；但與弓拔弩張、人與人鬥、人與天鬥，那長長的苦不堪言的日子相比，畢竟舒坦多了；與「文革」時期，那打砸搶批相比，更不可同日而語了。

斗轉星移，八十年代以後，人民沐浴於改革開放的春天，知識者終有了一定的自主精神，而我們的傳主王世襄的個人命運，也隨歷史性的轉折，發生了巨大的變化。長期以來使他抬不起頭的不白之冤，也慢慢得以昭雪。雖然，那時還沒有一個代表權威的政權機構，給過他一個正式的檔，以洗涮他的不該有的遭遇。當然，一如他這樣遭遇的知識者，在我們大地上也可說比比皆是，但是他們總有隱痛，總希望有一紙文字，得以說個明白，這大概是我們的一個長期的傳統「口說無憑」，總期望以一個「紅頭文件」為準，心靈方有可靠的踏實感。這在我與王世襄先生的多次對談中，他對於這樣的紅頭文件，時耿耿於懷，不斷的提到。

改革開放後，雖在「摸著石頭過河」，但終究換了人間思想。整個社會活動，學術交流，已不再對他封閉、歧視。國門開放，國內外專家學者、親朋好友，紛紛前來看望他，他的學術成就也得以傳播。這對於王世襄來說，可以說這是最大的人生幸福和享受。

「春搴蘭草秋芝草，朝啖團魚暮鱖魚。日日逍遙無一事，咸寧雖好卻愁予！」對於往昔那些不能忘卻的日子，也可以說是一種特殊的歷史細節，也許歷史從未有記載，因為，這正是紅色歷史中的一點綠色，他不忘以詩記之。這樣親歷的場面，他是終生不忘的。不是嗎，就在兩個月前，正當臨近中秋之時，已九十四歲高齡的他，還特地為筆者書寫了一幅墨蹟，秀勁筆鋒下，卻就是這首詩。

我想，興許他不止為我一人書寫過，這些詩他會倒背如流，那不能讓他做事的蹉跎歲月，那在咸寧白白流走的光陰，那令人憂心如焚的日子……興許，每當他書寫時，他總沉思在那樣的回憶之中。如我們今日再重回頭去看，在王世襄撰寫的眾多詩詞裡，這首詩，似乎就成了當時他不能「成有用事」的象徵意蘊了。

有人說，中國的知識分子是最憂患國事的知識者，他們對國事極為關心，總希冀有朝一日能夠為國家所倚重。追溯中國歷史，屈原是這樣的人，司馬遷同樣也是。屈原的《國殤》中說：「出不入兮往不返，平原忽兮路超遠。」而到司馬遷寫《史記》屈原列傳時，也有同病相憐之感。「中夜四五歎，常為大國憂」，時光流逝至唐代的李白，無不如此；宋代的蘇東坡寫了許多詩文，也同樣如此。中國近現代的知識分子，無多大改觀，依然如此。儘管歷代朝廷，均不太重視知識者們，甚或使他們報國無門。但是，一旦顛倒的是非，重又顛倒過來時，中國的知識者，又會發出「仰天大笑出門去，我輩豈是蓬蒿人。」的呼聲。

王世襄作為一個知識分子，對中國「十年浩劫」之後的撥亂反正、改革開放後的新國策、以及能過上正常的社會生活，總無不以一顆善良之心，視為「恩同再造」。

他曾說這便是他的座右銘！正因為有了這般的人生信念和堅忍不拔的精神，他才沒有在運命不濟時自暴自棄，也沒有在「出而不入，往而不返」的年代，無所作為，無謂地去浪費著自己的生命。正因如此，每當劫亂過後，他的靠長期積累的知識，才又發芽開花，一本本專著又相繼問世。「長風破浪會有時，直掛雲帆濟滄海」，劫難後的生活，真似乎使王世襄有了返老還童的神力。

二十世紀八十年代，他已近六十六歲了，由他編著的《竹刻藝術》一書，由人民出版社出版了。王世襄先生的二舅金東溪和四舅金西厓都擅長竹刻，在民國時期已勤於著述，富有收藏。受此影響，王世襄自幼喜愛竹刻，一生與中國竹刻結下不解之緣。二十世五十年代前後，金西厓年事已高，再三囑託王世襄為他整理《刻竹小言》的手稿，這使王世襄從喜竹刻到研究竹刻。我們知道，民國時期曾有張志魚的刻竹名家，撰寫了一本《歷代竹刻人之小傳》，雖那本老辭海於「竹刻」條目中，引用較多，但錯漏處不少，鑒此，王世襄曾寫過《論竹刻的分派》，糾正了很多錯處。

「外家才藝殊，兩舅工刻竹。」那日，筆者在王老的迪陽公寓家中，他又一如哼山歌般又呼出了這兩句詩。一介衰翁，還興致很濃地和我們談著他的兩位舅舅以及中國的竹刻藝術。九十四歲高齡的他，時為經他整理的《竹刻小言》，成為研究竹刻藝術的經典而高興。但就在這樣的高齡，他還在為後輩的竹刻者們忙乎著，天南地北地為別人尋找適於竹刻的材料，我們坐在一起，他還不斷問及我，你們那裡，是否能找到不施化肥而成長很好的竹子？雖寥寥數語，已讓我感佩不已。他雖垂垂老矣，但拳拳赤子之心，卻仍未泯滅。此時，我們之中，恰有位文友，拿出剛從網上購得的一本《竹刻小言》，那是一九四八年用蠟紙自刻的油印本。在場的王老兒子敦煌一瞧，就說：「那是假的，一看就知道那是贗品！」坐在我一旁的王世老，卻沒有發表多少意見，只是輕輕地對我們說：「你們如喜歡，我這裡還有所剩舊本，我今天送你們每人一本！」

話音剛落，我們無不喜出望外。就在此刻，只見王老拄著拐杖，移動起腿腳，在滿是堆書已鮮有空間的屋中，慢慢移步去拿書。望著他那敦厚微駝的背影，我們真感到為難了他老人家，真想去阻止他，但他已經開燈到對門的另一間房中去了。我斜眼看去，只見那另一小屋中，也堆著一箱箱的書，有的整箱似從未拆開過。王老顫顫微微地拿了七、八本書來，遂一分送到我們手中。我們即與網上買來的那本一對，初看之下簡直難以分辨真假，但再一仔細對照，字裡行間就露出破綻，幸虧有敦煌及早提醒。

不知是因為《竹刻小言》是王世襄四舅父金西厓先生，一生從事刻竹藝術之結晶，還是因為這本書也終於度過了六十年，散發出了一個甲子的歷史蒼涼之感。也許正由於此，王老又說要為我們簽名，留個紀念。我見王世老今天特別高興，只見他又慢慢移動腳步，走上那個特殊的書桌。這仿明代家俱的長桌，是他專從廣東找了黃花梨木、由自己設計製作而成，他還特為此桌寫下了銘文。我們看到他曾和夫人袁荃猷，倆人晚年就在那書桌上一起拍下了許多「夕陽照」，那可是王老的「儷松居」最溫馨的一段時光。現在我們又見王老端坐書桌，特地選了合適於現在他寫字的毛筆，端端正正地為我們每本書上，簽上了「王世襄」幾個蒼勁有力的手跡，那毛筆字跡，我一看，真絲毫不差於年青時的筆墨功力。

王世襄在六十至七十歲後的那段生活，他還藏有老友黃苗子一詩，正是一種充分的反映，詩是這樣寫的：

浮生聚散幻耶真，相見花都歷劫身。
拜盧浮宮憐倦足，炒麻豆腐待歸人。
鬥蟲得失添閒話，雕竹磨蹭有下文。
更喜鴻篇頒啟老，迢迢萬里倍相親。

不是嗎，改革開放後，活像是一個開放之神，忽從天而降，王世襄於童年，青少年時期的一切玩物，也一如阿里巴巴所得之奇寶，神奇般地重放起光彩來，凡經他的雙手摩挲後，似又重新著妙生花了。如寫於六十年代的一篇題目叫〈說匏〉的文章，竟被壓了幾十年之久，一經他修訂刊出，從此，那匏器又重現出了寶葫蘆般的光彩。

王世老最近還對筆者興奮不已的說：「你看，天南地北，現在到處都有匏器之種植了，它成為了一種重要的工藝品，價值越來越高！」的確如此，比如，有一北方窮地的農戶，在王世襄的指導下，一年收成就有十多萬。你看，有一張照片正記錄了當王世襄與種植農戶張金通師傅一起站在葫蘆架下，當他看到一度失傳的葫蘆種植工藝，又重新在神州大地上得以恢復，他真是笑顏逐開。

一九八〇年代，改革開放進一步得以深化，在政治上，國家從多方面妥善解決歷史遺留的問題，調整了各方面的社會政治關係。在經濟上，廣東省的深圳、珠海、汕頭和福建省的廈門設置經濟特區。在整個國家向著文明進步發展之際，王世襄在北平的生活已有了很大的起色。如果，我們今日用圖來說明生活狀態改變的話，有一幅照片，正是記錄了王世襄在「文革」結束後的歡樂日子。那是一些昔日的好友們，又能常常相聚相晤了，照片記錄的是在三聯書店總經理、出版家范用家中歡聚的場景。你看，王世襄博學多才，但他卻又是一位美食大家。有著美食家之稱的王世襄，這下可又派上了用場，真猶如當年他與老舍先生在美國相識時，他快樂地做菜。他與眾多文人朋友相聚，他左手拿盆，右手拿筷，笑眯眯地正在下鍋掌勺，這足可印證了十一屆三中全會後，那段記憶中的開放的日子。

一九八〇年代後的一天，王世襄忽然接到一位美國朋友電話，說中午要到王世襄家吃飯。且這正是王世襄三十年前與這位外國朋友的一次君子協定。當時，王家突接電告，毫無準備且時間又緊，只能用熟菜和罐頭來接待自大洋彼岸來訪的客人了事。又隔了一年，那位熟悉的美國朋友，又到他家來。當時已是冬令，文人美食家王世襄，即親手做了幾個冷碟給他嚐嚐；其有南味的酥魚和羊羔，福州的炸油菜松和冬菇冒筍，有北平的炒素菜絲和仿蝦米居的野兔脯，浙江的糟雞，還有糖醋辣白菜墩、醬爪炒山雞丁等。

王世襄能親自做出怎麼多可味的中國家常特色菜，而且那中國菜，經王世襄之調理，色香味齊全，這次他的美國朋友，終如願以償，就像演化了一次魔方，可真讓這位遠方的朋友，佩服透了，同時也讓王世襄這位美食家，爭回了中國菜肴的特色與榮譽。一九八三年十一月，王世襄曾以特邀顧問，參加了北平人民大會堂舉行的全國烹飪名師技術表演鑒定會。他從此寫了許多飲食的詩歌、美文，引得國內外讀者常讀常鮮，只引人無限豔羨。

說起這位有學問的美食家，有一事，應在這裡記其一筆。二〇〇八年四月，正是北平草長鶯飛的好時節，筆者專程赴京與他作訪談，早上去他家，相談到了中午，發覺在京已居住了八十多年，平時講的是一口京腔；可是，當和我這位南方鄉後輩交談時，他卻又能講一口南方濃軟的吳語，有時還夾帶著上海本幫話。這興許是他祖父王仁東，晚年居住上海；父親早年也畢業於上海南洋公學，老上海對他有很深的淵源之故。

九十四歲的他，還非常好客，真有古風「有客自遠方來，不亦樂乎」之精神，他定要請我們吃飯。看他坐著輪椅下電梯，到馬路上下地，就自己推著輪椅走。我們跟著他走到了王老家附近的一家名為「義和雅居」的餐廳。甫入座，令我驚詫的是，當女服務員請他點菜時，他卻不緊不慢地從老式藍布衫的口袋裡拿出一張紙，原來他早已在我們不知不覺中，事先親擬好了一個菜單，那刻，他手持菜單一一詢問某食材有否？並開始交代一道道菜的具體做法。女服務員與店經理一見如此，慌忙將大師傅喚來。只聽王老向廚師問道：「有鮮蘆筍嗎？不是那罐頭的，而要新鮮的……有鮮蠶豆不？是剝兩層皮的那種嗎？……再來一隻烤鴨，可要按傳統刀法片，不要太油膩，然後拿那鴨架燉娃娃菜吃……另要一個家常豆腐，得少擱辣，多擱郫縣的豆瓣，白斬雞有嗎？……」

聽著王老與廚師這一番對答，已令我們大家暗自嘆服，同時也讓我知道所謂美食大家，便是並不隨著餐廳的菜單來吃，而自有「吃主兒」的主見，講究的是新鮮的食材，只求味純，並不求貴。一如汪曾祺、陸文夫，台灣的逯耀東等美食家，無不如此。

席間，王老談起自己在湖北咸寧「五七幹校」時，艱難時刻也體現美食家形象，善待自己。採蓮蓬、吃蓮子，一氣買十四條公鱖魚，自創了空前絕後的「香糟蒲菜燴鱖魚白」之美食菜肴。真可謂地上事物，只在他的食中，創造了《幹校六記》外的另一種記事。然而，對比記憶中的味道，王老也感歎菜肴的味道今不如昔，餐廳為了經營不斷推出各種花式菜肴，卻喪失了原有的口味，很多食材如新鮮蝦仁、大開洋、鱖魚等也因生存環境的變化而難覓蹤影。最後上桌的是最具京味的烤鴨，餐廳為吸引食客眼球，讓廚師現場將烤鴨片成薄片，根據王老的傳統片法的要求是每一片都連皮帶肉，而不像時下大多餐廳裡片烤鴨一般是皮肉分離。烤鴨過後，端上的是王老的獨家菜式：鴨架燉娃娃菜，只見湯汁呈奶黃色，味道醇厚鮮美，娃娃菜也已燉得軟糯甘甜且吸足了老鴨湯的鮮味。王老對自己這一獨創菜式十分得意，開心地對餐廳經理和大家說：「這道菜式可加進菜單裡，一般人啊，都不在意這鴨架，吃完烤鴨便完了，其實鴨架燉湯真是鮮美無比。」用看似不起眼的食材，做出令人讚歎的美味，比用昂貴的食材烹調，更耐人尋味。

那日，最令我深感驚異的是，當憶念起那幹校的日子時，老人沒有去訴說身心的痛苦，反而只銘記了其中的幽默與快樂。從飲食之談，一掃往日多少坎坷愁緒、多少磨難。其實，在他的一堆《錦灰堆》著作裡，不是早已清楚地向我們寫著：他與夫人袁荃猷最後決心走出一條自珍之路，那就是說用十年、二十年、甚或三十年，默默地幹，最後，讓「世人終漸識真吾」。如今，他已經把一章章事，那自已想做的經緯分明東西，都做到了。無論在中國乃或世界的人生舞台上，只要你在網上一點一查，立馬讓我們切實地瞭解王世襄說到的，都實現了。真可謂達到了「莫愁前路無知己，天下誰人不識君。」

真的，那席間聽著王老點點滴滴的回憶，雖沒飲多少酒，但卻讓人暈乎乎的，有點兒動情，似看到了一九七二年那些個多麼不平靜的日夜，以及他在咸寧甘棠鄉與牛犢在一起的身影。雖如彈指一揮，時間悄然地過去了三十六年。那時日，在他生命之旅上，不知是夢，是癡，是醉，是謎嗎？我想，於博學多才的王世襄身上，似乎都不是。但是，如不是他在人生的骨節眼上，挺過來並昂首走著，那對於他的人生，就又是另一番景象了。

二、幾度春秋一盞燈

八十年代，開放初始，作者有稿出書，並非易事，所以只要有出版社願意出《明式傢俱研究》，王世襄甚至願把辛苦收藏了一輩子的明式傢俱全交給出版社，作為出版費用也同意。故當時的香港三聯與他聯繫出版事宜時，王世襄毅然就答應了香港三聯所提出的條件。

想當年他收集明代傢俱時，尚是青壯年，如今為要出版明式傢俱的專著時，已頭白、目衰，王世襄年近古稀，似有隔世之感。但他還是拼著老命全力以赴，靠的是他年青時打下的體質壯健的基礎。但他整整用了兩年時間，訪求實物，延聘名匠，將家中所藏明式傢俱修飾完整，又四處求借，全用彩色膠捲拍攝。他還撰寫了長篇論文《明式傢俱概述》，作為該書的前言。

王世襄對明代傢俱視為至寶，這已是人所皆知。經過近四十年的搜集，王世襄精心收藏的明式傢俱，不乏有數百年歷史的精品，堪稱絕世瑰寶。明式家俱國內外有許多收藏者，但既要花幾十年收藏，又要對他開展學術性研究，並最後把這些歷史器物的藝術價值，撰寫成書公佈於世，這就不是一般人可做到的事。他深入到明式傢俱的內部結構、材質及製作等方面的研究，使今人認識到古代名匠高手們，所遺存下來的器物，有著重要文化價值與審美藝術。這些倖存下來的傢俱，終在王世襄筆下復活了。作為學者，王世襄的最大心願，當然就是把自己研究明式傢俱的成果結集出版。

一九八一年，他將自己四十年的研究心血《明式傢俱研究》投交了文物出版社，並附有圖片數百張。這期間，三聯書店香港分店讀到了王世襄關於傢俱研究的多篇論文，同時在得知王世襄有這樣一部書稿後，他們於一九八二年主動要求與文物出版社共同合作出版。

一九八五年秋，這本定名為《明式傢俱珍賞》的大型圖錄出版，問世後很快引起轟動，遂引海內外學術界和收藏界廣泛關注。一九八五年九月十四日，一天之中，香港幾十家報紙，都用大量篇幅報導了《明式傢俱珍賞》的出版。僅僅從一九八五年至一九八八年的三年間，就有包括台灣中文本與盜印本，以及英、美、泰國等不同的出版社的英文本、法文本、德文本的九個版本問世，成為中國改革開放以來在海內外最具影響力的文物圖集。

但是，就在一九八五年八月，王世襄到香港參加《明式傢俱珍賞》的首發式後，得知文物出版社已於一九八四年九、十月間與香港三聯簽訂「協定」，將《珍賞》和還沒有出版的《明式傢俱研究》兩本書的「世界各種文版版權」轉讓給了香港三聯書店。王世襄聽到這消息後，十分驚訝，他知道「世界各種文版版權」對一個作者來說，就是把著作權交給了別人。

文物出版社通過「轉讓」他這兩本書外文版版權，為的是能從香港三聯那裡得到中文版的《明式家俱研究》內頁印張一千五百冊，中文版《明式家俱珍賞》內頁印張一千三百冊的利益。雙方均沒有經作者所認可的「協議」，只是由文物出版社的總編輯王代文，「香港三聯」的經理蕭滋，兩人簽字而成。

回到北平後，王世襄以直接損害了作者的利益向「有關部門」反映此出版實情。然而文物出版社，也向上級機關反映。至此雙方馬拉松式的爭論拉開了序幕，書的作者與出版社，均各自向有關部門反映了情況，以至驚動了中央統戰部、文化部、原國家出版局、國家文物局等上級部門。

由於這不愉快的出版事宜，王世襄決定將《明式傢俱研究》的書稿，從文物出版社撤回。一九八六年五月，文物出版社再次向上級打報告，同意王世襄撤回《明式傢俱研究》一書的書稿，但提出王世襄必須賠償出版社的為出版此書所付出的「損失」。但雙方沒有達成這樣的協定，王世襄的書稿，文物出版社仍不退還給他。

一九八六年六月，香港三聯書店的負責人蕭滋到北平，此行除了和王世襄及文物出版社進一步洽談出版《明式傢俱研究》外，就是蕭與文物出版社在應付王世襄方面達成一致。一九八六年六月十七日，文物出版社、三聯書店香港分店就「關於合作出版《明式傢俱珍賞》和《明式傢俱研究》兩書未盡事宜，簽署了一份『會談紀要』」。但「會談紀要」其實是玩了偷換概念的把戲。

另外，蕭滋這次來北平也與王世襄簽訂了一份出版《明式傢俱研究》的合同。王世襄曾與筆者談起，當時他同意仍由「文物」和香港三聯合作出版，他同意將《明式傢俱研究》的版樣於一九八六年底以前畫好，待本人蒞港出版學術討論會時過目，能於一九八七年六月底以前出版。這對王世襄來說，這完全出於「忍痛」與「忍讓」而做，唯一的希望，是待《明式傢俱研究》能早日出版問世。並因在當時，曾得到蕭滋先生的許諾。

但至一九八七年八月，《明式傢俱研究》仍未出版，王世襄「一再函詢」，對方一再推延，這讓老人十分失望。八月二十三日，王世襄同時給文物出版社和香港三聯書店寫了兩封長信，要求撤回書稿，言辭激烈而沉痛，他寫道：「《研究》發稿你們一再拖延，和《珍賞》的晝夜加班，克日完成，形成了鮮明對比。」同時說，「三聯書店的一而再、再而三的拖延推遲，已不能取信於人，和本人希望《研究》能早日出版問世的初衷，大相違忤，因此也就辜負了我忍痛同意仍由你們兩家合作出版所作出的犧牲。請不要忘記《研究》早在一九八二年已經脫稿，準備出版，只是為了滿足你們要先出《珍賞》的要求，才把《研究》壓了下來。算一算，此書的出版已經被你們耽誤了五年了，你們對得起用了四十年才寫成此書的老作者嗎？！」

老人的信，遭到了冷冰冰地拒絕。王世襄於九月十七日，再次致信文物出版社，要求索還書稿，但仍無下文。而香港方面的態度似乎稍有不同，在他們多次解釋後，王世襄同意《明式傢俱研究》延至一九八八年九月出版，但王世襄明確表示，如到期還不能出版，一切責任及後果將由三聯書店承擔。但這次香港三聯書店仍違了約，於是老人的希望，再次落了空。萬般無奈之下，總得找個說理的地方吧。一九八八年八月二十二日，時年七十四歲的王世襄，終向北平市人民政府版權處提交了一份書面陳述。

王世襄於陳述中說：

「文物社」與「香港三聯」所定合同第七條，文物社將兩書的世界各種文版版權轉讓與三聯的規定，超出了專有出版權範圍，嚴重侵犯了作者的版權，並且對作者的稿酬給付，未作任何規定，也侵犯了作者的版權。鑒於上述理由，本人對文物、三聯兩社已失去信任，故要求收回《明式傢俱研究》一書的稿件；除已出版的《珍賞》中、英、法文版，不予追究外，其餘文本版權屬於本人，不經本人同意，任何單位或個人不得翻譯出版。

但文物出版社對王世襄索還書稿的要求，仍不同意。依然是書稿可以收回，但必須向文物社賠償「損失」。面對如此「強辭」，王世襄毫無辦法。他求助了不少人，大家都對他表示同情，但面對現實，連中國當今最權威的知識產權專家，似乎也無可奈何。

一九八八年十二月二十七日，在北平市人民政府版權處的調解下，王世襄與文物出版社簽署了「調解協議書」。兩個月後，《新聞出版報》這樣報導：「當北平市人民政府版權處召集雙方調解時，王世襄已感心力交瘁，當文物出版社提出要一萬五千元賠償費時，王世襄毫不猶豫地同意了。」

這樣不愉快的事，時隔十數年後，老人最後說，「我今年已經八十八歲了，對一切事物都看得很淡，可以說更無所求，因此決不想再掀起什麼波瀾，不想謀求什麼經濟上的利益。如果是為了這些，或者為了出口氣，我早就自己寫文章了。但是，今天我覺得把這件事的經過，實事求是地講出來，是值得的，可以讓大家借鑒，可以提醒大家，弘揚文化、鼓勵寫作，保護知識產權是十分重要的。《著作權法》對我們每個作者都是很重要的。」

人事轉換，世道滄桑。回首過去，王世襄與出版社的這起版權糾紛，反映了當時中國作者與出版社相比，普遍屬於弱勢地位。有權威人士評論說，中國曾有相當的歷史時期，在文化藝術、學術研究和科學研究方面發展緩慢，而中國少有世界級的、有創造性的成果問世，與作者的權益不能得到有效的保護不無關係。近年，中國保護知識產權的力度不斷增大，成績也有目共睹。現已實行了十年的《著作權法》做了一定的修訂，中國也加入了ＷＴＯ，出版界和作者都將有更清晰、更公平、更有效的法規可以依循。

但願王世襄老人十幾年前的這次遭遇，再不會在中國其他作者身上發生。當然，真正要在人多地廣的中國，全面做到享受知識產權的保護，還將期待時間的考驗。這出版事看來與王世襄人生大事關係不大，但在王老晚年之經歷上，卻是震動他心靈不小的遭遇。

筆者至今年（二○○八年）九月八日，王世襄還為這件出版糾紛，特地從北平寄來掛號信一封。寄出時間是九月一日，收信九月五日，內附幾個資料：一是香港董橋給他的信，二是《中華讀書報》一張（關於這次有關著作權的訪談刊出）。另附了當年由他用毛筆親書的上訴信。他還告我，憑著一種正義之心，認為應在他的傳記中有所表述，以鑒後世。筆者確也被他那種獨立之人格精神所感動，因為，已是九十四歲的一位老知識分子，可以說，他絕不是為了幾個錢，也並非為多幾本樣書的問題。他要的是：他用一生孜孜以求的一種人間的正義，他要討回的是一定程度內，作為一個著作者，應有的自由和獨立的人格記錄，與及著作人必須的知情權。說真的，當收到他用特大信封所裝的信時，我確是懷有一種深歎之情，來讀王世老所寫之信，以及關於這次著作權風波的報導。

一九八三年，王世襄到英國訪問，「維多利亞・艾爾伯特」博物館熱情地接待他的到來。當離別時，那裡的專家們都非常誠懇地對他說：「如果，你有幾本書不寫出來，供大家閱讀，那你等於是犯罪！」

他們指的就是王世襄終身喜愛的蟋蟀及其用具、所養冬蟲及其葫蘆、鴿子及其鈴哨、還有養狗、獵獾等等。所以王世襄回國後，就準備著手撰寫。當然，外國人對王世襄的這些足以能反映中國文化的人與事，充溢著無限的興趣，因為那正是反映了我國數千年的民俗文化。當然，那時的中國人自已，還尚未把這些玩意兒作為一種文化，更沒有意識到還是世界人類共同的文化。

對於王世襄個人來說，架鷹遂兔、養鴿放飛、秋鬥蛐蛐、冬懷鳴蟲、範匏繪葫等，自少年至今耄耋之年，永遠是一種熱愛、僻好。他在中學、大學期間常玩，而且在讀燕京大學研究生時，他還提筆寫過一些有關他捕鷹、馴鷹、放鷹的紀實性文章，發表在當時北平的《華光》雜誌上（一九三九年第一卷四期、六期，一九四〇年第二卷一期）。直至到了一九九四年，他年屆八十歲，還依依不捨，好似又重回了昔日的青少年時代，那在大野中弄鷹的美好而歡樂之時光。他又重新改稿撰寫了〈大鷹篦〉，發表於《中國文化》雜誌上。他在文中無不用「賞其神俊」之口吻，談到了昔日其親歷的打鷹、相鷹、馴鷹、放鷹等種種令人神往的故事。

在筆者幾次相訪於他的迪陽公寓時，王世老總向筆者談起以往他相鷹、馴鷹的種種經驗與體會。他曾眉飛色舞地說：「我永遠忘不了鷹遂兔子的情景。你看，兔子在前，緊追的是鷹，鷹擊長空。一隻好鷹，它總能知兔之去向，一會兒翻身入空，一會兒兩翅一束，尾巴朝天，即刻又閃電般地俯衝下來，只見兔子往上跳，鷹旋下落，互相糾結在一起，但兔那有逃脫的機會啊！……」王世裏在〈大鷹篇〉一文的最後還不忘當年情景。他說：「我愛鷹，舉著它已覺英俊颯爽，奕奕有神，更不用說下地捉兔了。」

一九九〇年十月，由於他的《明代傢俱研究》等書在國內外影響深遠，王世襄受美國之邀又去美國費城美術館，作有關中國傢俱的學術報告，受到各界熱愛中國傳統文化人士的歡迎。而美國的碧波地博物館，對他更是青睞有加。始建於一七九九年的碧波地博物館，已有二百多年的歷史，而且是從那時一直持續開放到如今，說它是美國最早的博物館，也不過份。

碧波地博物館中國藝術文化部主任楠希·白靈安，在中華世紀壇世界藝術館舉行的二〇〇八年中國古典傢俱精品展暨國際學術研討會上，他無不感慨地說：「如果沒有王世襄，我們可能不會在這裡！」這句話看似簡單直白，但它包函的意蘊卻是無窮的大，至少說明瞭中國傳統文化在理論上不太容易能使西方接受，但遺存的物化形態的古典家俱，卻深深打動了西方人的心靈。這也同時證明瞭文化的傳播基於人類的共同性。此次活動，彙集了近六十件來自海內外著名私人收藏家的明清傢俱珍品，同時首度公開了中國古典傢俱研究領域的重要文獻，遂引發了兩個人與兩本書關於中國古典傢俱收藏一個世紀的故事。熟悉中國古典傢俱收藏的人，都會對王世襄先生頗為熟悉。他一生致力於中國明清傢俱的收藏研究，被眾多傢俱商和收藏家奉為圭臬；隨著英文、法文、德文等語言文字的傳播，徹底改變了中國以及國外對古典傢俱收藏的市場格局。

正如中國古典傢俱專家、曾任紐約蘇富比拍賣行高級副總裁的拉克·梅森所言，二十世紀八十年代，隨著王世襄著作的發表，中國傢俱市場開始發生翻天覆地的變化。他對於中國硬木傢俱不同派系的區分，為傢俱收藏愛好者和研究專家，提供了思考中國明清傢俱的新視角。八十年代中期，中國傢俱（主要是硬木傢俱）開始出現在拍賣行和經銷商的店面裡，其拍賣記錄不斷成為報刊的頭條消息，中國古典傢俱實現了真正的「文藝復興」，從而使中國古典家俱，獲得了新的生命的動力。與此同時，港澳和內地的傢俱收藏愛好者也開始以回購方式介入明清傢俱收藏，其中代表人物如葉承耀。他受王世襄的啟發，從一九八八年開始轉向中國古典傢俱收藏，並在香港大學主辦了第一次明式傢俱私人展覽，展品有六十八件之多。從一九九一年至今，他收藏的明清傢俱已達兩百多件，並且已經在歐洲、美洲的四個博物館、香港四所大學舉辦過二十次展覽。

中國古典傢俱作為中國文化的承載者，曾經一度被人們遺忘。但是，於百年收藏史上，出現了像王世襄將其深刻的文化內涵、卓越的藝術成就，展示給後人使中國古典傢俱成為了中國自身文化與西方異文化的「接合點」，從某種意義上說，「王世襄」三個字，成了花開幾度的一盞不滅的明燈。

三、幾十年後再見

歷經五十多年的滄桑，王世襄走了自己為自己設計的「自珍自愛之路」，他埋頭苦幹，歷經幾十年，特別是近三十年，經他編寫出版的書籍多達幾十種，而且都引起了國內外極大的反響。二〇〇三年度荷蘭「克勞斯親王最高榮譽獎」最後揭曉，將頒發給王世襄先生，以表彰他對中國工藝專業和他創新性研究的成果。因其在通俗文化和工藝品方面的研究與保護方面，做出了突出的貢獻。

「二〇〇三克勞斯親王獎」的主題是「工藝的生存與創新」。王世襄是獲得此殊榮的第一位中國人。為了表彰他「對中國工藝的專業與創新性的研究」。克勞斯親王文化與發展基金會會長安克・尼荷芙女士說，王世襄專長於對中國傢俱設計、技術和歷史的研究，創造了獨一無二的收藏，他的收藏使世界各地的博物館、手工藝者和學者得到鼓舞。

最高獎的獎金額，為十萬歐元。此獎所得的十萬歐元（約合九十多萬元人民幣）獎金，殊不知王世襄在得此獎後，其第一個願望，就是將用這筆獎金來建設一所希望小學，以推動貧困地區的中國教育事業。二〇〇三年秋天，王世襄對獲得此項殊榮，感到非常高興並來之不易，他認為自己六十年來的研究成果，在很大程度上歸功於妻子袁荃猷的支持。所以，王世襄說：「儘管妻子不幸剛剛過世，但她已經知道我將榮獲克勞斯親王最高榮譽獎，她十分贊成我將全部獎金，捐給希望工程，並建立一所『中國－荷蘭友好小學』。」

二〇〇六年六月一日，在溫家寶總理的親切關懷下，經有關部門的通力合作，王世襄的願望終於實現，「武夷山中荷友好小學」正式落成投入使用，這是他一生最感欣慰的事情。

為此，曾任牛津大學教授的柯律格（Craig Clunas）特地撰寫了〈一個英國人眼中的王世襄〉一文，這位英國學者以熱情洋溢的言詞，講述了王世襄一系列在中國從未有人寫過的著述，同時高度評價了其學術成就。這位英國學者說：

當王世襄剛滿七十歲時來到英國，當時，我是一個羽毛未全的青年，在維多利亞・艾博特博物館擔任管理員，負責博物館名貴的中國傢俱。如果我現在站在這些傢俱，或其他中國展品之前，讓我想起的第一件事就是那時王世襄告訴了我些什麼。

由此，他不無激動地說：

當我站在一張大家都認為不錯的畫之前，王世襄會冷漠地說，他可以畫一張比它更好的畫。我仍然可以聽到他在一件漆器前，給我講漆器上的裝飾是什麼？這裝飾卻是遙遠的唐代的，可對他來說卻是瞭若指掌，但在我則是一無所知。在我的記憶中，他的嗓門中，從來沒有半點要人領情或不耐煩的聲音。眾多的知識使王世襄感到樂趣，而這些樂趣的知識通過他的著作，又傳播給了國際觀眾。他本人也和大量的國際人士接觸，使他們瞭解他。我真感到萬分榮幸，我也是其中的一個。

這位與王世襄相識多年，上世紀八十年代，他便在英文刊物上發表介紹王世襄的文章。這位英國人在文章最後還說：

千萬不要讓我們弄錯，王世襄保護文物絕不是為了自己。一個真正的愛國者，有信心認為中國文化遺產，是全世界都應該保護的。王世襄這位大學問家，對他花費了極大的時間和他極豐富的知識，毫不吝嗇，這顯示出他在不同文化間的交流中的突出才幹，從而使他成為最高榮譽獎無愧的獲得者。

二○○三年十一月二十六日，中國嘉德拍賣有限公司開槌的「儷松居長物——王世襄、袁荃猷珍藏中國藝術品」拍賣專場，計一百四十三件藝術珍品，全部落槌成交，無一件流拍。僅竹雕器就推出十四件，百分之百成交，最貴的一件「明朱三松竹根雕老僧」，竟拍出了兩百六十四萬元高價。競拍者頻頻舉牌，甚或不給拍賣師報價的機會，有的珍品成交價，高於底價達十倍或二十倍以上，這次拍賣專場，可謂氣勢如虹、亮點頻頻。總成交價達六千三百多萬元人民幣，創造了中國拍賣史上的一個奇蹟。爾後，當人們稱他為大收藏家時，他每次逢人便說：「以我之家庭背景、個人經歷，實不具備收藏條件。如果要說收藏，古代名家姑且勿論，近現代收藏家者，比如朱翼庵先生之於碑帖，朱桂辛先生之於書畫，周叔弢先生之於古籍……」王老總謙虛地表示，「我不是什麼收藏家，僅是一位普通的收藏愛好者。」當然，如以這次拍賣相比，其實，人們說起王世襄的，還是他留於後世的《明式傢俱研究》，這部圖文並茂，兩斤多重的精裝大書。今天的人們，都很難想像那部《明式傢俱研究》後面，有一千多條名詞解釋，這都是王世襄拼著三十年的精力，整天和普通工匠們吃在一起、研究在一起，才能寫出這樣的書來。那時他們一起冬天穿著棉襖，夏天穿著褲衩背心，一起共辛苦，才成就了這部天書的聞世。也許，這才是王世襄一生珍藏的亮點。

此次拍賣專場上所展示的「儷松居長物」，有古琴、銅爐、佛像、傢俱、竹木雕刻、匏器等，皆為王世襄、袁荃猷夫婦傾半生精力孜孜以求，精心選擇的文物精品。王世襄老先生為何要拍賣自己幾十年的收藏。據黃苗子先生透露，王世襄說：「儷松居的珍藏，也應有個更適合的安排，使之能發揮多一點社會文化效益了。」也許這就是王世襄為何要籌辦這場拍賣會的原因。

王世襄在收藏這些藏品時，既無顯赫的社會地位，又無雄厚的資金支持，全憑自己的學識與眼力，點點滴滴集腋成裘，其間付出的心血與精力非「甘苦」二字可以道出。這些藏品不稱王世襄收藏，而稱「儷松居」收藏，這裡又蘊含了王世襄、袁荃猷夫妻之間相濡以沫的深厚情感，因為，畢竟這些藏品都是為王世襄夫婦所喜愛之物，不論其貴賤，不管其花了多少的精力；如所藏唐「大聖遺音」伏羲式琴等唐、宋、元、明古琴，皆是袁荃猷一生善撫之古琴。我們說，袁荃猷十四歲即師從汪孟舒先生學琴，造詣極高，後又經古琴國手管平湖先生親授，琴藝更臻精進。此古琴至今已在他家有五十五年，長長的時光流逝，除「文革」十年被抄家掠走外，一直與他們夫婦倆，須臾未與分離，可以說，每根琴弦上無不寄託著王世襄、袁荃猷夫婦之情懷。真一如唐代詩人李商隱之詩「錦瑟無端五十弦，一弦一柱思華年」，這「大聖遺音」上的每根琴弦，跳動的曾經是他們夫婦倆精神的肉體的，以及各種與他們生命有關的苦難與歡樂的經驗相關。真是只能意會，不可言傳了啊。（我們從袁荃猷未刊出日記也可見其一斑）

王世襄先生原住地朝內南小街芳嘉園十五號，是一個百年舊居，但「文革」中，芳嘉園被擠佔了多間，被房管部門安排入住者，人雜各戶，如有鐵匠，日夜捶打，使人不能入睡。王世襄一直提心吊膽，因其辛苦一件件收下的明式傢俱，正堆在一室，而後牆外都是油氈頂的小廚房，一旦失火必使那些明式傢俱付之一炬。他日夜思念並不放心的就是這事。無奈之下，他首先找到的就是國家文物局局長張德勤。他問局長：「我把傢俱捐獻，你能給我多少報酬？」張德勤說最多給他一百萬。張德勤認為，王世襄住的芳嘉園被「刮共產風」時給「共」了，住進許多人家，院子裡又蓋了許多小房，把二位老人擠進三間北屋。袁荃猷就在明代大案上烙餅、擀麵條，他確實困難並需要錢來買房子。他完全可以理解一個知識分子的苦衷。即使對老屋有著無盡的眷戀，也還是無法再居住下去，更何況許多珍藏，沒有落足之地。張德勤雖然身為國家文物局局長，他還是建議王世襄，不一定要把傢俱捐給故宮博物院。因為，故宮博物院寶物太多，捐到那裡不能發生作用。

那時，上海博物館新館剛落成，開闢了傢俱專館，是最適合在上博落戶的。頗值一提的是，上世紀八十年代後，美國一個基金會的主持人羅勃・波頓，已經願意出高價，收購王世襄的明代傢俱。因為他們寧可拍賣掉收藏的歐洲古畫，且他們已花了旅費一百三十多萬美金，早在北平、上海、深圳收購明式傢俱。

正值此時，香港友人莊貴倫先生（上海人）為紀念父輩，也願出資購買這批傢俱，捐獻國家。但莊先生顯然財力不足。但對於這件事，他們之間進行了商洽，王世襄告訴我說：「其實，很簡單，當時只有一個條件，即《明式傢俱圖錄》上八十件傢俱，要對方一件不拉地捐獻給上海博物館。而我只要以十分之一的價值出讓即可。而這十分之一的錢，只要能夠購一住房，以讓我搬出原老居，可供遷居即可。」莊先生聽了王老之話，當然很高興。以最小的代價獲得，並以此得以紀念父輩。

當然，這裡還有一段小插曲，那就是《圖錄》中只有一把椅子，世襄先生連同其他未入圖錄的三把椅子，最終也讓出來給了上博。其中還有一個小馬紮，王世襄已經送給了老友，但老友看他把傢俱轉讓出去，自家沒有東西，太孤單寂寞了，又把馬紮歸還，以讓王老自已留有紀念，但是，世襄先生最後還是把它轉給了上海博物館。王世襄曾不無風趣地說：「你看，那四把椅子在我家沒地方擺開，現在可以在另一個場所，讓它們伸開腰舒展了！」這話，無不說明瞭，王世襄早把他多年收藏的古典家俱，已當作自已珍愛的兒女了。至少他早已愛著它們，生活裡也把這一切當作擬人化的世界。

「我自得之，我自遣之。」在處理明式傢俱時，王世襄常說這樣的話。我想，這也許就包涵了王世襄說到的一個思想，他曾說：「燕京的教育簡要地說，就是讓學生自由發展，自已選擇自已的道路，從來不試圖左右學生的思想。」對於他收藏明式傢俱一輩子，最後由自主處理的結果看；也可反映出了他曾經受到過的燕園精神的一種體現。正如他於二〇〇八年八月三十一日，在給筆者一信中所說：「我八十後，完全走『自珍』的人生道路，一切由自已作主！」這明代傢俱交上海博物館珍藏，讓後世人永作觀賞、研究，確也是一個「自珍」思想的實際反映。另則，我想，王世襄把自已用畢生心血珍藏的明式傢俱，藏放於上博，其最高思想、真正的境界，是多麼期望後人通過對傢俱的研究，讓世人真正瞭解中國文化藝術的深刻內涵。而中國古典傢俱之藏品，只是一種形式，一個外殼而已。

總而言之，王世襄在中國傳統文化上的最大貢獻，是在明式傢俱上的研究、在中國古代髹飾錄上的巨大成果。這些方面頗具精識的考證，無不給中國文化的研究，提供了更廣闊的空間，特別是他在中國文物上的實踐和考據。他比同時代人在文博上的研究，更上了一層樓；他絕不受一個時代的局限和束縛，進而為現代中國文化史，作出了巨大的貢獻。當然，王世襄以六十年（按中國人說已達一個甲子年）的辛勤勞動寫出的著作，其內容可謂博大精深，大體上可分為：傢俱、髹漆藝術、竹刻、各種工藝、皇家建築與匠作則例、書畫、雕塑、音樂、往事回憶、體育、烹調飲食等等。這是他主要的研究內容。另尚有園庭歷史、考古學、旅遊、大量的詩歌作品。誠如邵燕祥先生說的：「王老厚積薄發，堪稱淵博，而他所做學問，不知是否前無古人，看來是後無來者的。因為時逢前現代與現代轉型之際，因出身書香門第，深受傳統文化薰陶，又經燕京大學沐歐風美雨，大自傳世鼎彝，下至蟋蟀傢俱，研究起來自然別有眼光，非他人所能替代。王老淹通博物，固勿論矣，至其書法及詩詞的造詣，似尚未有足夠的重視，實應注意及之。」

香港董橋先生也是王世老的知音，也曾說：「在佳木名器美食的園林中遂聲遂色遂香數十年，王世襄已經不是收藏家：坊間文物他都看不上眼了。他也不是鑒賞家：全世界著名的公私博物館都在他肚子裡了。他更不是研究家：值得研究的雅俗文化他都浸淫過了。」

這些中肯的評說（當然，對他的評說尚多，在此不多贅述），綜觀之下，王老在學術文化上之建樹，除了有令人豔羨的才學，別人所難於企及的家學，亦有令人歎謂的幾十年坎坷的人生逆境之磨難，甚或有著令人難解的冤案屈辱。但其學問與品格，將為後人銘記，他平生心血，即「對中國工藝的專業與創新性的研究」，以及對即將失傳的中國文化特立獨行的研究成果，必將成為後世之典型。

也許，人生便是如此，王世襄原因喜研究古代藝術，曾一心想去敦煌未成，後因對「三反」處理不公，提了意見而又打成右派，兩次的人生打擊，遂與老伴毅然另闢蹊徑，決定走「自珍」之路，用他自己的話說：「讓我們行之幾十年後再見！」果然，三十年之後，他成了中國「二十一世紀能出現魯迅、巴金、錢鍾書等人，但似乎很難再出現一如王世襄這樣的人！」

從中國以及世界文化事業發展趨勢觀之，王世襄一生所熱愛的中國文博事業，將會在二十一世紀更放異彩。其人尚在，其著作逞逞四十多部，都可讓我們借鑒、研究；其內容豐富，甄別謹嚴，成績浩瀚。後來者能否踏在王世襄奇人之肩膀上，繼承和超越，更上一層，也許這將由歷史來定。

從這個意義上講，國內外人們對王世襄的人格敬仰和學術研究，甚或對這種文化的每一個注解，都將會延續下去……。但是，他今年已經九十五歲了，今年秋冬之際，筆者去看他時，他已在一所中醫院住院，後又在做血透，看來在人世間大地上，他的人生道路走得也夠累了，因為他生活的二十世紀的中國，畢竟是一個多災多難風雨飄泊的時代。

但是，王世襄在尋找著一種歸宿，那藝術與靈魂的雙重歸宿。他的所有著作以及他所留下的一切，在中國與世界上，決不是一點微波細浪而已，他最大的遺產是人類的生存與創新，以及他的博學、堅定和純真的個性。他構建的大雅大俗並能立足於世界文明之林的中國文化，是多麼的燦爛、優美與質樸。我想，至今他在病塌上，在這寂寞的日子裡，心底定有許多尋思與無窮的回憶，我們但願他不是「壽則多辱」地走完那最後的一站人生之路。因為，對他來說，那大半輩子走的是一條坎坷的人生之路，當然，他對塵世的不幸和痛苦早有認識：

五十八年多禍患，
苦中有樂更難忘。

西山待我來歸日，
共賞朝霞與夕陽。

這便是他所剩不多的時日裡，最後要交給世人的一顆最平靜心。

王世襄年譜

一歲：民國三年，一九一四年。

五月初一日，生於北平芳嘉園，祖籍福建福州。此屋是王世襄出身前半年，由父親擇址所購。座落在北平東城。世襄生前那晚，時居上海之祖父，晚突夢見湘軍統帥之一、洋務派重要首領左宗棠，送他畫像一幀，因左宗棠謚「文襄」故祖父就給剛出生的小孫子，取名為「世襄」。號暢安，小名長安（因生於北平），後常以世襄、暢安名之。王家自祖父一代來京定居，書香官宦之家。世稱「西清王氏」。

高祖王慶雲，《清史稿》有傳，為前清瀚林，兩廣總督，累官至工部尚書。伯祖王仁堪，光緒三年狀元，有名清官，曾任江寧、蘇州知府。祖父王仁東，任清內閣中書，江寧道台。父親王繼曾，一九〇二年留法，一九〇九年回國後，曾任清軍機大臣張之洞秘書。後任職民國外交官，曾任法國、墨西哥、古巴等國公使。一九一四年任外交部政務司司長。一九二四年任由孫寶琦執政的北洋政府國務院秘書長。母親金章，是江南人稱「四象八牛」的湖州南潯名門望族，於一九〇二年留學英國，研習繪畫。

二歲：民國四年，西元一九一五年。

父親任職外交部條約司，工作之餘喜逛古玩店，買些殘缺的古瓷標本。母親持家之外，寄情繪事。在這樣溫馨的家庭裡度過了嬰幼時期。

三歲：民國五年，西元一九一六年。

與二哥世容一起，始從母親識字並時隨母親塗鴉。

四歲：民國六年，西元一九一七年

始於口授《唐詩三百首》。是年十一月七日祖父王仁東逝世於上海。

五歲：民國七年，西元一九一八年。

長兄王世富，字善賞，入清華學校留美預備部。其原配劉氏所生，七歲喪母。

六歲：民國八年，西元一九一九年。

家中聘私塾老師授經史子集、詩詞。父母對學業均重視。

七歲：民國九年，西元一九二〇年。

患猩紅熱病。是年，二哥世容被傳染，二哥生於法國，聰明好學，不幸夭折。秋日，慈母金章寫魚藻畫及荷花金魚軸。現存故宮博物院。是年，全家離京，父王繼曾（號述勤）出使墨西哥公使。王世襄隨母到上海，居舅父家（上海閘北仁和裡）。五月，曾隨母小住南潯外婆家，也曾隨母遊杭州、普陀。大舅金城與周肇祥等人在北平發起創辦《中國畫學研究會》，母親金章（號陶陶）任評議。

八歲：民國十年，西元一九二一年。

王世襄對經史之類興趣不大，卻特別喜歡詩詞，能背誦李、杜詩詞。始讀《杜甫集》。

是年，王世襄仍隨母居住上海。

九歲：民國十一年，西元一九二二年。

父親出使期滿返國，全家又重聚上海。因父親此時正是「待命使節」故正有暇可周遊江南一帶旅行。那期間他們又去南潯外公家小住。

十一歲：民國十三年，西元一九二四年。

是年秋季，王世襄進北平乾面胡同由美國辦的學校上學（此學校是美僑為其子女開設的一家英語學校），由小學三年級始、中學，直至高中畢業，均在英語學校求學，故學得一口流利英語。同時，仍由家館專門教授中國古文、詩詞等。其間，也曾去親友家館受名師指讀。進了美僑英語學校，但喜愛中國古典詩詞，不肯看英文小說，故用英文寫作不及口語。是秋，隨父母親遊覽杭州等地。

十二歲：民國十四年，西元一九二五年。

在閒適的環境中，母親只要對身體有利，任其玩，故當時秋捉蛐蛐、冬養鳴蟲。

十六歲：民國十八年，西元一九二九年。

從清代遺老宮廷運動員學摔跤（拜宮廷善撲營頭、二等撲師學中國摔跤）。當時在京東城一帶小有名氣。

十八歲：民國二十年，西元一九三一年。

是年，由王珍贈鐵針二，粗香一束，開始學火畫葫蘆。王珍者，世居隆福寺孫家坑，其始祖即設葫蘆攤，淺所謂「行活」（火畫葫蘆）在東西廟（隆福寺、護國寺）出售。

二十一歲：民國二十三年，西元一九三四年。

是年秋季，考入燕京大學，始從父母之命入醫科學習。後兩年內因對理工科無興趣，乃因文科成績好，燕大允許轉入文學院。當時燕大附近，王家有一自已的菜園，王世襄因文科成績好，讀書輕鬆，故常有餘時與清代遺民在此相聚，並受影響，除摔跤外，時隨他們訓狗捉獾。

二十五歲：民國二十七年，西元一九三八年。

燕京大學畢業。是年六月考入燕京大學研究院，成為一名研究生。同時開始專心搜集有關中國畫資料。研究生的論題是《中國畫論研究》，為此專心於著述。

二十六歲：民國二十八年，西元一九三九年。

慈母於五月八日逝世，由於這，使王世襄無憂無慮的生活猛然悔悟，這也成了王世襄人生的一大轉捩點。他開始用功讀書，放棄了一些貪玩之好。三年中用功寫作燕大的研究生論文，同時也改變了燕大師生對其原先的看法。

二十七歲：民國二十九年，西元一九四〇年

王世襄結識正在燕大教育系讀書的袁荃猷同學。當時小於他六歲的她，在燕大教育系讀書。袁荃猷正要寫一中國繪畫作教材為畢業論文，經系主任介紹，請王世襄做指導。於此他們開始從相識到相知。

王世襄在《華光》雜誌上分三次連續發表了關於大鷹和老北平玩鷹民俗的研究文章。十月，用英文發表了《關於姚最〈續畫品論〉中的一個錯字》，這是一篇頗具深度的學術論文。

二十八歲：民國三十年，西元一九四一年。

是年六月，王世襄從燕京大學研究生院畢業，以《中國畫論研究》獲文學碩士學位。但因《中國畫論研究》只撰寫至先秦到宋代部分，父親命做事要有始有終，必把此論文認真寫成。故回家專心寫這論文。時值二次大戰，局勢緊張，珍珠港事件發生，爾後，日軍佔領了燕京大學。

二十九歲：民國三十一年，西元一九四二年。

在家撰寫《中國畫論研究》從宋至元明清部分。

三　十歲：民國三十二年，西元一九四三年。

是年秋把《中國畫論研究》一書寫完，擬再做修改，書稿計七十萬字（至元、明、清部分）。用楷書線裝成冊。論文寫完後，父親命離京謀生。因北平已被日佔領，如在京工作有漢奸之嫌。秋告別父親，離京南下。結伴到商邱，穿過河南、過開封，入陝至西安去寶雞，穿過日寇封鎖線，入四川成都。燕大在成都復校，留王世襄任助教，未就。到重慶，見故宮博物院院長馬衡（馬衡與王父小學同學，在京常往來）。馬衡留王任秘書（因當時國內文寶分藏大後方各山洞，王認為任秘書對專業知識無助），故未就此任。

三十一歲：民國三十三年，西元一九四四年。

是年初，王世襄遂決定去川南，先謁傅斯年先生，想進傅主持的中央研究院，但傅對他說：「燕京大學出來，不配進我們的史語所！」於此，經梁思成介紹，進了由朱啟鈐先生創辦的「中國營造學社」。後到距四川宜賓不遠的小鎮李莊駐地。因時值抗戰，許多學術機構，眾多專家學者雲集該地。雖然那小鎮生活艱苦，但可以學到專業知識。梁思成先生留王世襄在中國營造學社，任王為助理研究員。開始接觸宋李誡《營造法式》和清代工部則例等中國古代營造專業知識。在重慶時遇沈尹默先生，因王世襄大舅金北樓與沈有鄉誼，沈老手書王世襄慈母遺稿《濠梁知樂集》，並書寫「儷松居」齋額。

三十二歲：民國三十四年，西元一九四五年。

是年，教育部成立「戰時文物損失清理委員會」由杭立武任主任委員；梁思成、馬衡任副主任委員。沈兼士任教育部駐京特派員兼清損會代表；王世襄任平津區助理代表。十月，恰逢美國紐約大都會博物館館長翟蔭，以聯合國名義，考察戰後中國文物保存損失情況，王世襄任翻譯隨行由重慶經成都、西安、上海考察。在成都期間謁拜了張大千，並請張大千在書扇上題畫。因王世襄將在沈兼士手下工作，（沈兼士是沈尹默胞兄）故王世襄又請沈尹默在扇面上題《踏莎行》詞二首。

十月二十七日從上海回京，兩年的闊別終回北平與家人團聚。十二月，與袁荃猷女士結婚成終生伴侶。時袁荃猷為二十五歲。此時，初識張伯駒先生。

王世襄在翟蔭十一月九日離中國返美結束考察後，即投入戰後調查中國文物損失情況。

三十三歲：民國三十五年，西元一九四六年。

是年七月十日，王世襄兼任故宮博物院古物館科長（正式工作仍是清損會助理代表，不拿故宮工資）。十一月王世襄完成平津區代表之使命。因全力以赴工作，共收回國家文物計六批，其中三批由故宮接收。收回德國人楊寧史青銅器兩百四十件；收購郭觶齋所藏瓷器；追還美軍德士嘉定少尉瓷器；收回存素堂絲繡兩百件；接收溥儀存天津張園文物一批，大小有一千多件，其中有宋馬和之《赤壁賦圖卷》，元鄧文原《章草卷》，元趙孟頫設色《秋郊飲馬圖卷》等。十一月，南京舉辦第一屆文物展覽會。王世襄送戰後清理收回的青銅器參展。因王世襄熟悉英語、懂文物，被派往東京中國駐日代表團，處理追索被掠的中國文物事項，於此開始了另一段追尋中國國寶之使命。是年，向張伯駒先生借閱陸機的《平復帖》進行書畫研究。

三十四歲：民國三十六年，西元一九四七年。

是年三月，王世襄處理運回查明的被日軍從香港掠去的一百零七箱中國古籍善本，古籍運回上海後，鄭振鐸派謝辰生在滬接收。因到日本後的工作處處受阻撓，無法進行，從而結束在日追索工作。從日返回並去南京向清損會杭立武先生彙報工作並辦完手續，爾後，即回北平故宮博物院工作，被馬衡仍任古物館科長。是年，王世襄與夫人袁荃猷、張伯駒、管平湖等一同發起組織北平琴學社，與楊葆元、關仲航、溥雪齋等經常琴會雅集。

三十五歲：民國三十七年，西元一九四八年。

是年五月辦理赴美國由美國洛克菲勒基金會提供的考察一年。六月踏上去美國行程。主要去美國、加拿大考察博物館，學習他們先進的的文物管理知識。

三十六歲：民國三十八年，西元一九四九年。

王世襄在美國、加拿大許多博物館進行考察。當時他每到一處博物館就拍攝中國流落海外的書畫作品。擬回國後撰寫一部《中國在外書畫錄》。惜因多種原因此願未完成（後又遇「三反」運動，在外所攝膠捲上交故宮博物院、後遺失）。是年八月，謝絕報聘在美的教育與博物館工作，終於乘漢陽輪返國，於八月十四日達天津。那時一心想為新中國建設一個更好的博物館而出力工作。

三十七歲：民國三十九年，西元一九五〇年。

此時的王世襄一心想把自已所學到的博物工作的學識與經驗貢獻給國家。到故宮博物館工作後，以忘我之精神投入故宮博物院的各項工作。是年十一月發表〈遊美讀畫記〉（刊載於《文物參考資料》雜誌）但未能施展其特長。是年，在聲勢浩大的「三反」運動中，被送至華北革大「洗腦」，成為被整改對象。此後，參加廣西南寧土改工作隊。當時隊長為田漢先生。

三十八歲：西元一九五一年。

任故宮博物院陳列部主任。當時與朱家溍在馬衡院長支援下，一心想把博物院基礎工作搞好。但此基礎得不到支持。一部分極左思想的人欲把馬衡、朱家溍和王世襄清理出文博隊伍。

三十九歲：西元一九五二年。

是年，中國在全國開展「三反」運動。（即反貪污、反盜竊、反浪費運動。）王世襄在「三反運動」中被定為「重點」，受到不公正待遇。同時馬衡院長、朱家溍，都先後受到審查。馬衡院長當時的管理權，被當時文物局所派黨代表劉耀山掌權。

四　十歲：西元一九五三年。

「三反」審查前後經一年多，證明無問題、清白無辜。但王世襄、朱家溍卻被補誣而關押。後「取保釋放」但被原單位開除了公職。當時只能自謀出路。馬衡院長後來把當時經過寫入日記，爾後馬衡院長也鬱鬱而患癌症逝世。

四十一歲：西元一九五四年。

王世襄經「三反」關押，生了肺病，經半年多治癒後，接受了李元慶、楊蔭瀏兩位所長的邀請，進民族音樂研究作所工作。當時，已由吳仲超任故宮博物院院長，想調王世襄回故宮工作，朱家溍被調回，但王世襄未受，仍留音研所工作。開始編輯《中國古代音樂史參考圖片》，在音研所設計佈置中國古代音樂史的陳列工作。此時，也開始他自已的研究工作。利用夜晚時間，遂漸撰寫他的第一種研究《髹飾錄解說》，此課題研究是由朱啟鈐前輩面授。

四十二歲：西元一九五五年。

是年五月份，父親王繼曾逝世於北平。後把父親與母親金章合葬於京西萬安公墓。

四十三歲：西元一九五六年。

是年四月，王世襄寫的〈古琴名曲廣陵散〉一文發表於《人民音樂》雜誌，該文章是他著力研究了我國著名古曲《廣陵散》以及戰國以來兩千年與該曲有關的文獻而寫成，詳細而系統地考證了這絕世古曲的流傳過程。九月，王世襄還在人民音樂出版社出版的《民族音樂研究論文集》（第一集）中發表了題目為〈傅毅《舞賦》與般鼓舞〉一文。

夫人袁荃猷的《〈神奇秘譜〉指法集注》由一九五六年人民音樂出版社影印出版；後其夫人編寫摹繪《中國音樂史參考圖片》六至十輯，分別於一九五八、一九五九、一九六四、一九八七年，由人民音樂出版社分期出版。

四十四歲：西元一九五七年。

六月王世襄接受音樂所的指派，前往鄭州，與同事合作，利用十天時間對河南信陽戰國楚墓出土的樂器進行考察、測音和錄音，回來後撰寫了〈信陽戰國楚墓出土樂器初步調查記〉一文，發表在《文物》第一期，總結了這次考察的成果。當年五月起，國家號召「大鳴大放」，要求「知無不言、言無不盡」幫助黨整風，號召黨外人士，向黨提意見。王世襄認為自已在「三反」運動中的不公正遭遇及錯誤處理，響應國家之號召，提出了正當申訴意見，但未被認可反而又被劃成右派，是年九月，終被戴上「右派」分子帽子。自此二次所遭打擊後，他與妻子袁荃猷倆人遂決定走「自珍」的人生道路。

四十五歲：西元一九五八年。

王世襄決心埋頭苦幹，開始自已的著述生涯。當時他研究古代名曲後，撰成的《廣陵散》單行本問世。（人民音樂出版社出版）是年五月，並把以前年輕時臨摹、整理的

《高松竹譜》、《遁山竹譜》（手摹明刊本。同書異名，高松號遁山）兩書交由人民美術出版社出版。歷時九載的《髹飾錄解說》研究在朱桂老的重託幫助下初稿完成，後自費油印兩百部問世。

四十六歲：西元一九五九年。

是年五月，王世襄校輯的《畫學彙編》自刻油印本。《雕刻集影》問世。

四十八歲：西元一九六一年。

是年，人民音樂出版社出版了王世襄著作《中國古代音樂書目》一書。

四十九歲：西元一九六二年。

由文化部通知歸隊，王世襄調回到文物口工作。進入文物研究所工作。（此研究所名稱後改了多次）即國家文物局所屬的文物博物館研究所。此年王世襄終被摘掉「右派」分子帽子。《清代匠作則例彙編》（漆作、油作）一九六二年油印本，尚未正式出版。

五　十歲：西元一九六三年。

是年王世襄輯成《清代匠作則例彙編》，因當時出版困難，僅油印兩百冊。原計劃彙集編成十冊。後因文革而未能如願。其中的一冊《清代匠作則例彙編》（佛作、門神作）至一九六九年先由香港中美圖書公司出版，二〇〇二年在國內始由北平古籍社出版聞世。夫人袁荃猷的考古文章《關於信陽楚墓虎座鼓的復原問題》，刊出於《文物》第二期。

五十三歲：西元一九六六年。

中國的「文化大革命」運動開始。是年王世襄受衝擊，當時全國破四舊，凡家中有古籍、收藏、文物、珠寶金銀者均要受到抄沒。為了保存自已平時節衣縮食所收藏的文物與書稿，他主動上門請國家文物局收繳封存。文革結束，被收繳的大部分藏品重新歸還。

五十六歲：西元一九六九年。

文革中被下放到湖北咸寧的「五七」幹校，參加勞動鍛煉。當時是與國家文物局系統的幹部和職工下放的。

六　十歲：西元一九七三年。

是年夏天，王世襄從湖北咸寧回到北平。此時，夫人袁荃猷也從勞動下放地回京，於是在芳嘉園重又團聚。

六十五歲：西元一九七八年。

中共的十一屆三中全會召開，中國改革開放極大地解放了生產力，王世襄的命運與國家命運一樣，也進入了歷史之轉折，他的不白之冤得到昭雪。是年他成為國家文物局第一批研究員，被選為全國第六屆、第七屆的全國政協委員、全國文史館員。

六十六歲：西元一九七九年。

是年「文革」剛結束，王世襄便率先在《故宮博物院院刊》發表〈略談明、清傢俱款識及作偽舉例〉一文，此是他收藏、觀摩轉變為治學研究的開始。

六十七歲：西元一九八〇年。

王世襄編著的《竹刻藝術》一書（書首為金西厓先生的《竹刻小言》），由人民美術出版社出版。四月參加文物局組團赴美舉辦的「偉大青銅時代」展覽。團長為齊光。三月，在《故宮博物院院刊》發表了〈《魯班經匠家鏡》傢俱條款初釋〉。

六十八歲：西元一九八一年。

四月，在北平為聯合國工發組織作有關中國傳統傢俱的報告。夫人袁荃猷的論文《一幅難得的清代蒙古族作樂圖》，由《故宮博物院院刊》第三期刊出。

六十九歲：西元一九八二年。

夫人袁荃猷與向延生合編之《聶耳》圖冊，由人民音樂出版社出版。

七十歲：西元一九八三年。

夫人袁荃猷與齊毓怡合編之《冼星海》圖冊，由人民音樂出版社出版。三月，《髹飾錄解說》一書，經不斷修訂補充，在自費刻印二十五年後，再由文物出版社出版。同年王世襄與美籍華人翁萬戈先生合編的《中國竹刻圖錄》英文本，由美國紐約華美協進社出版。是年，九至十月，應英國維多利亞美術館之邀，前往英國倫敦、劍橋作有關家俱、漆器之學術報告。歸途經香港，應中文大學邀請作學術講座。王世襄到英國訪問期間，維多利亞•艾爾伯特博物館的專家們，曾非常誠懇地對他說：「你有幾本書不寫，等於是犯罪！」他們指的就是王終身喜愛的蟋蟀及其用具、養冬蟲及其葫蘆、養鴿子及其鈴哨，還有養狗獵獾等等，認為這些是中國文化生活的一部分。王世襄回國後，就開始著手撰作這幾方面之書。十一月，王世襄曾以特邀顧問，參加了北京人民大會堂舉行的全國烹飪名師技術表演鑒定會。他從此寫了許多飲食的詩歌、美文，引得國內外讀者的賞析。

七十一歲：西元一九八四年。

是年，正式退休，任文物博物館研究所（後改為文物保護科學技術研究所、古文獻研究所、中國文物研究所）副研究員和研究員。夫人袁荃猷的《談箜篌》論文，於《音樂研究》第四期刊出。

七十二歲：西元一九八五年。

《明式傢俱珍賞》（王世襄）中文繁體字版，三聯書店（香港）有限公司/文物出版社（北平）聯合出版，一九八五年九月香港第一版。同年，由王世襄參與編著的大型圖錄《故宮博物院藏雕漆》一書，由文物出版社出版。是年十二月獲文化部頒發的「全國文物博物館系統先進個人」的光榮稱號。十月，與文物出版社赴香港出席三聯書店《明式家俱珍賞》一書的首發式，並作學術報告。

七十三歲：西元一九八六年。

《Classic Chinese Furniture》（《明式傢俱珍賞》英文版），三聯書店（香港）有限公司，一九八六年九月出版。寒山堂（倫敦），一九八六年出版。China Books and Periodi-cals（三藩市），一九八六年出版。White Lotus Co.（曼谷），一九八六年出版。以此，國際社會紛紛研究並深受歡迎。十月，應香港中文大學之邀，前往該校作有關文人趣味的學術報告。《Mobilier Chinois》（《明式傢俱珍賞》法文版）在Editions du Regard（巴黎），一九八六年出版。

七十四歲：西元一九八七年。

十二月，大型圖錄《中國古代漆器》由文物出版社出版。英文本由外文出版社出版。是年，王世襄與朱家溍先生合編的大型圖錄《中國美術全集・竹木牙角器》一書，由文物出版社出版。藝術圖書公司（台灣），一九八七年推出《明式傢俱珍賞》（王世襄）。

七十五歲：西元一九八八年。

是年五月，《遁山竹譜》（又名《高松竹譜》）由香港大業公司出版精印足本。此書是王世襄年青時臨摹、整理，並由眾多文化名人題款。五月，應香港大學之邀，在該校作有關中國竹刻等學術報告。同行成員有啟功，黃苗子，朱家溍，牟小東等人。夫人袁荃猷與劉東升合編的《中國音樂史圖鑒》，由人民音樂出版社出版

七十六歲：西元一九八九年。

《明式傢俱研究》（王世襄著，袁荃猷製圖）三聯書店（香港）有限公司，一九八九年七月第一版（全二卷）。南天書局（台灣），一九八九年七月同時出版。二月，王世襄與朱家溍先生合編的大型圖錄《中國美術全集・漆器》由文物出版社出版。同時，《Klassiche Chinesische Mobel》（《明式傢俱珍賞》德文版）由Deutsche Verlags Anstalt（斯圖加特），一九八九年出版。《北平鴿哨》一書，由北平三聯書店出版。

七十七歲：西元一九九〇年。

《Connoisseurship of Chinese Furniture》（《明式傢俱研究》英文版）三聯書店（香港）有限公司，一九九〇年出版。Art Media Resources（芝加哥），一九九〇年出版。一九九〇年八至九月，應美國波斯頓、堪薩斯等五個博物館邀請，前往作中國古代家俱的學術報告，並出席《明式家俱研究》英文版首發式。王世襄夫人袁荃猷也同時參加。同時為美國魯班湖所建的「中國古典家俱博物館」出任博物館顧問。

七十八歲：西元一九九一年。

九月，應香港中文大學文物館之邀，前往該校為中國家俱展覽剪綵，同時在香港中文大學作學術報告。《明式傢俱珍賞》英文版在Art Media Resources（芝加哥），一九九一年出版。該年七月起，受國務院發給政府特殊津貼。

七十九歲：西元一九九二年。

六月，王世襄編著的《竹刻》一書由人民美術出版社出版。是年，他參加編著的《中國鼻煙壺珍賞》一書，由香港三聯書店出版。一九九二年九月，應美國三藩市民間美術館之邀參加中國家俱座談會，同時為該館作學術報告。三訪「中國古典家俱博物館」。〈范匏絕藝慶重生〉一文，發表在《燕都》一九九二年第五期。

八　十歲：西元一九九三年。

是年，由王世襄參加編著的《蟋蟀譜集成》一書，由上海文化出版社出版。《說葫蘆》一書由香港壹出版社出版。（中英雙語版）

八十一歲：西元一九九四年。

一月，其專著《明式傢俱珍賞》獲第一屆國家圖書獎提名獎。是年退休，七月被聘任為中央文史研究館館員。他還是國家文物鑒定委員會委員，九三學社成員，第六、七屆全國政協委員。撰寫了《大鷹篦》，發表於《中國文化》雜誌上。他在文中無不用「賞其神俊」之口吻，談到了昔日其親歷的打鷹、相鷹、馴鷹、放鷹等種種令人神往的故事。

八十二歲：西元一九九五年。

《Masterpieces from The Museum of Classical Chinese Furniture》（美國加州中國古典傢俱博物館選集，與柯惕思（Curtis Evarts）合編）Chinese Art Foundation（芝加哥和三藩市），於一九九五年出版。

八十三歲：西元一九九六年。

《竹刻鑒賞》一書，由台灣先智出版公司出版。其夫人袁荃猷編著的《中國音樂文物大系・北平卷》，由大象出版社出版。

八十四歲：西元一九九七年。

原舊居芳嘉園折遷，移居新居芳草地住進迪陽公寓。是年九月，《竹刻鑒賞》由台灣先智出版事業股份有限公司出版。

一月，《明式家俱萃珍》一書（王世襄編著，袁荃猷繪圖）中文繁體字版，由美國中華藝文基金會出版。

八十五歲：西元一九九八年。

十一月，王世襄重新修訂的《髹飾錄解說》一書，由文物出版社再版。十一月，王世襄的《中國葫蘆》由上海文藝出版社出版。是年，王世襄搬離了居住了八十四年的祖居芳嘉園。

八十六歲：西元一九九九年。

是年八月，由北平三聯書店推出王世襄自選集《錦灰堆》（全三卷），書出版後獲讀者反響強烈，一年多時間內重版五次。《金章》（王世襄編次先慈畫集並手錄遺著《壕梁知樂集》）由香港翰墨軒於十一月出版。收入《中國近代名家書畫全集》。

八十七歲：西元二〇〇〇年。

四月，王世襄主編的《清代匠作則例彙編》（各處藏本影印叢書），由河南大象出版社推出全部八卷中的兩卷。是年六月，《明代鴿經清宮鴿譜》（趙傳集注釋並今譯《鴿經》）一書，由河北教育出版社出版。

八十九歲：西元二〇〇二年。

是年二月，《清代匠作則例彙編》（佛作、門神作）一書，於一九六三年油印本基礎上，由北平古籍出版社出版。七月，王世襄青年時代所撰的研究生論文《中國畫論研究》一書，在塵封了六十年後，該書終由廣西師範大學出版社，按當年手抄本影印出版。（全六冊影印本）

九　十歲：西元二〇〇三年。

是年一月，由三聯書店推出《自珍集：儷松居長物志》第一版。三月又出版了袖珍版。八月，《錦灰二堆：王世襄自選集》由三聯書店出版。同時，台灣未來書城股份有限公司推出其繁體字版，全六卷的《錦灰堆》。是年十月二十九日，夫人袁荃猷逝世，享年八十三歲。

《竹刻小言》（影印本，金西厓著，王世襄整理）由中國人民大學出版社出版十一月出版。《明式傢俱珍賞》中文簡體字版，文物出版社（北平），二〇〇三年九月出版。

十一月二十六日，中國嘉德拍賣有限公司開槌的「儷松居長物——王世襄、袁荃猷珍藏中國藝術品」拍賣專場，計一百四十三件藝術珍品，全部落槌成交，無一件流拍，競拍者頻頻舉牌，甚或不給拍賣師報價的機會，有的珍品成交價高於底價達十倍或廿倍以上，這次拍賣專場，總成交價達六千三百多萬元人民幣，創造了中國拍賣史上的一個奇蹟。

九十一歲：西元二〇〇四年。

一月，《髹飾錄》（明，黃成著；明，楊明注；王世襄編）由中國人民大學出版社出版。是年四月，王世襄的《北平鴿哨》由遼寧教育出版社以中英雙語版出版。

九十二歲：西元二〇〇五年。

是年六月，《錦灰三堆：王世襄自選集》由三聯書店出版。十一月《明式家俱萃珍》中文簡體字版，由上海人民出版社出版。

九十四歲：西元二〇〇七年。

《明式傢俱研究》（王世襄著，袁荃猷製圖）生活．讀書．新知三聯書店（北平），二〇〇七年一月第二版（全一卷）。是年七月，由三聯書店又推出《錦灰不成堆》一書。

九十五歲：西元二〇〇八年。

《中國金魚文化》一書由三聯書店出版。此書由劉景春撰《北平金魚文化概述。》陳楨撰《金魚家化史與品種形成的因素》。王世襄撰《中國金魚文獻輯存》。全書由王世襄寫序。是年秋後，住進朝陽區中醫院養病治療。

參考書目

王世襄著：〈春菰秋蕈總關情〉，《錦灰堆》二卷。
王世襄著：〈秋蟲篇〉，《錦灰堆》二卷。
王世襄：〈古琴名曲廣陵散〉，《人民音樂》四月號，一九五四年四月。
王世襄：〈揚州名漆工盧葵生〉，《文物》第七期，一九五七年。
王世襄著：《高松竹譜》（手摹明刊本），人民美術出版社，一九五八年。
王世襄著：《廣陵散》（書首說明部分），人民音樂出版社，一九五八年。
王世襄著：《畫學彙編》，一九五九年五月自刻油印本。
王世襄著：《中國古代音樂書目》，人民音樂出版社，一九六一年。
王世襄著：《竹刻藝術》，人民美術出版社，一九八〇年。
王世襄著：《髹飾錄解說》，文物出版社，一九八三年增訂本，一九九八年十一月修訂再版本。
王世襄、翁萬戈合編：Bamboo Carvings of China（《中國竹刻圖錄》英文本），紐約華美協進社，一九八三年。
王世襄著：《明式傢具珍賞》，香港三聯書店，一九八五年。
王世襄著：《故宮博物院藏雕漆》，文物出版社，一九八五年。

王世襄著：Classic Chinese Furniture（《明式傢具珍賞》英文本）香港三聯書店，一九八六年；英國寒山堂，一九八六年；美國China Books Periodicals，一九八六年；泰國White Lotus Co，一九八六年；美國Art Media Resources，一九九一年。
王世襄著：《中國古代漆器》，文物出版社，一九八七年。
王世襄、朱家溍：《中國美術全集・竹木牙角器》，文物出版社，一九八七年。
王世襄著：《中國美術全集・漆器》，文物出版社，一九八九年。
王世襄著：《明式傢具研究》，香港三聯書店，一九八九年。
王世襄著：《北平鴿哨》，北平三聯書店，一九八九年；中英雙語本，遼寧教育出版社，二〇〇〇年。
王世襄著：《中國鼻煙壺珍賞》（其他類部分），香港三聯書店，一九九二年。
王世襄著：《竹刻》，人民美術出版社，一九九二年。
王世襄著：《說葫蘆》，香港壹出版社，一九九三年。
王世襄著：《蟋蟀譜集成》，上海文藝出版社，一九九三年。
王世襄著：《竹刻鑒賞》，台灣先智出版公司，一九九六年。
王世襄著：《明式傢具萃珍》，美國中華藝文基金會，一九九七年。
王世襄著：《遁山竹譜》（手摹明刊本），香港大業公司出版，一九九八年。
王世襄著：《明代鴿經清宮鴿譜》，河北教育出版社，二〇〇〇年。
王世襄著：《清代匠作則例彙編》（佛作・門神作），北平古籍出版社，二〇〇二年。
王世襄著：《中國畫論研究》，廣西師範大學出版社，二〇〇二年。

王世襄：《神奇秘譜》，中國書店出版社，二〇〇五。
王世襄著：《錦灰三堆》，三聯書店，二〇〇五年。
王世襄著：《自珍集——儷松居長物志》，三聯書店，二〇〇七年。
王世襄著：《中國古代音樂史參考圖片》，人民音樂出版社。
王孝綺修：《西清王氏族譜》，民國二十四年，鉛印本。
王傳璨編：《王文勤公年譜》一卷（清・線裝），民國二十二年版。
王爾敏著：《晚清政治思想史論》，廣西師大出版社，二〇〇五年。
王慶雲著：《石渠餘紀》（一七九八—一八六二），台北文海出版社，一九六七年版。
王仁堪著、王孝繩編：《王蘇州（仁堪）遺書》，東洋文庫。
王迪：《中國古琴大師管平湖先生的藝術生涯》，香港龍音公司出版。
袁荃猷：〈關於信陽楚墓虎座鼓的復原問題〉，《文物》第二期，一九六三年。
袁荃猷著：〈談箜篌〉，《音樂研究》第四期，一九八四年。
袁荃猷編：《〈神奇秘譜〉指法集注》，人民音樂出版社影印出版，一九五六年。
袁荃猷、劉東升編：《中國音樂史圖鑒》，人民音樂出版社出版，一九九八年。
陳立夫、陳秀惠著：《復興中國文化》，新華出版社，二〇〇七年。
陳白塵著：《牛棚日記》，三聯書店，一九九五年。
陳平原著：《明清散文研究》，三聯書店，二〇〇五年。
陳熾著：《續富國策》四卷，光緒二十三年，慎記書莊石印。

黃鴻壽著：《清史紀事本末》，八十卷，民國十五年，上海崇新書局。
劉聲木著：《萇楚齋隨筆》、《續筆》、《三筆》、《四筆》、《五筆》，中華書局，一九九八年。
上海通社編：《上海研究資料續集》，民國二十八年版。
胡曉明、李瑞明：《近代上海詩歌繫年初編》（一八九八－一九一九年），上海教育出版社，二〇〇三年。
左宗堂撰：《左文襄公全集》（一〇六卷本），光緒十八年刻。
張素撰：《光緒辛卯丹陽毀焚教堂始末記》，光緒三十二年刻本。
曾國藩撰：《曾文正公手書日記》，宣統元年，上海中國圖書公司影印。
何炳棣著：《讀史閱世六十年》，廣西師大出版社。
金元鈺編：《竹人錄》、《竹人續錄》，民國排印本（影印本）。
管平湖：《古琴大師管平湖》，中國唱片上海公司出版。
林孟喜著：《司徒雷登與中國政局》，新華出版社，二〇〇一年。
沈建中著：《走近司徒雷登》，山東畫報社。
黃延復，賈金悅著：《清華園風物志》，清華大學出版社。
梁漱溟著：《我的努力與反省》，灕江出版社，一九八七年。
岳南著：《陳寅恪與傅斯年》，陝西師大出版社，二〇〇八年。
汪榮祖著：《陳寅恪評傳》，百花洲文藝出版社，一九九二年。
李輝著：《王世襄——找一片自已的天地》，大象出版社，二〇〇一年。

林徽因著：《八月的憂愁——林徽因作品精選》，京華出版社，二〇〇六年。
楊絳著：《幹校六記》，中國社會科學出版社，一九九二年。
吳藕汀著：《藥窗詩話》，中國人民大學出版社，二〇〇七年。
吳藕汀著：《十年鴻跡》，中華書局，二〇〇九年。
費慰梅著：《梁思成與林徽因》，中國文聯出版社，一九九七年。
郭若虛著：《圖畫見聞志》，江蘇美術出版社，二〇〇七年。
晨舟著：《王世襄》，文物出版社，二〇〇二年。
徐素白著：《徐素白竹刻集》，香港大世界出版公司，一九九七年。
于非厂原著：《養鴿記》（本書原名《都門豢鴿記》），書目文獻出版社，一九九三年。
張建智著：《張靜江傳》，湖北人民出版社，二〇〇四年。
陸劍著：《南潯金家》，浙江人民出版社，二〇〇六年。
高勇年著：《沈家本傳》，浙江人民出版社，二〇〇六年。
徐遲著：《江南小鎮》，作家出版社，一九九三年。
陸士虎著：《江南豪門》，文匯出版社，二〇〇八年。
趙柏田著：《帝國的迷津》，中華書局，二〇〇八年。
桑逢康著：《榮氏家族》，中國青年出版社，一九九五年。
阿里・阿克巴爾著、張至善編：《中國紀行》，三聯書店，一九九八年。

史地傳記類　PC0129

文博玩家
——王世襄傳

作　　者／張建智
主　　編／蔡登山
責任編輯／林泰宏
圖文排版／黃莉珊
封面設計／蕭玉蘋

發 行 人／宋政坤
法律顧問／毛國樑　律師
印製出版／秀威資訊科技股份有限公司
114台北市內湖區瑞光路76巷65號1樓
電話：+886-2-2796-3638　傳真：+886-2-2796-1377
http://www.showwe.com.tw
劃撥帳號／19563868　戶名：秀威資訊科技股份有限公司
讀者服務信箱：service@showwe.com.tw
展售門市／國家書店（松江門市）
104台北市中山區松江路209號1樓
電話：+886-2-2518-0207　傳真：+886-2-2518-0778
網路訂購／秀威網路書店：http://www.bodbooks.tw
國家網路書店：http://www.govbooks.com.tw
圖書經銷／紅螞蟻圖書有限公司
114台北市內湖區舊宗路二段121巷28、32號4樓
電話：+886-2-2795-3656　傳真：+886-2-2795-4100

2011年01月BOD一版
定價：450元

國家圖書館出版品預行編目

文博玩家：王世襄傳 / 張建智著. -- 一版. --
臺北市：秀威資訊科技, 2011.01
面； 公分. -- (史地傳記類；PC0129)
BOD版
ISBN 978-986-221-635-4 (平裝)

1. 王世襄 2. 傳記

782.886 99019555

讀者回函卡

感謝您購買本書，為提升服務品質，請填妥以下資料，將讀者回函卡直接寄回或傳真本公司，收到您的寶貴意見後，我們會收藏記錄及檢討，謝謝！
如您需要了解本公司最新出版書目、購書優惠或企劃活動，歡迎您上網查詢或下載相關資料：http:// www.showwe.com.tw

您購買的書名：______________________________

出生日期：________年________月________日

學歷：□高中（含）以下　□大專　□研究所（含）以上

職業：□製造業　□金融業　□資訊業　□軍警　□傳播業　□自由業
　　　□服務業　□公務員　□教職　□學生　□家管　□其它____

購書地點：□網路書店　□實體書店　□書展　□郵購　□贈閱　□其他

您從何得知本書的消息？

□網路書店　□實體書店　□網路搜尋　□電子報　□書訊　□雜誌
□傳播媒體　□親友推薦　□網站推薦　□部落格　□其他________

您對本書的評價：（請填代號　1.非常滿意　2.滿意　3.尚可　4.再改進）

封面設計____　版面編排____　內容____　文／譯筆____　價格____

讀完書後您覺得：

□很有收穫　□有收穫　□收穫不多　□沒收穫

對我們的建議：______________________________

____

____

____

請貼
郵票

11466
台北市內湖區瑞光路 76 巷 65 號 1 樓

秀威資訊科技股份有限公司　　收

BOD 數位出版事業部

....

（請沿線對折寄回，謝謝！）

姓　　名：＿＿＿＿＿＿＿＿＿　年齡：＿＿＿＿　性別：□女　□男

郵遞區號：□□□□□

地　　址：＿＿＿＿＿＿＿＿＿＿＿＿＿＿＿＿＿＿＿＿＿＿＿＿

聯絡電話：(日)＿＿＿＿＿＿＿＿＿＿ (夜)＿＿＿＿＿＿＿＿＿＿

E-mail：＿＿＿＿＿＿＿＿＿＿＿＿＿＿＿＿＿＿＿＿＿＿＿＿